PERÍCIA MÉDICA
ASPECTOS PRÁTICOS E JURÍDICOS

Wladimir Novaes Martinez

Advogado especialista em Direito Previdenciário

PERÍCIA MÉDICA
ASPECTOS PRÁTICOS E JURÍDICOS

LTr 80

EDITORA LTDA.

Rua Jaguaribe, 571
CEP 01224-003
São Paulo, SP — Brasil
Fone (11) 2167-1151
www.ltr.com.br
Abril, 2016

Produção Gráfica e Editoração Eletrônica: Pietra Diagramação
Projeto de capa: Fabio Gilgio
Impressão: Graphium Gráfica

Versão impressa — LTr 5418.0 — ISBN 978-85-361-8767.9
Versão digital — LTr 8903.8 — ISBN 978-85-361-8782.2

Dados Internacionais de Catalogação na Publicação (CIP)
(Câmara Brasileira do Livro, SP, Brasil)

Martinez, Wladimir Novaes
Perícia médica : aspectos práticos e jurídicos / Wladimir Novaes Martinez – São Paulo : LTr, 2016.

Bibliografia.

1. Direito previdenciário 2. Perícia médica – I. Título.

16-01510 CDU-34:368.4(81)

Índice para catálogo sistemático:

1. Brasil : Direito previdenciário 34:368.4(81)

SUMÁRIO

Tomo V – Nuanças jurídicas

Tomo VI – Questões diversas

Tomo VII – Generalidades

INTRODUÇÃO

Este livro não trata precipuamente dos métodos de execução da perícia médica (muito bem explicitados por médicos peritos em outras obras aqui citadas), ainda que vez ou outra esbarre nesse instituto técnico específico da medicina laboral tentando aclarar e ilustrar o tema básico abordado, que são os aspectos práticos e jurídicos do exame dos beneficiários da previdência social.

Por falta de domínio científico e por fugir ao escopo, também não cuida de qualquer uma das patologias possivelmente incapacitantes envolvidas nas diferentes hipóteses cogitadas.

Na condição de um manual para iniciantes, subsistiu um esforço, nem sempre bem– sucedido, repete–se, de focalizar tão somente as nuanças usuais e formais da averiguação pericial, centrado na perícia médica do Regime Geral da Previdência Social (objeto da Lei n. 8.213/91).

Todavia, diante da importância e do conhecimento advindo de tal aproximação, *an passant* são ligeiramente abordadas algumas das distintas particularidades da perícia judicial trabalhista e judiciária de um modo geral.

Como visto, destina–se aos estudantes e operadores do Direito Previdenciário e de pouco servirá para os profissionais da medicina. Como antecipado, nenhuma incapacidade, comum ou ocupacional, foi abordada institucionalmente. Não faz parte deste esforço, exceto como referência do interesse do profissional médico que tem de desvendá–la em cada caso.

Para alcançar uma descrição meramente jurídica deste ensaio introdutório com assumido caráter de ABC, foram suscitados institutos médicos assemelhados, como testes, consultas, atendimentos, avaliações, inspeções, verificações, relatórios e estudos científicos, sem se identificarem com a perícia médica, propiciando tão somente algum contorno mais meticuloso do seu tema.

Visando ilustrar neófitos em Direito Previdenciário, paralelamente foram aduzidas informações circunvizinhas ao assunto central visando enriquecer o quadro elucidativo do que seja a perícia médica sob uma concepção formalista e sua normatização legal e administrativa.

Algumas divagações e observações técnicas quiçá possam contribuir para melhor aceitação do papel funcional desse fenômeno especializado tão significativo da previdência social. E, infelizmente, ainda tão mal compreendido.

Como fazemos usualmente os pensamentos, observações e conclusões comparecem repetidas vezes, em diversos momentos, para facilitar a consulta dos leitores.

Centrados na perícia médica da previdência social do INSS, ainda que em algum momento sejam referidos outros tipos de exames, sempre vinculamos a identidade daquela avaliação que precede os benefícios previdenciários por incapacidade.

Tivemos a preocupação de distinguir os preceitos, as práticas usuais e as afirmações relativas ao exercício da medicina clínica – que são amplíssimos – com as mesmas observações válidas para a perícia médica. A maior parte dos autores prefere focalizar os primeiros aspectos, por vezes se olvidando da especificidade da perícia médica propriamente dita.

Quem desejar conhecer os meandros do ato médico em seu âmago científico e operacional deve perquirir em excelentes obras a esse respeito, todas publicadas pela LTr.

Por último, um apelo às autoridades para que reestudem a instituição enfocada e ouçam os técnicos que têm se manifestado sobre o assunto. Boa parte do que vem sucedendo com a perícia médica se deve ao descaso dos governos para com a Previdência Social e a perícia médica em particular.

A despeito da falta de recursos, muito há que pode ser feito em benefício dos trabalhadores, nesta área tão delicada, relevante e significativa para todos.

Wladimir Novaes Martinez

TOMO I

CONCEITO MÍNIMO

Capítulo 1

CONCEITO BÁSICO

Perícia é verificação; ela envolve estudo profícuo, análise circunstancial, uma perquirição objetiva e onerosa investigação. Qualquer pessoa descobrirá, no sentido de averiguar a presença ou a ausência de algo, alguma hipótese previamente configurada.

Perícia técnica é um esforço intelectual amplo operado por detentor de conhecimento especializado. Um advogado, engenheiro, contabilista apreciará essa natureza e concluirá, elaborando um laudo conclusivo.

Perfilhará ensinamentos técnicos e científicos do ofício dominado, apurará ou negará um direito, examinará ou aprovará uma edificação ou verificará a presença elementos da escrituração de registros contábeis.

Qualquer conceito válido inicialmente terá de explicar a área de influência de atuação da perícia médica, particular ou oficial, administrativa ou judicial, civil ou penal, trabalhista ou previdenciária.

Juridicamente, o conceito e a definição da perícia médica só têm interesse para saber se ela cumpriu os seus princípios institucionais. Nesse sentido ela é mais relevante que o exame, embora esta fração seja uma importante fase (exame administrativo do pedido, inclusive do CID a ser apreciado) a verificação propriamente dita, a conclusão e a elaboração do laudo técnico.

A perícia médica ora suscitada é aquela que sopesa a aptidão ou não para o trabalho, com vistas ao plano de benefícios do RGPS.

Sem se confundir com o simples exame, é atividade privativa de médico perito. Pressupõe profunda ciência de seu conhecimento em face de variarem os objetivos e as necessidades que se apresentam em cada hipótese circunstanciada.

Será direta ou indireta, atual ou pretérita e refere–se aos seres humanos ou ambientes de trabalho. Usualmente, objetiva a verificação da higidez ou não de um obreiro, principalmente identificar se ele é portador de uma patologia incapacitante e desfruta de condições de trabalho. Até mesmo de viver em sociedade.

O examinador tem de ser médico, mais do que isso, carece ser médico perito, uma especialização da medicina que praticará um ato médico.

Perícia vem do latim *peritia*, palavra frequentemente definida como vistoria de caráter técnico especializado pelos dicionaristas, o que é dizer pouco.

Na mesma linha de abolia, o CPC garante que:

> A prova pericial consiste em exame, vistoria ou avaliação (CPC, art. 464).

Perícia médica é procedimento executado por um profissional da medicina quando solicitado para desfazer dúvidas sobre o trabalho.

Não é perícia médica alguém estudar a higidez ou patologia de um ser humano sem que para isso seja indicado oficialmente e atende um objetivo; poderá acontecer, mas não passará de um exame.

Izabel Cristina Barbosa, citando Delton Croce e Delton Croce Junior (*Manual de Medicina Legal*, 4ª ed., São Paulo: Saraiva, 1998. p. 757), diz que "é todo procedimento médico (exames clínicos, laboratoriais, necropsia, exumação) promovido por autoridade policial ou judiciária, praticado por profissional da medicina visando prestar esclarecimentos à Justiça, é, desse forma, toda sindicância praticada por médico, objetivando esclarecer à Justiça os fatos de natureza específica e permanente" ("Perícia Médica", in RPS n. 416/637).

Pena que esse conceito seja restrito ao processo penal. De modo geral, incluiria os exames da Administração Pública (RGPS e RPPS), da previdência complementar e os dos particulares.

Agostinho José de Souza Lima, citado por João Batista de Oliveira e Costa Junior ("Os primórdios da Perícia Médica", colhido na internet), sustenta ser "toda a sindicância promovida por autoridade policial ou judiciária, acompanhada de exame que, pela natureza do mesmo, os peritos são ou devem ser médicos", ressaltando-se que incluiu não médicos, possivelmente pensando nas perícias policiais.

A dissertação de mestrado de Daniel de Menezes Pereira, apresentada na USP/SP em 2013, deixa claro que os estudos sobre a história da perícia médica retratam mais propriamente a perícia médico-legal ("Aspectos históricos e atuais da perícia médico-legal e suas possibilidades de evolução", colhido na internet).

Sérgio Pinto Martins diz que a perícia pode ser: "(a) exame, em que feita inspeção de pessoas, coisa ou semoventes; (b) vistoria em que o perito inspeciona terrenos, prédios, locais; (c) avaliação em que perito estima o valor de coisas móveis e imóveis ("Perícia no Novo CPC e Processo do Trabalho", *Rep. IOB de Jurisp*. da 1ª quinz., de agosto de 2015, p. 483º).

No pensar de Genival Veloso França, citado por Christina Eller, é "um conjunto de procedimentos médicos e técnicos que tem como finalidade o esclarecimento de um fato de interesse da Justiça ou como um ato pelo qual a autoridade procura conhecer, por meios técnicos e científicos, a existência ou não de certo acontecimentos, capaz de interferir na decisão de uma questão judiciária ligada a vida ou à saúde do homem ou o que com ele tenha relação" ("O que o Operador do Direito deve saber sobre a Perícia Médica", São Paulo: LTr, 2013, p. 11).

Lílian Maial Tavares e Sonia Maria Rodrigues de Andrade dizem que é "Um conjunto de procedimentos técnicos, realizados por profissional da medicina legalmente habilitado (ato privativo do médico), para informar e/ou para esclarecer alguma autoridade sobre fato próprio de matéria médica, no interesse da justiça e da administração (*Manual Prático da Perícia Médica Administrativa,* São Paulo: LTr, 2013. p. 13).

Humberto Theodoro Junior, citado por Tuyffi Messias Saliba (São Paulo: LTr, 2015, p. 10), diz que: "Laudo pericial é o relato das impressões captadas pelo técnico, em torno do fato litigioso, por meio dos conhecimentos especiais de quem o examinou. Vale pelas informações que contenha, não pela autoridade de quem o subscreveu, razão pela qual deve o perito indicar as razões em que se fundou para chegar às conclusões enunciadas em seu laudo (art. 433)".

Bem, rigorosamente, a perícia médica é mais do que sua narrativa escrita (laudo), ela é um ato médico, uma entrevista, interação entre o examinador e o examinado; o relato é apenas a necessidade de repassar as informações colhidas a quem de direito, sem o que não produz efeitos.

Em 2013, descrevemos esse instituto técnico como um "Exame científico e conclusivo da saúde ou integridade física do paciente, com vistas a incapacidade ou invalidez, em face de pedido de uma prestação ou de licença, na esfera pública ou privada, operada profissional da medicina para isso habilitado" (*Dicionário NOVAES*, São Paulo: LTr, 2013. p. 359).

Não deixa de ser um contato, às vezes íntimo, entre duas pessoas, em que buscam descobrir se uma delas apresenta um cenário físico–psíquico convencionado que produz efeitos práticos e jurídicos.

O médico perito invade a personalidade do periciado em busca de notícias que lhe permitam concluir, por exemplo, sobre a inaptidão ou não desse examinado.

Moacyr Amaral Santos, citado por José Carlos Manhabusco ("A efetividade da prova pericial na investigação das doenças ocupacionais", São Paulo: LTr, 2015, p. 61), preocupado com a perícia judicial, de forma sintética garante que ela consiste "no meio pelo qual, no processo, pessoas entendidas e sob compromisso, verificam fatos interessantes à causa, transmitindo ao Juiz o respectivo parecer" (*Primeiras Linhas de Direito Processual Civil* .7ª ed. São Paulo: Saraiva, 1982. p. 474).

Neste conceito reclama-se competência técnica do *expert*, competência de alguém habilitado (e não simples conhecedor), ressaltando-se o compromisso com a verdade (o que pressupõe alguma desconfiança em relação a maus peritos). Até porque, na prática, serão supervisionados pelo magistrado.

Com vistas ao RGPS, em suma, perícia médica é um ato médico uno e singular (que pode ser coletivo), mediante o qual um profissional da medicina para isso habilitado formal e tecnicamente verifica as condições de saúde de determinada pessoa.

Capítulo 2

FONTES FORMAIS

Esparsas e não codificadas, de modo geral são muitas as fontes formais sobre a perícia médica, oriundas do legislador, dos tribunais e de vários organismos particulares e órgãos públicos, ainda que enfocando apenas as relativas ao RGPS.

Em razão da oportunidade e circunscrição do tema, *ab initio*, convém reproduzir o art. 2º da Lei n. 10.876/04, dado pela recente Lei n. 13.135/15:

> Compete aos ocupantes do cargo de Perito–Médico da Previdência Social e, supletivamente, aos ocupantes do cargo de Supervisor Médico–Pericial da carreira de que trata a Lei n. 9.620, de 2 de abril de 1998, no âmbito do Instituto Nacional do Seguro Social (INSS) e do Ministério da Previdência Social, o exercício das atividades médico–periciais inerentes ao Regime Geral de Previdência Social (RGPS) de que tratam as Leis n. 8.212, de 24 de julho de 1991, n. 8.213, de 24 de julho de 1991, n. 8.742, de 7 de dezembro de 1993 (Lei Orgânica da Assistência Social), e n. 8.112, de 11 de dezembro de 1990, e, em especial: ...

É notável a dificuldade do legislador na dicção desse exemplo: ele alude ao perito–judicial e a atividade médico–pericial, como se esta última atividade não fosse própria da perícia médica.

O mesmo artigo arrola quais são essas atividades:

> "III – caracterização de invalidez para benefícios previdenciários e assistenciais".
>
> Apuração da invalidez quer dizer também da negativa da sua existência.
>
> "IV – execução das demais atividades definidas em regulamento; e
>
> "V – supervisão da perícia médica de que trata o § 5º do art. 60 da Lei n. 8.213, de 24 de julho de 1991, na forma estabelecida pelo Ministério da Previdência Social".

Em seu art. 464 e seguintes o atual CPC dispõe sobre vários aspectos da perícia médica judicial.

O PBPS e o RPS cuidam da obrigatoriedade do exame médico promovido pelo INSS nos vários casos em que ele cabe.

Fontes Internacionais

Declaração Universal dos Direitos Humanos (art. XII).

Classificação Internacional de Doenças (8ª Conferência de Revisão da 19ª Assembleia Mundial de Saúde, *in* Publicação da Federação das Misericórdias do Estado de São Paulo).

As principais fontes que podem ser mencionados são as seguintes.

Normas legais

LC n. 142/13 – Aposentadorias das pessoas com deficiência

Lei n. 405/49 – Atestados médicos

Lei n. 6.259/75 – Doenças de Notificação obrigatória

Lei n. 5.584/70 – Exames periciais

Lei n. 6.514/77 – Normas Regulamentadoras do trabalho

Lei n. 7.070/82 – Síndrome da Talidomida

Lei n. 7.713/88 – Isenção do Imposto de Renda

Lei n. 7.853/99 – Pessoa com deficiência

Lei n. 8.072/90 – Exame criminológico

Lei n. 8.080/90 – Lei Orgânica da Saúde

Lei n. 8.112/90 – Estatuto dos Servidores Públicos Civis da União

Lei n. 8.213/91 – Regime Geral de Previdência Social

Lei n. 8.560/92 – Reconhecimento da paternidade

Lei n. 9.250/95 – Isenção do Imposto da Renda

Lei n. 9.422/96 – Hemodiálise de Caruaru

Lei n. 9.425/96 – Césio 137 de Goiânia

Lei n. 9.784/99 – Procedimento Administrativo Federal

Lei n. 10.593/02 – Funções externas do Auditor–Fiscal da RFB

Lei n. 10.876/04 – Carreira da Perícia Médica da PS

Lei n. 11.430/06 – Nexo Técnico Epidemiológico Previdenciário

Lei n. 11.788/08 – Estágio Profissional

Lei n. 12.030/09 – Perícias oficiais criminais

Lei n. 12.842/13 – Exercício da medicina

Lei n. 13.063/14 – Exame médico de sexagenários

Lei n. 13.135/15 – Terceirização da perícia médica

Códigos

Decreto–lei n. 2.848/40 – Código Penal

Decreto–lei n. 3.689/41 – Código de Processo Penal

Lei n. 10.406/02 – Código Civil

Lei n. 13.105/15 – Código de Processo Civil

Normas regulamentares

Decreto n. 938/69 – Exercício da profissão do terapeuta

Decreto n. 27.048/49 – Emissão de Atestados Médicos

Decreto n. 5.844/06 – Alta Programada no auxílio–doença

Decreto n. 3.048/99 – Regulamento da Previdência Social

Atos do MPS

IN INSS n. 77/15 – Normas gerais sobre benefícios

Portaria MTPS n. 3.286/73 – Prejulgado do CRPS n. 1 – Dever da PS orientar os beneficiários

Resolução INSS n. 488/15 – Inspeções *in loco*

Ordem de Serviço DSS n. 606/98 – "Avaliação da Incapacidade Laborativa", de Wladimir Novaes Filho, São Paulo: LTr, 1998.

Resolução INSS n. 473/15 – Manual Técnico dos Procedimentos para Avaliação Médico Pericial da Síndrome de Talidomida (RPS n. 413/403).

Resolução INSS n. 425/14 – Sistema de Registro de Atividades Periciais do INSS (RPS n. 410/41).

Resolução INSS n. 16/13 – Dispensa de perícia médica em auxílio–doença em Porto Velho (ACP n. 9715.03.2012.4.01.42.00).

Resolução INSS n. 387/14 – Dispensa de perícia médica em Santa Catarina (ACP n. 5004227–10.2012.404.7200 RPS n 402/424).

Portaria Interministerial AGU/MPS/MF/SEDH n. 1, de 27.1.14 – Avaliação do segurado da previdência social e identificação dos graus de deficiência com vistas à Lei Complementar n. 142/13 (RPS n. 401/45).

O "Manual do Médico-Perito da Previdência Social" – MPS, 1993, 3ª edição, é obra vasta muito importante e a ser consultada pelos interessados.

Súmulas

TNU n. 78 – Portador de AIV

TST n. 15 – Atestado médico

TST n. 47 – Trabalho intermitente

TST n. 282 – Atestado médico

STJ n. 439 – Exame criminológico

Conselho Federal de Medicina

Resolução CFM n. 1.488/98 – Código de Ética Profissional

Resolução CFM n. 1.634/02 – Definição de especialista

Resolução CFM n. 1.931/09 – Código de Ética Médica

Resolução CFM n. 1.973/11 – Convênio sobre especialidades

Resolução n. 1.497/88 – Atribuições da perícia médica

Resolução n. 1.810/06 – Médico do Trabalho

Resolução CFM n. 1.886/08 – Local do exame pericial

Resolução CFM n. 1.480/97 – Persuasão da morte

Resolução CFM n. 1.642/02 – Serviço médico particular

Parecer CFM n. 6.505/98 – Formação acadêmica

Parecer CFM n. 24/15 – Entrega do resultado do exame

Parecer CFM n. 333/98 – Exigência de especialização

Nota Técnica SEJUR/CFM n. 44/12 – Conduta do Médico Perito

Normas do CREMESP

Resolução CREMESP n. 167/07 – Médico do Trabalho

Resolução CREMESP n. 1/88 – Exames ginecológicos e de obstetrícia

Parecer CREMESP de 18.10.08 – Junta médica pericial

Pareceres CREFITO – Exercício da fisioterapia

Capítulo 3

DISTINÇÕES NECESSÁRIAS

Ab initio carece tentar aclarar o significado de algumas das palavras aqui utilizadas como "setor médico", "parecer", "opinião médica", "consulta", "tratamento clínico", "inspeção *in loco*", "relatório", "estudo científico", "laudo técnico", por último, "perícia médica" propriamente dita.

Também convém avultar o exame particular, a "perícia judicial", "forense", "trabalhista" e, com ênfase, a previdenciária (do INSS).

Setor médico

Perícia Médica é um setor administrativo da autarquia federal previdenciária, que realiza exame dos beneficiários. Periciando é o título atribuído ao examinado durante a perícia.

Parecer médico

Em alguma circunstância um profissional da medicina poderá ser indagado sobre o seu pensamento científico a respeito de uma patologia. Ele emitirá um desenvolvimento verbal ou escrito sem necessariamente ter examinado uma pessoa vítima dessa patologia.

Opinião médica

A opinião médica costuma ser relatada e integrante de um processo administrativo ou judicial.

Consulta médica

Durante uma consulta, o cliente é examinado pelo médico para auscultar o seu padecimento, de ordem fisiológica ou psicológica. Normalmente, uma perquirição individual e raramente biopsicossocial.

Tratamento clínico

Em sequência a consulta dar-se-á de sobrevir um tratamento, ou seja, o médico receitar alguns procedimentos, implicando em pesquisas laboratoriais, laudos técnicos, uso de medicamentos e até cirurgias. Geralmente, prosseguirão com novas consultas de monitoramento até que sobrevenha ou não uma alta médica particular.

Inspeção *in loco*

Inspeção é um exame de ambiente, de regra realizado em algum local de trabalho. São verificações dirigidas não a pessoas, mas a sítios e podem ocorrer direta e indiretamente.

Relatório médico

Relatório médico é uma descrição do objeto de um exame pericial que atende a solicitação de uma autoridade capaz sem deter todas as características do laudo técnico.

Laudo técnico

Este, por sua vez, lembrando o LTCAT, é um estudo mais técnico e complexo que relatará todos os aspectos da perícia médica.

Estudo científico

Um médico exporá suas razões, convicções e conclusões sobre uma patologia e até uma doença ocupacional incapacitante, a partir ou não da realização de perícias médicas, com a finalidade de divulgar as suas ideias, experiências e interpretações numa publicação, o que é bastante comum.

Perícia particular

Qualquer pessoa pode solicitar uma perícia médica a um profissional médico ou clínica médica, fato também bastante comum.

Perícia judicial

A perícia judicial se caracteriza por ser realizada por exigência do Poder Judiciário, a ser realizada por perito compromissado de confiança do magistrado e ser anexada aos autos de um processo em tramitação.

Perícia forense

A perícia forense ou perícia policial diz respeito a investigação criminal.

Perícia previdenciária

É aquela que visa apurar as condições de trabalho de um segurado requerente de uma prestação por incapacidade ou definição do direito de um dependente do segurado.

Perícia médica

A perícia, objeto deste ensaio, é um ato médico complexo que não tem por escopo a consulta ou o tratamento, mas a verificação do estado do paciente conforme objetivo específico previamente convencionado.

No comum dos casos ao final sobrevirá um laudo médico que retratará as condições de saúde do paciente.

Acidente e doença ocupacional

Acidente do trabalho é uma coisa e doença ocupacional é outra. A primeira hipótese apresenta características de surgimento imediato e de regra de ordem traumatológica; a segunda é geral e sobrevém aos poucos até impossibilitar o trabalho.

Capítulo 4

CARACTERÍSTICAS ESSENCIAIS

A individualização, a decantação e a definição da perícia médica decorrem da efetiva presença de suas nuanças elementares. Quem pretender impugnar uma delas terá de se haver com os seus elementos básicos, institucionais e relevantes.

Um primeiro cuidado é concluir que estará diante de um instituto técnico médico em crescente consubstanciação. É mais do que a simples recepção do periciado, um exame propriamente dito, o diagnóstico da patologia, a conclusão e, por fim, o laudo técnico.

Oportunidade da realização

O ato pericial opera-se em algum momento, agendado e datado em função da pretensão do interessado e das possibilidades da Administração Pública. Infelizmente, depois de muita demora após a solicitação.

Tem local, dia e hora certa para se realizar e pressupõe a preparação técnica dos atores envolvidos, especialmente no que se refere ao examinador. Previamente, será cientificado de vários elementos da averiguação a ser operada (dados iniciais do requerente, CID, CBO, tipo de benefício etc.).

É comum ser uno, podendo desdobrar-se em reedições, principalmente quando reclamados outros meios de convicção suscitados ou trazidos pelo examinado.

Nesse caso importará considerar o decurso do tempo, entre a DID e a DER; esse elemento pode ser responsável por alterações clínicas.

Tem-se aqui sério questionamento: a passagem do tempo. Administrativa ou judicialmente, quando ela acontecer, com certeza as condições físicas e psicológicas do examinado não serão as mesmas.

O ideal é que seja aprazada assim que solicitada pelo interessado sob pena de, como salientado, a passagem do tempo afetar o resultado.

Todo médico perito saberá considerar um surto ou crise momentânea de uma patologia duradoura, doença incurável ou não, ao mesmo tempo em que apreciará a natureza do objetivo (caso da diferença do sinistro do auxílio-doença em relação à aposentadoria por invalidez).

Instrumental necessário

O *expert* em incapacidade previdenciária para o trabalho tem necessidade de possuir a sua disposição o instrumento cabível em cada CID.

Além dos instrumentos pessoais habituais da medicina para verificar o estado clínico do paciente, carece dos equipamentos julgados necessários em cada caso.

O ideal é que a Previdência Social os propiciasse, mas isso não tem sido possível, daí a aceitação de provas particulares trazidas pelo interessado.

Julga-se que o executor, diante de um cenário incompatível com a sua função, deve declarar essa contingência no final do laudo técnico.

Presença de acompanhantes

Em cada caso, o médico perito avaliará o seu interesse em admitir a presença de terceiros convidados pelo periciado. Por vezes, eles são imprescindíveis, mas o critério de aceitação é imperativamente seu.

Repisando a sua posição contrária à representação do advogado, Rubens Cenci Motta refere-se ao art. 3º da Lei n. 5.584/70, quando essa norma alude a apenas um perito e um assistente (*Manual de Iniciação em Perícias Médicas*, 2ª ed. São Paulo: LTr, 2014. p. 15).

Competência técnica

A atribuição legal para o exame é institucional: o *expert* tem de desfrutar dessa condição de ser o único com capacidade técnica na estrutura para realizá-la.

Ela é ímpar, o médico perito não pode ser substituído por outra pessoa sem deter as suas qualificações profissionais.

Além da formal, a competência científica é uma exigência natural do esforço de tamanha envergadura como a perícia médica (Parecer CREMEC n. 25/02).

Profissionalidade técnica

O ato médico da perícia é pessoal em função do executor e caracteriza-se pela profissionalidade. Um amador não poderá realizá-la ainda que domine os conhecimentos necessários. Somente o médico habilitado, com o CRM em dia, pode empreendê-la.

No caso de cassação de sua competência, se a decisão oficial não dispuser sobre o tempo pretérito, a validade dela, se manterá para os fins de direito.

Exclusividade do agente

Somente o médico perito pode realizar a perícia médica; como antecipado nenhum outro profissional está autorizado a promovê-la, qualquer que sejam os motivos alegados para uma eventual substituição.

Excepcionalmente examinará laudos técnicos para fins de homologação de exames operados por terceira pessoa (PBPS, art. 117, II).

Autonomia funcional

Em seus atos operacionais o médico perito é independente, não sofre injunção da autoridade administrativa nem judicial, e muito menos do examinado ou acompanhante.

Beneficiado pela força do livre convencimento técnico pode equivocar-se, rever suas conclusões, mas opera com total liberdade técnica.

Se sua decisão é posta em dúvida em razão do seu *modus operandi*, somente outro médico perito pode modificar as suas conclusões.

Nesse sentido diz o art. 5º da Resolução CREMESP n. 167, de 25.9.07:

> O médico na função de perito não deve aceitar qualquer tipo de constrangimento, coação, pressão, imposição ou restrição que possam influir no desempenho de sua atividade, que deve ser realizada com absoluta isenção, imparcialidade e autonomia, podendo recusar-se a prosseguir no exame fazendo constar do laudo o motivo dessa decisão.

Sem razão Rubens Cenci Motta quando assevera que: “Desse modo, da mesma forma não pode criticar e adentrar nos atos processuais do Advogado e no campo do Direito, este também não pode, diretamente, fazê-lo contra atos e pareceres dos médicos” (ob. cit., p. 17).

As duas conclusões merecem observações porque nenhum desses profissionais é absoluto no exercício do seu mister. Se o advogado comete um equívoco médico, o médico poderá avultar esse engano; se o médico não cumpre a disciplina da sua atuação, o advogado tem o direito de interferir.

Os dois estarão em busca da verdade.

Fundamento lógico

Do mesmo modo como em uma sentença judicial, o médico perito terá de desenvolver um encaminhamento lógico, explicitar o seu raciocínio adotado naquele caso, apreciar e expor sua primícias, vale dizer: bem fundamentar as suas conclusões.

Obrigatoriedade do exame

Diz o art. 101 do PBPS:

> O segurado em gozo de auxílio-doença, aposentadoria por invalidez e o pensionista inválido estão obrigados, sob pena de suspensão do benefício, a submeter-se a exame médico a cargo da Previdência Social, processo de reabilitação profissional por ela prescrito e custeado, e tratamento dispensado gratuitamente, exceto o cirúrgico e a transfusão de sangue, que são facultativos.

Como se vê, o exame médico pericial operado pelo INSS é obrigatório. A avaliação médica associa-se aos requisitos legais formais como qualidade de segurado e período de carência.

Ele determina a presença do terceiro pressuposto, que é o evento determinante da prestação cogitada.

Diante da eventual recusa do examinado, não há perícia, e cogitar-se-ão de outras hipóteses de avaliação, como seria o caso da presunção.

Desnecessidade do exame

Ainda que rara a hipótese, quando evidente um cenário propiciador de conclusões incontestáveis, a perícia se tornará desnecessária.

Sua observação pessoal será de grande valia, principalmente nos casos de acidentes traumatológicos.

Juntada de provas

O periciando tem o direito de apresentar as provas de que dispuser sobre suas alegações, ainda que uma vez examinadas, sejam recusadas pelo examinador.

Terá de ter os mesmos cuidados que o INSS adota quando de depoimentos testemunhais na Justificação Administrativa.

Conclusividade derradeira

O laudo técnico tem de ter conclusões finais. Será imperativo em relação ao seu encaminhamento sem deixar margem a dúvidas. Se não dominar o necessário conhecimento, terá de aludir a essa incapacidade para que novas medidas tenham de ser tomadas.

Diferentemente do juiz, que tem de decidir, ele poderá recusar-se a conclusão se não dispuser dos meios necessários. Sua decisão é definitiva enquanto puder prevalecer.

Concisão da escrita

O laudo deve ser técnico, objetivo e conciso, descabendo quedar–se aquém ou além do necessário, nesse último caso sujeitando–se aos embargos declaratórios.

Por exemplo, não pode simplesmente dizer que o segurado está incapaz sem informar as diversas nuanças dessa inaptidão, inclusive o seu âmbito laboral ou social.

Responsabilidade pessoal

O médico perito é responsável pelos seus atos. Essa responsabilidade não pode ser cometida a terceiros. Tem natureza pessoal, administrativa, civil, penal e previdenciária.

A única hipótese considerável é ele não dispor da liberdade no exercício de sua profissão, como costuma acontecer nos regimes ditatoriais.

Prevalência da autoridade

Em termos legais, puramente jurídicos, até que seja revista a conclusão da perícia médica ela é soberana. Por isso nada impede que divirja dos médicos particulares e até do médico do trabalho. Até mesmo fixar um período de licença superior ao do médico do trabalho (que considera o trabalhador como apto).

Se o INSS tomar conhecimento da volta ao trabalho, contrariando a decisão da sua perícia médica, fará cessar a manutenção do auxílio–doença na data desse retorno e tentará recuperar o que eventualmente foi desembolsado (*Cobrança de Benefícios Indevidos*. São Paulo: LTr).

Capítulo 5

ESPÉCIES PERICIAIS

Os exames variam conforme sua natureza, objetivo e periciado. Não se confundem com simples constatações, medições ou testes. O uso do bafômetro é um teste, não é exame nem perícia.

Citando Fernando Capez na obra "Curso de Processo Penal", 17ª ed., São Paulo: Saraiva, 2008, p. 767, Izabel Cristina Barbosa classifica as perícias em: a) percipiendi: de observação do objeto do exame, mas "não faz uma análise conclusiva"; b) deducenti, quando "aprecia cientificamente o fato objeto da perícia"; c) perícia intrínseca: objetiva a materialidade do crime; e d) extrínseca: objetiva os aspectos interiores ("Perícia Médica", in *RPS* n. 416/637).

Consulta

Em uma consulta médica, o cliente poderá solicitar do examinador a emissão de um laudo técnico definindo algum aspecto da sua condição sanitária. Tais exames são chamados de particulares por oposição aos oficiais. Não são perícias médicas como ora enfocado.

Atendimento

Diante da emergência ou da urgência se reclamam procedimentos imediatos e eficazes.

O pronto atendimento apresenta nuanças próprias por parte do socorrista atendente, uma delas a rápida percepção do que é relevante para definição das medidas a serem tomadas.

Oficial

Exame oficial é aquele que tornam possível a tomada de decisão procedimental por parte da Administração Pública.

Nos casos dos benefícios previdenciários envolvidos com a incapacidade são pressupostos técnicos para o deferimento ou não de prestações (auxílio–doença, aposentadoria por invalidez e auxílio–acidente).

A invalidez de dependente não reclama, necessariamente, a cessão atual de um benefício.

Uma apuração da deficiência do segurado impôs–se recentemente e para diversos fins.

Nessa hipótese o examinador terá de levar em conta a distinção entre doença, invalidez, incapacidade e deficiência propriamente dita e, por isso, se utilizará dos recursos médicos apropriados.

Oportunidade

Quando o periciado é física e psicologicamente examinado, diz-se que é um exame direto; na sua ausência ele é considerado indireto.

Em uma figura híbrida subsiste a presença dessas duas circunstâncias.

Documental

Na aposentadoria especial são examinados documentos, e não pessoas (ainda que estas possam ser convocadas e consideradas) ou ambientes.

Nexo epidemiológico

A preocupação maior nesse tipo de verificação diz respeito a doença ocupacional ou não, o nexo causal e as responsabilidades advindas. Depois, como escopo principal, a incapacidade infortunística.

Fixação da DID e DII

Depois de configurada a inaptidão, o médico perito concentrar-se-á na determinação da Data do Início da Doença e da Data do Início da Incapacidade, medidas de natureza procedimental.

Judicial

É todo exame determinado pelo Poder Judiciário em razão de processo que ali tramita.

Junta Médica

Ela se diz presente quando realizada por mais de um médico examinador com direito a expressar a sua opinião.

Interdição

O objetivo principal de interdição é determinar as condições de higidez do examinado com vistas a sua individualidade, personalidade e capacidade de praticar atos jurídicos.

Capítulo 6

NATUREZA TÉCNICA

Natureza é expressão utilizada para designar a quintessência de um ente, sua intimidade última, o âmago mais profundo.

Por seu turno, natureza técnica é a alma dessa entidade estudada sob a visão formal de uma ciência.

A perícia médica é ato específico, executado por profissional tecnicamente habilitado para tanto.

Para isso compõe-se de vários procedimentos circunstanciados regulamentares e pessoais adequados a cada fim, periciado ou patologia, como recepção, identificação, oitiva, diálogo, anamnese, apalpação, auscultação, toque e constatação do estado de saúde do examinado, incluindo a análise de documentos trazidos ou solicitados *a posteriori*.

Não é fato comum, como cada um dos seus elementos constituintes, esse ato médico é exercitado por um médico perito, revestindo-se de individualidade, particularidade, responsabilidade e prerrogativas jurídicas distinguidoras de outras condutas profissionais da medicina.

O ato médico é um conjunto de atividades científicas de observação, consulta, análise, diagnóstico, tratamento, prevenção de incapacidades, ideário sistemático das ações de investigação entre as quais se posta a perícia.

Diversos países elaboraram legislações sobre as competências dos profissionais de medicina. No Brasil a matéria é disciplinada na Lei n. 12.843/12, objetivando definir quem pode praticar a medicina.

Nessas condições, profissionais que exercem atividades nas proximidades da área médica sem serem médicos estão impedidos de exercitar a perícia.

Ela não é excelsamente um ato jurídico, ainda que sua execução observe a legislação pertinente e se submeta ao controle do exercício profissional; trata-se de procedimento médico com reflexos no Direito.

Equivoca-se Candido Rangel Dinamarco quando diz que a perícia médica não participa "das atividades de extração de informes". O médico perito lidera a perícia médica, a instrui e a comanda, mas o periciado, ouvido ou não, é parte integrante na ação de verificação (*Instituições de Direito Processual Civil.* São Paulo: Malheiros, 2008, 3º volume, p. 584).

Diante de uma incerteza fática, não podendo se furtar de apreendê-la e solucioná-la, o médico perito equipara-se ao magistrado quando enfrenta a dúvida jurídica. Ambos têm de decidir. Às vezes, não completá-la (quando da falta de condições para decidir).

A perícia médica não é um estudo científico da patologia que levou o requerente a ser examinado, mas a tabulação sistemática das intercorrências laborais poderá levar a conclusões técnicas significativas para a medicina de um modo geral e para a medicina do trabalho que justificam ampla divulgação.

Capítulo 7

PAPEL FUNCIONAL

Perícia médica é um ato administrativo promovido no âmbito de uma entidade pública: na Previdência Social dos trabalhadores filiados ao RGPS ou RPPS e também presente na previdência complementar e no seguro privado.

Enfática no deslindamento dos dissídios contidos nos procedimentos e processos, na Administração Pública ou no Poder Judiciário. Sem embargo de ser invocada na iniciativa privada, especialmente no Direito de Família.

Prevalece no ambiente e momento em que se torne imprescindível obter uma afirmação definitiva sobre algo, com desdobramentos jurídicos em relação a algum fato material ou não.

Sua principal função é apurar o solicitado, um evento positivo ou negativo. Significa dizer: afirmar ou negar uma ocorrência, definir um estado, declarar a presença ou ausência de alguma coisa.

Tem pouco significado literário por ser providência técnica exigida em determinada circunstância e não sobrevém por acaso ou diletantismo. Um artigo científico sobre a perícia médica é significativo, mas não é uma perícia médica.

Nesse sentido, no comum dos casos, o papel do perito é examinar uma pessoa e verificar o seu estado de saúde física e psíquica e à luz dela poder ou não trabalhar; em suma, se detém aptidão laboral ou é portadora de deficiência.

A perícia é solicitada e não se esgota com a elaboração da conclusão contida no laudo técnico dela defluente. Presta-se para um expediente administrativo e permite a definição do referido estado jurídico perquirido.

No caso de uma prestação previdenciária, autorizar a concessão ou o indeferimento de uma pretensão.

Verdadeiro documento declaratório costuma ser constitutivo ou desconstitutivo de um direito pleiteado.

Sua função é, na medida do possível e dentro do mundo jurídico, desfazer uma dúvida e pôr fim a um dissídio.

Ainda que sopese um cenário duradouro no tempo, o resultado é momentâneo ou destinado ao futuro, daí importar que nos documentos compareça a data de sua realização.

Pressupõe ter sido exigida e, nessas condições, será parte integrante de um juízo ou solução.

Em suma, a perícia não tem papel terapêutico, mas muitas vezes esse é o primeiro momento de sua vida em que um paciente se depara com um médico e ele aproveita e faz uma breve consulta.

Não deveria ser sua obrigação funcional (como não é, a de consultar, atender ou prescrever medicamentação). Todavia, se o periciado não foi bem orientado pelo setor administrativo, otimizará a relação fática orientá-lo, por exemplo, informando o de que não faz jus ao auxílio-doença (ainda que apenas por razões médicas), mas possivelmente possa ter direito ao benefício da LOAS.

O relator Paulo Espírito Santo observa que: "A perícia tem por objeto os fatos da causa que escapa ao conhecimento originário do magistrado, porque dependente de conhecimento específico, seja técnico ou científico (art. 145 do Código de Processo Civil)", opinião constante da AC n. 624266.2013.02.01.006763-8, do TRF da 2ª Região, de 21.8.13, *in* RPS n. 407/974.

Fernando Gonçalves Dias e Hugo Gonçalves Dias enfatizam o papel da prova pericial para contraditar o conteúdo descritivo do PPP empresarial ("A Prova Pericial como o único meio para o segurado comprovar em juízo que as informações previstas no PPP não são fidedignas", *in* Jornal do 33º CBPS, São Paulo: LTr, 2014, pp. 17/20).

O Manual da Perícia Médica da Previdência Social diz:

> O Médico-Perito deve possuir sólida base clínica para achegar com rapidez a um diagnóstico, muitas vezes som contar com a colaboração do examinado e, sempre que possível, evitando requisição de ouros exames complementares e especializados, para esclarecimento do caso (p.19).

Christina Ellert (ob. cit., pp. 23/24) menciona características pessoais recomendadas ao médico perito, quando reproduz palavras de Genival Veloso de França:

1. Evitar conclusões intuitivas e precipitadas.

2. Falar pouco e em tom sério.

3. Agir com modéstia e sem vaidade.

4. Manter o sigilo exigido.

5. Ter autoridade para ser acreditado.

6. Ser livre para agir com correção.

7. Não aceitar a intromissão de ninguém.

8. Ser honesto e ter vida pessoal correta.

9. Ter coragem para decidir.

10. Ser competente para ser respeitado.

Embora estivessem focadas no servidor público, as principais funções foram elencadas por Lílian Maial Tavares–Sonia Maria Rodrigues de Andrade (ob. cit. pp. 21/22):

1. Perícias nos órgãos públicos, hospitais e d omicílios;

2. Respeitar a boa técnica médica e o compromisso ético;

3. Cumprir a disciplina legal e administrativa com conhecimento das leis relacionadas aos benefícios;

4. Concluir o seu estudo; e

5. Solicitar pareceres de especialistas.

TOMO II

AVERIGUAÇÕES

Capítulo 8

PROVA PERICIAL

A perícia judicial disciplinada no CPC propicia informações que cooperam na compreensão desse instituto técnico em matéria de previdência social, durante a fase administrativa ou judicial da apuração das condições de saúde do obreiro.

Ela implica um exame (compulsar o fato), vistoria (inspecionar o conteúdo), avaliação (firmar um diagnóstico) e conclusão (entendimento definitivo).

Quando a perícia não for satisfatória em razão de a prova depender de conhecimento especial não detido pelo *expert*, ela poderá reexaminada ou até impugnada.

Preferivelmente o perito deverá possuir formação acadêmica específica na área objeto desse mister, podendo valer-se de quaisquer recursos tecnológicos com o fim de esclarecer os pontos controvertidos da questão em debate processual. Dentro do prazo para a entrega do laudo.

Sebastião Ivone Vieira a descreve como "o exame, vistoria ou avaliação feita por profissional credenciado sobre pessoas ou coisas, para verificação de fatos ou circunstâncias que interessam à causa (Cod. Proc. Civil, art. 420)" (*O Perito Judicial – Aspectos Legais e Técnicos*. 2ª ed. São Paulo: LTr, 2010, p. 36/37).

Com o sentido prático que o caracteriza, aprofundamento científico e grifo dele, Rubens Cenci Motta diz que: "A prova pericial é uma prova técnica. Como referido alhures, o laudo pericial é uma peça científica, de forma que sua elaboração exige objeto específico e utilização de método (e não mero procedimento), com fundamentação também científica de suas conclusões. Como as decisões judiciais devem ser fundamentadas (art. 93, IX, CRFB), também os laudos periciais devem sê-lo e mais, fundamentados com bases científicas e não meramente legais (achismo)" (*Crônicas em Perícias Médicas, DORT & Reabilitação Profissional*. 3ª ed. São Paulo: LTr, 2014, p. 32).

Incumbe às partes envolvidas, dentro de 15 dias contados da intimação do despacho de nomeação:

I – arguir o impedimento ou a suspeição do perito;

II – indicar assistente técnico;

III – apresentar quesitos.

O *expert* cumprirá escrupulosamente o encargo cometido, independentemente de termo de compromisso nesse sentido. Os assistentes técnicos são de confiança das partes, não se sujeitando a impedimento ou suspeição por parte de quem os indicar, mas podendo sê-lo pela parte contrária.

Ele deverá assegurar aos assistentes o acesso e o acompanhamento das diligências e dos exames que realizar, com antecedência mínima de 5 dias.

Poderá escusar-se ou ser recusado por impedimento ou suspeição.

Ele poderá ser substituído quando:

I – faltar-lhe conhecimento técnico ou científico; e

II – sem motivo legítimo, deixar de cumprir o encargo no prazo que lhe foi assinado.

As partes têm permissão para apresentar quesitos suplementares durante a diligência, a serem respondidos pelo perito previamente ou na audiência de instrução e julgamento.

O juiz poderá indeferir quesitos impertinentes e formular os quesitos que entender necessários ao esclarecimento das dúvidas presentes.

O laudo pericial deverá conter:

I – a exposição do objeto da perícia;

II – a análise técnica ou científica realizada pelo perito;

III – a indicação do método utilizado, esclarecendo-o e demonstrando ser predominantemente aceito pelos especialistas da área do conhecimento da qual se originou; e

IV – resposta conclusiva a todos os quesitos apresentados pelo juiz, pelas partes ou pelo Ministério Público.

No laudo, o perito deve apresentar sua fundamentação em linguagem simples e com coerência lógica, indicando como alcançou as suas conclusões.

Ele não pode ultrapassar os limites de sua designação, bem como emitir opiniões pessoais que excedam o exame técnico ou científico do objeto da perícia.

Para se desempenharem a contento, o perito e os assistentes técnicos podem valer-se de todos os meios necessários, ouvindo testemunhas, obtendo informações, solicitando documentos que estejam em poder das partes, de terceiros ou em repartições públicas, bem como instruir o laudo com planilhas, mapas, plantas, desenhos, fotografias ou outros elementos necessários ao esclarecimento do objeto da perícia.

Quando o exame for de natureza médico-legal, o perito será escolhido entre os técnicos dos estabelecimentos oficiais especializados, a cujos diretores o juiz autorizará a remessa dos autos, bem como do material sujeito a exame.

O juiz determinará, de ofício ou a requerimento das partes, a realização de nova perícia quando o questionamento não estiver suficientemente esclarecido.

A literatura médica é técnica sobre a perícia judicial é vasta e apreciada conforme cada um dos capítulos que se seguem.

Diante do elevado número de reclamações trabalhistas cuidando das condições laborais, adicionais remuneratórios e de outros aspectos da prestação de serviços em ambientes penosos, perigosos ou insalubres, é possível que o maior número de processos que aporta ao Poder Judiciário seja de dissídios trabalhistas.

Basicamente são dois grupos de pessoas em oposição:

I) um empregado (também o temporário), avulso ou doméstico; e

II) o empregador, OGMO ou empregador doméstico.

Tanto quanto a do INSS, a perícia judicial é realizada por um profissional com aptidões especializadas, técnicas e conhecimentos superiores exigidos pelo exame, vistoria ou avaliação que terá de proceder *in loco*. Muitas delas explicitadas nas Normas de Perícia Judicial do Instituto Brasileiro de Perícia e Arbitragem de 1970.

Na condição de médico do trabalho ou engenheiro de segurança compromissado, ele está obrigado a dar cumprimento a sua tarefa e apresentar laudo técnico. Não deve ser confundido com o assistente técnico, ou um perito indicado pelas partes envolvidas na ação judicial.

A relação jurídica envolve o juiz trabalhista que nomeará um perito de sua confiança convocado para relatar o cenário do conflito e, no mínimo, esse perito auxiliar da justiça.

Diante da resistência do empregador quanto a uma pretensão do trabalhador, o dissídio é levado ao conhecimento da Justiça do Trabalho, que decantará qual é a pretensão das partes a ser reconhecida.

Tatiana Regina Criscuolo examinou um caso de LER/DORT de perícia judicial mostrando a rotina do *modus operandi* ("Estudo de um caso de uma perícia judicial em processo trabalhista", in *IPOG – Especialize*, Revista On Line de out/11, colhido na Internet).

O órgão de classe desses profissionais impõe um verdadeiro Código de Ética Profissional, de onde são extraídas as observações que se seguem.

Repete-se. O perito judicial e os assistentes técnicos utilizar-se-ão de todos os meios científicos necessários, visitando o local da prestação de serviços, ouvindo testemunhas, examinando máquinas, consultando documentos e instruirão um laudo conclusivo com plantas, desenhos e fotografias e outras peças necessárias à compreensão objetiva do seu trabalho.

Para melhor evidenciar sua tarefa, eles elaborarão relatórios com os elementos obtidos, conservando-os no mínimo pelo prazo de três anos, contados da data da apresentação do laudo respectivo, salvo se o processo se encerrar antes desse prazo, quando ficará a seu critério conservar ou não por aquele prazo ou por mais tempo os papéis de trabalho ou apenas os que ele considerar indispensáveis.

No início das diligências devem relacionar os documentos, livros e dados de que necessitem, solicitando-os por escrito, através de Termo de Diligência, retendo cópia da solicitação, com o visto do representante da parte ou do responsável pela área sob exame.

O trabalho pericial deve ser planejado e organizado, convindo que mantenham controle do tempo despendido, registrando as horas trabalhadas, locais e datas das diligências, nomes das pessoas que os atenderam, documentos examinados, dados e particularidades de interesse para a perícia, rubricando eventualmente, quando julgar necessário, todos os papéis examinados.

Farão inserir no laudo os fatos e atos examinados e estudados, nunca apenas fundados em simples suposições ou probabilidades, devendo apresentar suas conclusões com objetividade, mantendo sempre isenção e imparcialidade.

O laudo é uma peça que se insere nos autos destinada à prova de fato que dependa de conhecimento técnico ou científico.

Na sua elaboração, com o objetivo de relativa padronização recomenda-se que os quesitos sejam transcritos e respondidos na ordem em que formulados, mencionando-se a juntada de quadros, demonstrativos, documentos, planos, desenhos, fotografias e outros anexos.

Serão respostas esclarecedoras e fundamentadas, evitando-se simples afirmativas ou negativas expressas.

Um encaminhamento do laudo ao juiz deve ser feito através da petição, solicitando a juntada do mesmo aos autos do processo.

O perito judicial e os assistentes técnicos, cônscios de sua responsabilidade e da distinção conferida com a nomeação, devem cumprir os prazos e zelar pelas suas prerrogativas, usando-as moderadamente e nos limites de sua função, fazendo-se respeitar e agindo sempre com seriedade e discrição, inclusive observando o sigilo necessário do que apurar ou souber.

Capítulo 9

CUIDADOS OCUPACIONAIS

Todo trabalhador regido pela CLT é submetido aos exames ocupacionais, ocorridos por ocasião da admissão e da demissão e no curso da relação empregatícia, com os eventuais deveres, ônus e despesas por conta do empregador.

Essas averiguações servem para a empresa deter uma ideia da higidez do futuro empregado, ou ausência dela, reduzir faltas ao trabalho em virtude de doenças, tentar diminuir os acidentes de trabalho, manter a seu serviço, obreiros saudáveis e adequados à função.

Para o colaborador é uma garantia da manutenção das condições de saúde que possuía quando do ingresso naquele trabalho.

Admissional

De todos eles o exame admissional é o mais significativo, especialmente quando se tratar da pessoa com deficiência, com vistas ao art. 93 do PBPS ou aos benefícios próprios desses segurados relatados na LC n. 142/13.

Muitos problemas futuros serão evitados com essa entrevista laboral promovida sob a liderança e a experiência do médico do trabalho do empregador e os recursos do serviço médico empresarial.

Em alguns casos, ela acaba se tornando uma consulta médica e pode ser causa de não admissão. Em razão de a plena preparação física ser indispensável à profissão de atleta, os jogadores de futebol são sempre examinados antes de serem contratados pelos clubes.

Periódico

De modo geral deverá ser realizado de acordo com os intervalos mínimos de tempo.

Para os segurados expostos a riscos ou situações que impliquem a deflagração ou o agravamento de doenças ocupacionais, eles são ainda mais importantes.

No caso dos portadores de doenças crônicas, os exames deverão ser repetidos a cada ano ou a intervalos menores, a critério do médico encarregado, se notificado pelo médico agente da inspeção do trabalho, ou, ainda, como resultado de negociação coletiva de trabalho.

Quem estiver sujeito a condições hiperbáricas deve seguir as recomendações do Anexo 6 da NR 15.

Para os demais trabalhadores: anual, quando menores de 18 anos e maiores de 45 anos.

A cada dois anos, para os trabalhadores entre 18 anos e 45 anos.

Retorno ao trabalho

O retorno ao trabalho se dá em diversas circunstâncias, e a principal delas cifrada a partir da higidez do segurado, que ocorre quando da negativa ou cessação do auxílio-doença ou aposentadoria por invalidez.

Deverá ser realizado obrigatoriamente no primeiro dia da volta ao trabalho do ausente por período igual ou superior a 30 dias por motivo de doença ou acidente, de natureza ocupacional ou não e do parto, no caso da mulher.

Mudança de função

É operado também quando da mudança de função e a qualquer alteração de atividade, posto de trabalho ou de setor que implique na exposição do segurado a risco diferente daquele a que estava exposto antes da mudança.

Demissional

O exame médico demissional será obrigatoriamente realizado até a data da homologação, desde que o último exame médico ocupacional tenha sido realizado antes:

I) 135 dias para as empresas de grau de risco 1 e 2, segundo o Quadro I da NR 4; e

II) 90 dias para as empresas de grau de risco 3 e 4, segundo o Quadro I da NR 4.

Para cada exame, o médico emitirá um ASO, em duas vias: a primeira, arquivada no local de trabalho à disposição da fiscalização do trabalho; a segunda entregue ao trabalhador, mediante recibo na primeira via.

Esses documentos constituem um importante relato da vida do empregado, que é o seu prontuário médico.

Benefício previdenciário

Antes de encaminhar o segurado ao INSS, ele deverá ser examinado pelo médico do trabalho da empresa, que fará uma perícia preliminar e deverá orientá-lo a respeito dos seus direitos previdenciários pertinentes a perícia médica.

Capítulo 10

SERVIÇO MÉDICO

Muitas empresas, principalmente as de grande porte, têm um setor médico próprio e entre outras funções atendem os empregados e, em casos de urgência ou emergência, até mesmo os prestadores de serviços e cooperados prestando serviços para elas.

Sua existência e validade são reafirmadas no art. 59, § 4º, do PBPS:

> A empresa que dispuser de serviço médico, próprio ou em convênio, terá a seu cargo o exame médico e o abono das faltas correspondentes ao período referido no § 3º, somente devendo encaminhar o segurado à perícia médica da Previdência Social quando a incapacidade ultrapassar 15 (quinze) dias.

Posição do CFM

Diz o art. 1º da Resolução CFM n. 1.642/02 que:

> As empresas de seguro-saúde, de medicina de grupo, cooperativas de trabalho médico, empresas de autogestão ou outras que atuem sob a forma de prestação direta ou intermediação dos serviços médico-hospitalares devem seguir os seguintes princípios em seu relacionamento com os médicos e usuários: a) respeitar a autonomia do médico e do paciente em relação à escolha de métodos diagnósticos e terapêuticos; b) admitir a adoção de diretrizes ou protocolos médicos somente quando estes forem elaborados pelas sociedades brasileiras de especialidades, em conjunto com a Associação Médica Brasileira.

E acresce:

> Entre outros deveres, respeitar o sigilo profissional, sendo vedado a essas empresas estabelecerem qualquer exigência que implique na revelação de diagnósticos e fatos de que o médico tenha conhecimento devido ao exercício profissional.

Quem descumprir essa resolução poderá ter seus registros cancelados no Conselho Regional de Medicina de sua jurisdição, e o fato, comunicado ao Serviço de Vigilância Sanitária e à Agência Nacional de Saúde Suplementar, para as providências cabíveis.

Abono de faltas

No Recurso de Revista TST n. 564-43.2011.5.12.0010, de 10.5.13, colhe-se: "Rito sumaríssimo. Confissão ficta. Conforme a Súmula n. 74, I, do TST, não é a simples ausência da parte à audiência em que deveria depor que enseja a aplicação pena de confissão, sendo necessário que tenha sido intimada com cominação expressa de que será assim apenada, se não comparecer. No caso, o TRT declara taxativamente que o reclamante não foi intimado nos da Súmula mencionada, de modo que é incabível a aplicação da confissão ficta. Recurso de revista de que não se conhece. Abono de falta. Atestado médico fornecido por médico sem vínculo com a empresa. Existência de serviço médico na empresa. 1. O TRT consigna que o regulamento da empresa previa que o reclamante deveria submeter o atestado emitido por médico estranho ao quadro da empresa para apreciação pelo serviço médico da empresa em 24 horas, e que esse procedimento foi observado. Assim, a alegação da recorrente de que o reclamante não observou o procedimento regulamentar demandaria novo exame das provas, o que é vedado pela Súmula n. 126 do TST. 2. O TRT não se manifestou sobre a necessidade de observância da ordem de apresentação de atestados para o abono de falta, matéria de que trata a Súmula n. 15 do TST, de modo que a falta de prequestionamento impede a análise da alegada contrariedade a seus termos. 3. Finalmente, o TRT não negou que cabia ao serviço médico da empresa abonar um dia de falta do trabalhador por motivo de doença, matéria de que trata a Súmula n. 282 do TST. O entendimento do TRT é de que, no caso dos autos, não há prova de que a negativa do abono se justificasse, já que não foi alegada a falsidade do atestado médico apresentado pelo trabalhador, nem há prova concreta de que ele não estava de fato necessitado de descanso em decorrência de dores no ombro. E, com efeito, o fato de a lei e a jurisprudência conferirem ao serviço médico da empresa o poder-dever de abonar os primeiros 15 (quinze) dias de ausência ao trabalho por motivo de doença, não implica dizer que a sua conclusão seja inquestionável. Assim, se o trabalhador com o indeferimento do abono, é cabível que busque o Poder Judiciário para obter o ressarcimento do direito que entende lesado e, no caso, conforme o TRT, as provas dos autos corroboraram a tese do reclamante. 4. Recurso de revista de que não se conhece.

Para o Recurso de Revista TST n. 646201-65.2000.5.12.5555, de 6.2.04:

Abono de faltas – Existência de serviço médico na empresa – Validade de atestado emitido por profissional vinculado ao sindicato e conveniado à Previdência Social – Nos termos do § 4º do art. 60 da Lei n. 8.213 /91 cabe à empresa o exame médico e o abono de faltas relativos ao período correspondente aos primeiros quinze dias consecutivos ao do afastamento por motivo de doença. Assim, é legal o procedimento da empresa ao não aceitar atestado médico emitido por outros profissionais, ainda que conveniados à Previdência Social. Recurso de revista conhecido e provido".

Súmula TST n. 282

O TST entende que:

> Ao serviço médico da empresa ou ao mantido por esta última mediante convênio compete abonar os primeiros 15 (quinze) dias de ausência ao trabalho.

Capítulo 11

BENEFICIÁRIOS AUSENTES

No curso de um contrato do trabalho suspenso, um dos grandes embaraços do Setor de Recursos Humanos das empresas de porte diz respeito ao elevado número de empregados em gozo de aposentadoria por invalidez não definitiva, mantida há largo tempo, implicando a manutenção do cadastro do trabalhador em aberto, uma vez que, na maioria dos casos, não é possível a rescisão contratual.

Nesse sentido é bastante comum a empresa nem sequer deter informações do domicílio desse aposentado e, em outros, o fundo de pensão patrocinado pelo empregador sustou o pagamento da complementação da aposentadoria por invalidez por não comparecimento para nova avaliação ou em virtude da recuperação da capacidade para o trabalho já apurada pela EFPC.

Quem administra aquele benefício desses inválidos é o INSS. Essa autarquia federal teria interesse em saber das condições de saúde do segurado com vistas à manutenção do benefício e na condição de titular da relação jurídica é o único que pode promover um reexame da situação e, se for o caso, suspender os pagamentos das mensalidades ou até cancelar o benefício.

Diante desse cenário algumas empresas têm tentado sem sucesso convencer política ou administrativamente o INSS a rever a decisão de manter o benefício, alegando a autarquia uma falta de titularidade do empregador para essa ação.

Ab initio note-se que as empresas, diante da individualidade do segurado, não dispõem do poder de obrigá-lo *sponte propria* a um exame médico, e muitas delas têm rescindido o contrato de trabalho, deixando para discutir o tema se houver reclamação do trabalhador.

O Ministro do STJ Jorge Mussi entendeu que o empregador não pode obrigar o INSS a promover perícia médica em aposentado por invalidez que julga estar apto para o trabalho. "Haveria falta de interesse de agir e ilegitimidade *ad causam* da CSN" (AgRg - RESP n. 1.122.439, *in* Proc. n. 2009.0024514-6, da 5ª Turma, em 30.4.15).

E com isso tem-se um cenário aparentemente insolúvel, se o aposentado não é localizado ou caso não concorde com uma perícia médica promovida pela empresa.

Crê-se evidente o interesse de agir, que não seria apenas das empresas e também do INSS. E se tem interesse está presente a legitimidade de causa.

Capítulo 12

AVERIGUAÇÃO PATRONAL

Com a redação da Lei n. 9.732/98, o § 5º do art. 57 do PBPS passou a comandar:

> O benefício previsto neste artigo será financiado com os recursos provenientes da contribuição de que trata o inciso II do art. 22 da Lei n. 8.212, de 24 de julho de 1991, cujas alíquotas serão acrescidas de doze, nove ou seis pontos percentuais, conforme a atividade exercida pelo segurado a serviço da empresa permita a concessão de aposentadoria especial após quinze, vinte ou vinte e cinco anos de contribuição, respectivamente (grifos nossos).

As empresas se viram obrigadas a constatar a presença ou não do fato gerador desse dever exacional, recolher 6%, 9% ou 12% do salário de contribuição dos trabalhadores sujeitos a exposição aos riscos físicos, químicos, biológicos, ergométricos ou psicológicos.

Igual tarefa caberá à Receita Federal do Brasil quando da fiscalização dos contribuintes ou assim que o INSS oficiá-la que deferiu uma aposentadoria especial para um segurado.

Nesse caso, essa verificação factual será sempre significativa, uma vez que dispondo dessa informação poderá contestar a imposição da contribuição.

Nesse sentido, as empresa dispõem de três soluções:

I) decidir se existem obreiros nessas condições e, por conseguinte, emitir a GFIP confessando o aludido fato gerador;

II) consultar o médico do trabalho ou engenheiro de segurança, pessoas com experiência do ambiente laboral de sua confiança, deles obtendo um laudo técnico conclusivo; e

III) contratar uma empresa idônea especializada pra fazer essa constatação.

Em todos esses casos são necessárias verificações *in loco*, distintas da perícia médica pessoal, consistindo num trabalho coletivo que abordará:

Ambiente laboral

Uma verificação plena, periódica e atual do ambiente de trabalho com fulcro na possibilidade de estar estimulando doenças ocupacionais.

Mapeamento de sinistros

Consultar as ocorrências históricas havidas na tentativa de apurar as causas mediatas e imediatas.

Gerenciamento de riscos

Apreciar as conclusões das disposições relativas à experiência do gerenciamento de riscos.

Medidas preventivas

Examinar todas as atas da CIPA para constatação de impropriedades na prevenção de acidentes do trabalho.

Segurança do trabalho

Fiscalização de todos os fatos transcritos nos relatórios elaborados pela segurança do trabalho.

Medicina do trabalho

Acolher as recomendações do médico do trabalho, em termos de cada uma das patologias ocupacionais.

Audiometria

Proceder sistematicamente a audiometria dos trabalhadores em face do agente físico ruído.

Uso de EPI

Inspecionar a aquisição, aprovação, fornecimento, treinamento, higienização, fiscalização periódica da utilização dos EPI.

Exames trabalhistas

Manter os exames admissionais, sequenciais e demissionais a serem tabulados.

Benefícios por incapacidade

Tabular e estudar as causas dos CID de auxílio–doença e aposentadoria por invalidez que foram requeridos nos últimos 10 anos.

Aposentadoria especial

Em especial, estudar o conteúdo dos PPP e LTCAT entregues aos segurados.

CAT emitidas

Assimilar as informações das CAT emitidas e localizar os locais de maior incidência de acidentes.

Reclamações laborais

Estudar as petições iniciais e contestações das reclamações trabalhistas em confronto com as próprias alegações e também as sentenças judiciais.

Multas trabalhistas

Perquirir a causa motivadora das multas constantes do Auto de infração do MTE.

Jurisprudência trabalhista

Consultar permanentemente os acórdãos publicados em revistas especializadas sobre os CID e os ambientes próprios do da sua planta.

Doutrina nacional

Considerar a experiência doutrinária baseada em pesquisas técnicas, armazenando artigos científicos pertinentes à matéria.

Capítulo 13

PRONTO ATENDIMENTO

O atendimento, ocorrido nos prontos–socorros dos hospitais, UPA (Política Nacional de Urgência e Emergência do Ministério da Saúde) e, às vezes, em plenas vias públicas, é uma ação médica distinta de outros procedimentos da medicina, mas que implica um exame.

Não há perícia nem consulta médica no sentido clássico, mas conduta a ser realizada com celeridade, uma rapidez definida na hora pelo atendente socorrista em razão da gravidade do agravo sofrido pela pessoa atendida.

Destarte, *ab initio*, impõe fazer uma distinção entre o que se entende por:

I) normalidade;

II) urgência; e

III) por emergência.

Principalmente ajuizando sobre a escolha do atendimento.

Normalidade

É um cenário distinto da urgência ou da emergência, ela exige atendimento rápido. De modo geral, os hospitais a definem como os casos de dor toráxica, dispneia, palpitações, taquicardia, braquicardia, síncope, lipotimia, escurecimento da vista, tonturas, alterações do equilíbrio, pressão arterial alterada, crise asmática, febre alta etc.

Urgência

Sabrina Vilarinho, graduada em letras, oferece os conceitos que seguem: "**Urgência** é quando há uma situação que não pode ser adiada, que deve ser resolvida rapidamente, pois se houver demora, corre–se o risco até mesmo de morte. Na medicina, ocorrências de caráter urgente necessitam de tratamento médico e muitas vezes de cirurgia, contudo, possuem um caráter menos imediatista".

Emergência

Ela acrescenta: "Emergência é quando há uma situação crítica ou algo iminente, com ocorrência de perigo; incidente; imprevisto. No âmbito da medicina é a circunstância que exige uma cirurgia ou intervenção médica de imediato".

Depois aduz que a diferença concentra–se mais nas hemorragias, paradas respiratórias e paradas cardíacas seriam casos de emergência. Luxações, torções, fraturas (dependendo da intensidade) e dengue diriam respeito a casos de urgência (*in* "Semântica", colhido na internet).

Deontologia

Questão ética diz respeito a decisão de momento no pronto–socorro, quando se apresentam dois pacientes carentes de socorro imediato ao mesmo tempo para um único atendente médico.

Inicialmente terá de desvendar se é caso de emergência e distingui–la da hipótese de urgência, torcer para que os dois vitimados não estejam ao mesmo tempo sob emergência ou sob urgência.

Esse último drama é puramente técnico, mas caso o paciente sob emergência seja um criminoso ferido gravemente ao lado de um bom pai de família precisando de cuidados urgentes, a solução rápida é imperiosa.

Uma decisão de ordem moral lhe ditará a solução. Ela deverá estar resolvida antes do evento e levar em conta o relevante valor moral de cada um daqueles seres humanos.

Não lhe cabe punir o criminoso, diante das circunstâncias, se não tiver outra escolha, acudir primeiro o pai de família será elogiável.

Capítulo 14

NEXO EPIDEMIOLÓGICO

Com a redação da Lei n. 11.430/06, diz o art. 21–A do PBPS:

> A perícia médica do INSS considerará caracterizada a natureza acidentária da incapacidade quando constatar ocorrência de nexo técnico epidemiológico entre o trabalho e o agravo, decorrente da relação entre a atividade da empresa e a entidade mórbida motivadora da incapacidade elencada na Classificação Internacional de Doenças – CID, em conformidade com o que dispuser o regulamento.

Descrição técnica

Quando o segurado requerer auxílio–doença ou aposentadoria por invalidez, além de verificar a sua incapacidade com vistas à concessão de um desses benefícios, o médico perito do INSS verificará se a patologia alegada pelo solicitante ou detectada por ele (que se pode chamar de CID) decorre do ambiente do trabalho (CNAE) ou tem outra causa.

No dizer da lei, fixar ou não o Nexo Técnico Epidemiológico Previdenciário – NTEP, estabelecendo ou não como acidentária a incapacidade e, a partir daí, sobrevindo várias responsabilidades para o:

I) INSS – Presente inaptidão, concessão de um benefício por incapacidade;

II) Empregador – Emissão de CAT, recolhimento do FGTS, eventual estabilidade (art. 118 do PBPS), reparação civil (Súmula STF n. 229), multa do MTPS e possível ação regressiva (art. 120 do PBPS); e

III) Segurado – Inúmeros direitos civis, trabalhistas e previdenciários.

Momentos distintos

Saliente–se: nessa perícia estão presentes dois momentos distintos:

I) presença ou não da incapacidade; e

II) vínculo dessa incapacidade com as patologias ocupacionais de responsabilidade da empresa.

Na primeira hipótese, corresponderá ao exame habitual que faz parte da instrução do pedido de um benefício por incapacidade, sobrevindo, se for o caso, apenas um auxílio–doença comum (NB–31).

Na segunda hipótese, mais complexa, à luz da provas trazidas para o exame, concluir tratar-se ou não de doença do trabalho ou profissional, enfim, se é ocupacional (NB-91) ou comum (NB-31).

Uma CAT, BO, o PPP ou o LTCAT trazido pelo segurado ou qualquer outro documento comprobatório poderá induzir a conclusão de ser um infortúnio laboral.

Evidentemente, nos dois casos, caberá a contraprova, especialmente por parte do empregador que tentará desconfigurar o NTEP.

Conceito mínimo

Esse NTEP é um método administrativo legal da Previdência Social que tem por escopo identificar quais ocorrências laborais infortunísticas têm vinculação com alguma atividade profissional. Quando o trabalhador adquire uma patologia inteiramente relacionada com o seu serviço, resta caracterizado um acidente de trabalho, com muitos desdobramentos práticos e jurídicos.

Com a adoção desse instituto técnico, o patrão onera-se com o dever de provar que esses infortúnios laborais não foram causados pela atividade desenvolvida pelo trabalhador, ou seja, o ônus da prova é do empregador, e não mais do empregado. Não logrando fazê-lo com poder de convicção, sujeita-se a vários encargos (*Prova e Contraprova do NTEP*. São Paulo: LTr, 2014).

Antes dessa técnica administrativa, ao sofrer um acidente ou contrair uma doença, o INSS ou o segurado deviam comprovar que os danos haviam sido causados pela atividade então desempenhada.

O NTEP decorre do ambiente do trabalho, e o benefício por incapacidade concedido pelo INSS apresentará um código da doença (CID) relacionado com o CNAE da empregadora do trabalhador requerente.

Principalmente, serve também para a obtenção do FAP, publicado pela Receita Federal do Brasil anualmente. Esse FAP é um número que autoriza aumentar em até 100% ou diminuir em até 50% as alíquotas de contribuição do SAT, dependendo do grau de risco de cada uma delas.

Quem adotava o grau grave de 3,0% poderá chegar a 1,5% ou 6% do salário de contibuição.

Para a caracterização do acidente de trabalho, além da lesão e da incapacidade para o trabalho, é requisito essencial a demonstração do nexo causal. Ao contrário dos acidentes típicos, em que esse liame laboral é de fácil verificação, as doenças ocupacionais impõem óbices práticos para se estabelecer com precisão científica a relação causal entre a doença e o trabalho.

Relevância da perícia

Na prática quem estabelece a presença dos parâmetros indutores do NTEP, examinando o segurado e os documentos trazidos para sua análise, inclusive a CAT, é o médico perito do INSS.

Terá de deter amplos conhecimentos do que seja incidente, acidente, quase acidente, ato inseguro, acidente de trajeto, acidente do trabalho, causa e concausa e a distinção das patologias não infortunísticas.

Nesse sentido, na medida do possível (até porque não poderá examinar eventuais contraprovas da empresa) *ex vi* do art. 319, I/IV, da IN INSS n. 77/15, terá de apurar se não está diante de:

I – doença degenerativa;

II – grupo etário;

III – doença que não gera incapacidade; e

IV – doença endêmica.

Por nossa conta incluímos a doença pregressa, aquela adquirida antes do vínculo empregatício com o atual empregador.

Nesse esforço operacional, se necessário for, "poderá ouvir testemunhas, efetuar pesquisas ou realizar vistorias no local de trabalho ou solicitar o PPP diretamente ao empregador para o esclarecimento dos fatos" (IN INSS, art. 322).

Capítulo 15

ANÁLISE GRAFOTÉCNICA

Segundo a internet, fonte em que foram obtidas as informações técnicas que se seguem, em 1444 o texto *Doação de Constantino*, documento que durante séculos serviu para justificar o poder temporal dos papas sobre os Estados Pontifícios foi declarado falso.

Em 1906, o oficial francês Alfred Dreyfus foi reabilitado, após 12 anos de padecimentos, em virtude da acusação de traição à pátria pela presumida autoria de uma carta suspeita.

A prestigiada revista alemã *Stern* publicou em 1983 trechos de um suposto diário de Adolf Hitler, posteriormente reconhecido como uma falsificação grotesca.

São três exemplos históricos relacionados com a falsificação de documentos mundialmente famosos. Os processos penais estão repletos de casos em que assinaturas, cartas, datas etc., foram fraudulentamente falsificadas. Às vezes, de forma bastante amadora.

Como não existe no Brasil o conhecimento transmitido em um curso de extensão universitária, é suficiente um especialista ser reconhecido como perito grafotécnico, demonstrando as suas qualificações fáticas, para poder exercer essa atividade.

Entende-se que um perito em grafologia é capaz de examinar textos escritos em diferentes alfabetos, desde que conheça a diversidade de características e regras da escrita do escritor.

Os magistrados não possuem conhecimentos técnicos suficientes para realizar julgamentos e aplicar sentenças, especialmente quando de casos complexos que envolvam a falsificação de documentos.

Para auxiliá-los, comparecem os técnicos e os especialistas. Através de exames periciais, fornecem valiosas interpretações das provas, que formam o alicerce no qual os juízes irão apoiar suas convicções e, assim, determinar as decisões.

Os exames científicos e periciais e os laudos técnicos explicitam pormenores vitais para o descobrimento da verdade, provavelmente inalcançáveis sem esse minucioso trabalho.

É comum também a perícia expor falsidade em autos de um processo e detectar alterações, como supressão, substituição, emenda ou raspagem, recuperar documentos queimados ou lavados, identificar textos cobertos por tintas ou líquido corretor; reconhecer a autofalsificação ou disfarce, apontar escritos produzidos sob coação ou efeito de drogas ou doença; detectar substituição de folhas encadernadas; e identificar data de reprodução de um texto ou documento.

A base da perícia grafotécnica é a comparação do texto escrito questionado com outro seguramente autêntico.

O papel desse especialista é apresentar um laudo ou um parecer retratando fatos e fazendo a interpretação a partir dos seus conhecimentos. Sua avaliação tem peso técnico e até mesmo jurídico; todavia, é bom lembrar que esta não é uma atividade fácil. Suspeitas não indicam necessariamente fraude, basta relembrar o caso Dreyfus.

É importante enfatizar a diferença entre a grafotécnica – verificação da autenticidade e autoria do escrito – e grafologia – verificação de aspectos psicológicos do autor do escrito.

A grafotécnica, também conhecida como documentoscopia, grafoscopia ou perícia caligráfica, se apoia em ciências e disciplinas afins, como a caligrafia, a criptografia e a paleografia. Conhecer profundamente a escrita é se deparar com um universo de pormenores informativos que, de outra forma, seriam meros detalhes com pouco ou nenhum significado.

Não se pode olvidar que em processos penais os magistrados só aceitam documentos originais como peças padrões. Cópias não são usadas como provas; são consideradas escritas indiretas, provenientes de processo artificial, portanto, seus resultados não são considerados conclusivos em exames periciais.

Apesar disso, grafotécnicos são capazes de fazer análises de fotocópias, em casos em que não haja acesso aos documentos originais, mesmo havendo restrições. Por um lado, muitas características do escrito podem ser observadas em cópias, por outro lado, é preciso levar em consideração a qualidade da reprodução e verificar possíveis alterações. No original, algumas mudanças são visíveis com microscópio ou iluminação ultravioleta, o que geralmente não ocorre em fotocópias.

Quando aprendemos a escrever, somos levados a reproduzir uma forma caligráfica comum, com a prática e nosso desenvolvimento pessoal, este modelo vai sendo deixado de lado e fatores como treino, habilidade artística, tônus muscular e maneirismos contribuem para a formação de uma escrita singular, enraizada à medida que nossa escrita vai se tornando um hábito automático.

Além disso, existem duas forças básicas que determinam nossa escrita: a vertical, ou seja, a pressão do instrumento escritor contra o suporte e a horizontal, que nada mais é do que o movimento – retilíneo ou circular – do instrumento escritor sobre o suporte. Intensidade, direção e sentido estão relacionados a características individuais.

Existe uma lei da escrita crucial para o trabalho dos especialistas que atuam nesta área. Segundo esta lei, cada um de nós possui uma gênese gráfica, impossível de ser alterada, inclusive por nós mesmos. Isso porque o formato das letras se faz a partir do movimento natural do cérebro, sem a interferência de tremores, paradas ou sobrecarga de tinta. Este movimento também está isento de divergências em relação à dinâmica, força de pressão ou progressão.

A grafotécnica detecta exatamente a unidade gráfica que é emitida pelo movimento involuntário do cérebro e que determina o movimento dos punhos. Tomando esta afirmação como verdadeira, é possível, então, descobrir um falsário, já que ele nunca conseguirá reproduzir, seja no todo, seja em parte, a gênese gráfica de outra pessoa.

Como afirma Robert Saudek, grafologista tcheco e fundador da Sociedade de Grafologia Profissional da Holanda: “ninguém é capaz de imitar, ao mesmo tempo, cinco elementos do grafismo: riqueza e variedade de formas, dimensão, enlaces, inclinação e pressão”.

Capítulo 16

CORPO DE DELITO

O exame chamado de corpo de delito tem por objetivo auxiliar na determinação policial de fatores como a autoria, temporalidade, *modus operandi*, extensão de danos etc. Oberva-se um corpo, cadáver ou ambiente. É promovido também quando da prisão de um suspeito para comprovar o seu estado de saúde naquele instante.

Presentes sinais evidentes de violência contra o ser humano, é legalmente obrigatória essa verificação.

Ela compreende dois grupos:

I) permanente, se os vestígios têm durabilidade extensa perene; e

II) transeunte, quando efêmeros.

Pode ser feita diretamente nos vestígios encontrados no local ou por imagens, como é o caso de fotografias e filmagens gravadas.

Corpo de delito é expressão frequentemente usada quando de evidências de um delito. Pode ter por objeto um cadáver, mediante necropsia na hipótese de lesão corporal seguida de morte.

Aplica-se esse título para os exames cadavéricos e para outros, como os de constatação da materialidade e verificação da autoria de fatos delituosos.

Nossa lei exige que o profissional executante detenha a formação em nível superior e aprovação em concurso público para o cargo de perito criminal.

Apenas excepcionalmente se admite uma perícia ser procedida por profissional não oficialmente constituído, em número de dois, podendo ser qualquer indivíduo que detenha conhecimentos específicos para a verificação a ser realizada e que seja da rede pública para o caso de exame indireto.

Marcelo Lessa Bastos e Marcella Cordeiro Orçai ("Exame de Corpo de delito. O art. 168 do Código de Processo Penal em uma releitura à luz do princípio do contraditório e das novas regras do interrogatório – Lei n. 10.792/03"), colhido na internet, dizem: "O exame de corpo de delito talvez seja a prova que mais controvérsia suscite nos dias atuais, nada obstante o seu elevado grau de influência na formação do convencimento do juiz, por se tratar de prova técnica e, não raras vezes, decisiva".

O vetusto Decreto-lei n. 3.689/41 traz informações úteis para a compreensão desse tipo de verificação legal.

Ele assevera que, se uma infração penal deixar vestígios, impor-se-á exame de corpo de delito, direto ou indireto (art. 158).

Tal exame é promovido por dois peritos oficiais. Se não existirem, será realizado por duas pessoas idôneas, portadoras de diploma de curso superior, escolhidas de preferência entre as que tiverem habilitação técnica relacionada à natureza do exame.

Os peritos elaborarão um laudo pericial, oportunidade em que descreverão minuciosamente o examinado e responderão aos quesitos formulados, num prazo 10 dias, prazo a ser prorrogado em casos excepcionais, a requerimento dos peritos.

O exame de corpo de delito poderá ser feito em qualquer dia e a qualquer hora. Os cadáveres serão fotografados na posição em que forem encontrados e assim também as lesões externas e vestígios deixados no local do crime.

Em caso de lesões corporais, se o primeiro exame for incompleto, proceder-se-á a verificações complementares por determinação da autoridade policial ou judiciária, de ofício ou a requerimento do Ministério Público, do ofendido, do acusado ou de seu defensor.

Para o efeito de exame do local em que foi praticada a infração, a autoridade providenciará imediatamente para que não se altere o estado das coisas até a chegada dos entendidos.

Os peritos registrarão, no laudo, as alterações do estado das coisas encontradas e discutirão as consequências dessas modificações na dinâmica dos fatos.

Divergindo esses técnicos, eles guardarão material suficiente para a eventualidade de nova perícia. Sempre que conveniente, os laudos serão ilustrados com provas fotográficas, ou microfotográficas, desenhos ou esquemas elucidativos.

Nesse caso, serão consignadas no auto do exame as declarações e respostas de um e de outro, ou cada um redigirá separadamente o seu laudo, e a autoridade nomeará um terceiro. Se este discordar de ambos, a autoridade poderá mandar proceder a novo exame por outros peritos.

O juiz não está adstrito ao laudo, podendo aceitá-lo ou rejeitá-lo, no todo ou em parte.

Adilson Gomes discorreu sobre tal exame, reproduzindo os arts. 158 e 167 do CPP e distinguiu o exame direto e indireto, além da prova testemunhal supletiva. Ele o define como: "O conjunto de vestígios materiais produzidos pelo crime, ou seja, é a sua materialidade, é aquilo que é palpável, que se vê, se ouve ou se sente. Isto é, que é perceptível pelos sentidos. São os vestígios do crime, marcas, pegadas, impressões, rastros, resíduos, requisitos e fragmentos de materiais deixados no local, sendo instrumento ou produtos do crime" (*in* JUS BRASIL – Newsletter).

Capítulo 17

INSPEÇÃO *IN LOCO*

A inspeção *in loco* com vistas a aspectos previdenciários é caso particular das inspeções verificadas fora da Administração Pública ou do Poder Judiciário.

A Resolução INSS n. 488/15 disciplinou a inspeção nos estabelecimentos das empresas por parte do profissional habilitado com vistas ao NTEP e a aposentadoria especial. Isso não excluiria a visita de um médico perito ou assistente social para operar uma anamnese biopsicossocial.

Além de detida verificação do ambiente do trabalho e estudo do gerenciamento de riscos e mapeamento de sinistros, no mínimo serão examinados os seguintes documentos: prontuário médico, ASO, PPP, LTCAT, PPRA, PCMSO, CTPS e CAT.

Requererá esses documentos mediante uma Solicitação de Documentos Médicos, além da emissão de uma Carta de Comunicação de Inspeção à empresa.

Tal inspeção terá por finalidade:

I – reconhecer tecnicamente o nexo causal entre o trabalho e o agravo alegado;

II – verificar, por parte da empresa, o cumprimento das normas de medicina, segurança e higiene do trabalho;

III – constatar a adoção e o uso das medidas coletivas e individuais de proteção e segurança da saúde e integridade física do trabalhador;

IV – apurar se a doença ou lesão invocada como causa do benefício junto ao INSS é preexistente ou não ao ingresso no RGPS, excetuando-se os casos de progressão ou agravamento;

V – notar se as informações do PPP coincidem com os do LTCAT utilizado como base para sua fundamentação;

VI – confirmar se as informações contidas LTCAT coincidem com o ambiente de trabalho inspecionado; e

VII – avaliar a compatibilidade da capacidade laborativa do reabilitando frente ao posto de trabalho de origem e ao posto de trabalho proposto pelo empregador.

O segurado será cientificado por meio de Carta de Comunicação ao Segurado de Inspeção no Ambiente de Trabalho, a data e hora de realização da inspeção, informando-lhe da possibilidade da participação do representante do sindicato da categoria ou do seu médico assistente.

Um representante da empresa poderá participar da inspeção, preferencialmente um técnico de segurança, engenheiro de segurança, médico do trabalho ou o representante da CIPA.

No momento da inspeção, os executores deverão estar munidos de documento de Identificação Funcional e de Carta de Apresentação.

Sem prejuízo nas determinações contidas na NR-28, quando da realização da inspeção, se constatada alguma irregularidade descrita nas normas previdenciárias, o executor emitirá Representação Administrativa e encaminhará as cópias, conforme o caso, aos órgãos competentes.

O Formulário de Inspeção no Ambiente de Trabalho conterá, obrigatoriamente:

I - identificação da empresa, dos acompanhantes, do segurado e dos documentos solicitados para análise;

II - descrição da atividade (consignar as atividades desenvolvidas pelo segurado em cada função e setor, incluindo a atual e as pregressas);

III - riscos ambientais (agentes físicos, químicos, biológicos), fatores ergonômicos, psicofísicos e riscos de acidentes;

IV - comentários complementares (elementos eventualmente existentes e não apontados anteriormente, mas necessários ao esclarecimento da matéria em questão); e

V - conclusão final que deverá conter, conforme o caso:

a) o reconhecimento ou não do nexo causal entre o trabalho e o agravo;

b) o enquadramento de condições especiais (relatar a existência de efetiva exposição ao agente nocivo, habitualidade e permanência da exposição);

c) a capacidade laborativa do reabilitando frente ao posto de trabalho de origem e ao posto de trabalho proposto pelo empregador; e

d) encaminhamentos adicionais que venham a ser realizados, tais como Representações Administrativas aos outros órgãos.

Na realização da inspeção, o médico perito valer-se-á de entrevistas de técnicos da área e chefias no sentido de avaliar as exigências cognitivas do trabalho, a existência ou não de pausas, a existência de orientações sobre prevenção de doenças ocupacionais e se as atividades são variadas ou monótonas.

Emitirá cópia do relatório para o Serviço/Seção de Saúde do Trabalhador com a finalidade de arquivamento e formação de banco de laudos, bem como para a APS, em que o segurado tenha solicitado o benefício, que deverá ser anexado aos antecedentes médico-periciais, peça concessória da aposentadoria especial ou em casos de avaliação em reabilitação profissional ao prontuário.

Após a inspeção, a perícia médica do INSS reconhecerá ou não o nexo técnico entre o trabalho e o agravo, devendo a APS mantenedora do benefício emitir junto à perícia médica uma Carta de Notificação, quando não reconhecido o nexo, em três vias, sendo uma para ser juntada ao processo concessório e as outras duas para serem enviadas à empresa e ao segurado.

Capítulo 18

PROVIDÊNCIA CAUTELAR

Perícia cautelar é um exame médico, notadamente particular, promovido com vistas a demonstração *a posteriori* do estado de saúde de uma pessoa.

Há interesse nesse tipo de perícia se o indivíduo pretenda demonstrar datadamente que detém ou não detém higidez. Refere-se ao estado de saúde de uma pessoa ou ausência dela no momento da averiguação.

Suponha-se um interessado com doença ou deficiência não incapacitante pretendendo ingressar na previdência social futuramente quando poderia sobrevir um agravamento ou progressão dessa insuficiência.

Embora pouco praticada essa atenção procedimental, ela se presta para várias finalidades civis, trabalhistas e previdenciárias como medida de ordem cautelar.

Haverá interesse nesse tipo de prevenção caso a pessoa ou seus parentes tenham a intenção de convencer terceiros que detêm ou não higidez para fins jurídicos.

Particularmente, em se tratando de CID da psicologia ou da psiquiatria, em que usualmente se alega prodigalidade.

Imagine-se homem ou mulher com a idade avançada programando fazer doações que possam ser contestadas após o seu falecimento, como é bastante comum por parte de familiares herdeiros.

Deseja estabelecer de forma clara a Data do Início da Doença ou Data do Início da Incapacidade, ainda que com meios particulares. Essa providência será muito útil quando precisar combater a alegação contrária de que ingressou na previdência social portadora de incapacidade.

À evidência, tal perícia médica certamente terá de se cercar de cuidados especiais para que possa produzir os efeitos futuros desejados.

Nada impede que, de algum modo, o laudo técnico emitido seja averbado em algum órgão da Administração Pública.

Capítulo 19

PATOLOGIA PREEXISTENTE

As naturais dificuldades inerentes à perícia médica são ampliadas ao tratar de descobrir a presença de uma incapacidade pretérita. Determinar a DID ou DII sempre foi uma respeitável tarefa técnica para o executor do exame. Contando ou não com a boa vontade e a legitimidade das declarações historiadas ou comprovadas pelo examinado.

Waldemar Ramos destacou nossa opinião sobre o agravamento da doença do segurado que ingressou incapaz e que, na situação anterior, não fazia jus à aposentadoria por invalidez ("Agravamento ou progressão de doença ou patologia para concessão da Aposentadoria por Invalidez", colhido na internet *in* JUS Brasil).

É de domínio da doutrina que esse último benefício por incapacidade é devido ao segurado considerado inapto para o exercício de qualquer atividade laboral que lhe garanta a subsistência e que ele seja insuscetível de reabilitação profissional.

O PBPS, no seu art. 42, § 2º, assevera que na hipótese da doença ou lesão que o segurado portava ao filiar-se ao RGPS obsta-lhe a fruição da referida aposentadoria por invalidez. O sinistro precederia a filiação, fato logicamente inaceitável no âmbito do seguro social.

Nessas condições não tem direito ao auxílio-doença. O risco coberto pela previdência social se posta no futuro; vale dizer, uma incapacidade identificada após a filiação e o cumprimento do período de carência.

Havíamos destacado que: "se antes de ingressar na Previdência Social (quando não filiado ou inscrito) o segurado já apresentava o risco coberto, ele não tem sentido, podendo-se pensar em outros meios de ampará-lo, como a restituição das contribuições vertidas, algum pecúlio, ou mesmo uma prestação assistenciária, mas não previdência social" (*Comentários à Lei Básica da Previdência Social*, 8ª ed. São Paulo: LTr, 2009. p. 299).

Situação relevante ocorre quando um segurado é vítima de progressão ou de agravamento da doença após ter ingressado na Previdência Social, embora fosse portador de referida moléstia antes da data do início de sua filiação, cabendo, nesta hipótese, a aposentadoria por invalidez.

Assim como doença não se confunde com lesão, a progressão não se identifica com o agravamento. Naquela ocasião esclarecemos que um resfriado pode evoluir para uma gripe, esta para uma pneumonia e, finalmente, avançar para uma tuberculose. A princípio, agravadas e, ainda, enquanto enfermidades individualizadas, a gripe, a pneumonia ou a tuberculose podem ser fatais.

É possível afirmar que o segurado que ingressa na previdência social inválido não faz jus ao auxílio-doença ou a aposentadoria por invalidez. Entretanto, portador de alguma doença ou patologia, na hipótese de ocorrer o agravamento desta enfermidade a ponto de impossibilitá-lo de exercer suas atividades laborais, dar-se-á o previsto no art. 42 da Lei n. 8.213/91 e o benefício será devido.

Consulte-se esta decisão: "Previdenciário. Agravo. Auxílio-doença. Agravamento da Patologia. I – Cabível, na hipótese, a concessão do benefício de auxílio-doença, já que, ainda que se trate de doença preexistente à filiação, a incapacidade decorreu de seu agravamento. II – Agravo interposto pelo réu improvido" (TRF da 3ª Região, AC n. 2001.61.13.002946-9, Turma Suplementar da 3ª Seção, relatado pelo juiz convocado Fernando Gonçalves, em 26.8.09).

Mais uma vez a questão é de prova: o segurado terá de demonstrar que não padece apenas da doença com a qual ingressou na Previdência Social, mas evidenciar que ela se agravou ou progrediu após essa filiação.

A questão ora proposta diz respeito ao deflagrador da preocupação do INSS de saber quando se deu a DID e a DII do pleiteante do auxílio-doença, que é administrativa até que se torne necessário apurá-la. Isso se dará em razão do CID alegado avaliado pelo médico perito, obrigado a aprofundar em pesquisa dos antecedentes do segurado.

Uma pesquisa dessa natureza implica saber exatamente qual a doença que aflige o interessado, sua idade, profissão, sem que disponha dos recursos próprios para isso, exceto confiar nas declarações do examinado.

Por oportuno, considere-se a opinião do desembargador Batista Pereira, da 10ª Turma do TRF da 3ª Região, emitida no dia 4.8.15: "É a incapacidade que configura o direito à percepção do benefício, e não a doença em si, vez que há situações em que a patologia acompanha o indivíduo desde o nascimento, o que não impede a percepção do benefício na idade adulta, quando sobrevém a incapacidade, razão pela qual a doença preexistente à filiação do segurado ao RGPS conferirá o direito aos benefícios por incapacidade, quando esta sobrevier em razão de progressão ou agravamento da doença. Precedente do STJ. Diante do conjunto probatório e da conclusão do Perito Judicial, constata-se que parte autora preenche os requisitos legais para a concessão do benefício do auxílio-doença" (Proc. n. 000032-82-2013.4.03.6143/SP).

Invocando a Súmula STJ n. 7, o Ministro Sergio Kubina do STJ não admitiu o exame de provas do segurado – que havia recebido um auxílio-doença anterior – de que antes do ingresso na previdência social não havia incapacidade total e permanente, e indeferiu a pretensão e entendeu que ele havia perdido a qualidade de segurado.

O laudo médico garantiu que a parte autora estava total e definitivamente incapacitada por ser portadora do Mal de Parkinson (RE 623.368 – Proc. n. 2014.0187443-4, de 23.6.15, *in* Revista Síntese Trabalhista e Previdenciária n. 315, set/2015, p. 135).

A definição exata da DID ou DII de um segurado com vistas ao auxílio-doença ou à aposentadoria por invalidez, e, também, de modo geral, é verificação de ordem técnica integrante da perícia médica com respeitável repercussão na esfera jurídica previdenciária.

Pode implicar o indeferimento de um desses benefícios. Diz respeito ao que usualmente se conhece como ingresso do incapaz.

Quando trata da aposentadoria por invalidez, diz o art. 42, § 2º, do PBPS:

> A doença ou lesão de que o segurado já fora portador ao filiar-se ao Regime Geral da Previdência Social não lhe conferirá direito à aposentadoria por invalidez, salvo quando a incapacidade sobrevier por motivo de progressão ou agravamento dessa doença ou lesão.

Reza o parágrafo único do art. 59 do PBPS, ao disciplinar o auxílio-doença:

> Não será devido auxílio-doença do segurado que se filiar ao Regime Geral de Previdência Social já portador da doença ou da lesão invocada como causa para o benefício, salvo quando a incapacidade sobrevier por motivo de progressão ou agravamento dessa doença ou lesão.

Tais dispositivos configuram um instituto técnico originário do seguro privado. Com efeito, é da essência da relação securitária que a contratação anteceda o sinistro objeto da cobertura. Não se protege um pretenso segurado que consumou a razão de ser dessa relação.

Devido a razões sociais esse postulado securitário – que detém viés atuarial – poderia ser dispensado na previdência social como é na assistência social. Todavia historicamente assim não foi convencionado e persiste até os dias de hoje.

Em alguns casos existe "jurisprudência" médica sobre a evolução de alguma patologia que pode auxiliar o médico perito.

Com exceção da hipótese em que o beneficiário traga provas pessoais da data procurada que o examinador apreenda de algum documento ou não e nos casos em que presente um evento deflagrador da doença (caso do acidente do trabalho) a sua pesquisa buscará não a DII, mas a Data Estimável da

Incapacidade – DEI ou até mesmo do estágio inicial da patologia.

O questionamento que se apresenta para a perícia médica é formidável: determinar quando ocorreu o início de uma patologia incapacitante e quando se deu a do examinado.

Pelo menos dois processos são indicados:

I) indagação do examinado e verificação de documentos comprovantes; e

II) conhecimento médico da evolução da doença alegada.

Esses entendimentos foram confirmados respectivamente na AC n. 43.329/MG Proc. n. 1996.01.43319-5 (TRF-1) e na AC n. 5.093/RS. Proc. n. 2006.71.99.005093-8 (TRF-4).

Quer dizer, uma vez apurado o CID determinante do direito ao benefício por incapacidade, o médico perito, examinando documentos trazidos pelo segurado durante a entrevista, perquirindo laudos de benefícios anteriores concedidos ou a partir do tipo de patologia alegada e apurada, determinará a data em que ela surgiu.

Esta é uma perquirição onerosa do ponto de vista pessoal, pois o examinando nem sempre tem condições de pontuar quando foi vítima de um agravo patológico ou pretende subtraí-lo do exame. Principalmente porque não sabe o significado científico do que deva entender como doença, deficiência e incapacidade. Muitas vezes, pretendendo alcançar o benefício, exagera na informação, afirmando que é afligido por ela há muito tempo.

Algumas patologias se caracterizam pelo fato de evoluírem ao longo do tempo, outras são assintomáticas, o que torna mais difícil ainda a fixação da data do seu início.

Evidentemente para poder assumir legitimidade, essa conclusão deverá ser explicada à exaustão para que não pairem dúvidas.

Capítulo 20

APURAÇÃO DA IDADE

Em diversas oportunidades os beneficiários da seguridade social precisam fazer prova de sua idade. Usualmente utilizam documentos oficiais (certidão de nascimento ou de casamento).

Os principais casos são:

I) filhos e irmãos dependentes do segurado (21 anos);

II) cônjuges ou companheiros com vistas à pensão por morte (Lei n. 13.135/15);

III) aposentadoria por idade (60 e 65 anos);

IV) aposentadoria por idade rural (55 e 60 anos);

V) aposentadoria por idade da pessoa com deficiência da LC n. 142/13 (55 e 60 anos);

VI) aposentadoria por tempo de contribuição (48 e 53 anos);

VII) benefício da LOAS (65 anos);

VIII) salário-família (14 anos); e

IX) dispensa de exame médico dos sexagenários (Lei n. 13.063/14).

Geralmente esse convencimento é facilmente produzido com a exibição de uma certidão, bastante usual na aposentadoria por idade.

Entretanto, nos raríssimos casos em que o interessado não dispuser de qualquer documento oficial válido que evidencie sua idade, terá de optar por uma avaliação clínica de sua faixa etária. Apurar uma idade estimável.

Certamente envolverá os conhecimentos da geriatria e da gerontologia.

A medicina dispõe de recursos com resultados bastante aproximados da realidade, particularmente no caso de idades avançadas.

Tais pessoas possuiriam sinais evidentes da maioridade.

Ela fixa alguns parâmetros, entre os quais o estudo dos ossos – seus aspectos macroscópicos (formato, tamanho e características visuais), microscópicos (nuanças peculiares do sistema e canais de Harvers e a forma e a dimensão dos osteoplastos), biológicos e dentes – e estudo da estrutura e condições da arcada dentária.

"Idade óssea" é um exame radiográfico da mão ou do punho dominante (Método Greulich & Pite e de Tanner & Whitehouse).

Capítulo 21

REALIZAÇÃO NO EXTERIOR

As perícias médicas realizadas no exterior basicamente enfocam três situações:

I) existência de acordo internacional entre os dois países;

II) inexistência desse acordo internacional; e

III) viagens ao exterior de filiados ao RGPS ou RPPS.

Empregados no exterior

Nas várias hipóteses legais em que brasileiros trabalhem no exterior para empresas nacionais ou em outras circunstâncias, pode suceder de necessitarem de benefícios por incapacidade devidos pelo INSS e, por conseguinte, terem de se submeter a exames médicos periciais (PBPS, art. 11, I, c/f).

Se residirem no exterior, submeter-se-ão a perícias locais (podem ser do regime próprio, se for filiado) e, depois de traduzidos, trazer ou enviar o laudo técnico para apreciação da perícia médica do INSS.

Regime local

Frequentemente, ao mesmo tempo, essas pessoas podem ser seguradas obrigatórias do regime previdenciário local, em que se submeterão aos exames médicos com vistas aos benefícios da Previdência Social daquele país.

Viagens ao exterior

Em outras circunstâncias são segurados residentes no Brasil adoentados no exterior, às vezes internados em hospitais.

Em tais circunstâncias, inexistente possibilidade de o material do INSS realizar o exame médico no exterior. Nessa hipótese será o do mencionado regime estrangeiro, em um órgão público ou mediante a contratação de uma clínica privada idônea (dentro da concepção da terceirização da perícia médica).

Nesses casos, o laudo médico terá de ser apreciado e, se for o caso, depois da tradução, homologado após apreciação do seu texto aqui no Brasil. Um médico perito do INSS fará essa verificação.

Acordo Internacional

Presente acordo internacional, o gozo de benefícios do RGPS por incapacidade, caso o interessado resida no Brasil, ele procurará o setor próprio do

INSS e, caso contrário, trará um laudo técnico emitido no exterior para ser apreciado no nosso País.

Cenário dos domésticos

Domésticos acompanhando a pessoa ou a família em viagem ao exterior vivem a mesma circunstância (LC n. 150/15). Em tal hipótese, caso a volta ao Brasil se dê em seguida, o exame médico poderá ser realizado no nosso território, seguindo a metodologia usual de quem aqui reside.

Capítulo 22

INTERDIÇÃO DE DEPENDENTE

Numa redação sofrível, vetusta, praticamente nada inspiradora para o intérprete, diz o art. 1.767 do Código Civil que estão sujeitos à curatela as pessoas enunciadas nos seus cinco incisos:

"I – aqueles que, por enfermidade ou deficiência mental, não tiverem o necessário discernimento para os atos da vida civil".

Possivelmente o Código Civil quis dizer doença, e não enfermidade; este último vocábulo corresponde à ideia do doente internado em uma enfermaria, que não é expressão técnica.

No caso um desses agravos ou os dois juntos podem induzir à perda do discernimento.

No inciso seguinte reza:

II – aqueles que, por outra causa duradoura, não puderem exprimir a sua vontade.

Pelo visto o dispositivo deve ser lido à luz do anterior; fala em outra causa. O legislador não quis pesquisar o que escaparia do conjunto compreendido por doença e deficiência; quem sabe, pensava em incapacidade, mas não disse isso.

Em temos:

III – os deficientes mentais, os ébrios habituais e os viciados em tóxicos.

O deficiente mental reclama exame médico, a embriaguez do alcoólatra exige observação e, da mesma forma, os toxicômanos.

A palavra "ébrio" caiu em desuso e deve ser substituída por alcoólatra.

Impondo um conceito difícil, que é dizer o que são excepcionais, pontua o inciso IV:

IV – Os excepcionais sem completo desenvolvimento mental.

Provavelmente cuida dos deficientes outra vez.

Finalmente, comparece a indigitada e complexa prodigalidade.

V – os pródigos.

Eis aí um embaraço terrível para o médico que tiver de atestar algo sobre a conduta pessoal e social das pessoas. Crê-se que o melhor será montar uma junta médica, composta por psicólogo, sociólogo e antropólogo.

Quer dizer, certas pessoas são interditadas e sujeitas a uma curatela, a terem sua vida e seus bens administrados por terceira pessoa.

Resumindo os cinco incisos, temos um dependente com falta de discernimento (I), incapaz de falar ou ouvir (II), deficiente mental (III), alcoólatra (IV), drogado (V) e uma figura difícil de ser apurada na psicologia, a prodigalidade (V).

Tais pessoas são incapazes, e a definição da sua higidez depende de uma perícia médica, que nunca será simples.

Capítulo 23

APURAÇÃO DA PATERNIDADE

O reconhecimento da paternidade ou da filiação não é usual na previdência social. Raramente os dependentes menores de 21 anos ou inválidos têm necessidade de provar que são filhos do segurado falecido.

Usualmente essa demonstração é feita com certidão de nascimentos, mas caso sobrepairem dúvidas da filiação civil, impor-se-á comprovação, entre as quais a apuração científica da paternidade.

A Lei n. 8.560/92 disciplina o processo de reconhecimento da paternidade e da maternidade de filhos havidos fora do casamento.

O seu art. 2º-A diz que:

> Na ação de investigação de paternidade, todos os meios legais, bem como os moralmente legítimos, serão hábeis para provar a verdade dos fatos.

O parágrafo único reza:

> A recusa do réu em se submeter ao exame de código genético – DNA gerará a presunção da paternidade, a ser apreciada em conjunto com o contexto probatório.

Nosso legislador foi ousado ao ditar essa afirmação dogmática, que não é absoluta e admite prova em contrário.

Algumas questões jurídicas na matéria se encontram em aberto, entre as quais a solicitação de uma nova apuração da paternidade em face dos recentes recursos da medicina.

A decisão judicial abaixo reproduzida trata de uma nova técnica investigatória.

Recurso Especial n. 960805/RS – Proc. n. 2007/0135058-8, de 18.5.09. Civil. Nova ação de investigação de paternidade. Coisa julgada. DNA. Confronto. Prevalência. I. Refoge a esta corte a reforma de acórdão fundamentado exclusivamente no art. 5º, XXXVI, da Constituição Federal. II. Consolidada a coisa julgada definitiva, incabível o ajuizamento de nova ação investigatória de paternidade sob a justificativa do advento de nova técnica de apuração, caso do exame DNA. III. Jurisprudência pacificada no âmbito do STJ (RESP n. 706.987-SP, Rel. para acórdão Min. Ari Pargendler, 2ª Seção, DJe de 10.10.08). IV. Recurso especial não conhecido.

Igual se colhe no Agravo Regimental no Recurso Especial RESP n. 899981/MG – Proc. n. 2005.0052876-0, de 1.9.10.

Exames distintos forçaram o Poder Judiciário a decidir.

Apelação APL 2974345 (TJ-PE), de 25.4.14

Civil. Processual Civil. Direito de família. Ação de investigação de paternidade. Exame de DNA realizado em ação anterior transitada em julgado. Relativização. Coisa julgada. Descabimento. Recurso de apelação desprovido. 1 - sentença de extinção do feito sem resolução de mérito em Investigação de Paternidade, tendo em vista que a questão já havia sido anteriormente resolvida por meio de decisão judicial já transitada em julgado, condenando a Demandante em multa por litigância de má-fé. 2 - Apelação pretendendo realização de novo exame de DNA, sob alegação de que os outros exames realizados não tiveram resultados semelhantes, com análises distintas, e que na época da concepção da menor, a genitora mantinha relacionamento exclusivo com o Apelado. 3 - É possível o ajuizamento de nova ação de investigação de paternidade, sem que haja ofensa à coisa julgada, nas hipóteses em que o pedido anterior foi julgado improcedente por falta de prova, mas não foi excluída expressamente a possibilidade de que o investigado seja o pai do investigante. Precedentes. 4 - Os casos de relativização da coisa julgada que permitem que seja intentada nova ação de investigação de paternidade ao arrepio de decisão anterior transitada em julgado, são casos bastante peculiares, e a hipótese dos autos não se assemelha com a situação descrita, considerando que houve a realização de dois exames de DNA, um particular e outro judicial, ambos com o mesmo resultado. Ou seja, a coisa julgada que se pretende desconsiderar adveio de comando judicial firmado em conjunto probatório robusto, com realização de exame de DNA pelo conceituado Laboratório de Genética Molecular Humana da Universidade Federal de Pernambuco, atestando a ausência de vínculo genético entre os litigantes. 5 - Recurso de Apelação a que se nega provimento.

Colha-se decisão sobre a validade do exame hematológico.

Apelação APL n. 0001474/SP - Proc. n. 18.2012.8.26.0444 de 23.5.13. Investigação de paternidade - Apelante que já havia ajuizado demanda idêntica, julgada improcedente - Sentença fundamentada em resultado de exame hematológico que excluiu a paternidade do apelado com relação à recorrente - Coisa julgada material reconhecida a impedir o prosseguimento da demanda - Não se desconhece que, nas ações de estado, a coisa julgada poderá ser relativizada, entretanto, essa relativização só é admitida se o primeiro pedido foi julgado improcedente por insuficiência de provas - Precedentes da Corte e do STJ - O exame hematológico realizado pelo método HLA também tem valor absoluto quando exclui a paternidade - O simples fato de não ter sido realizado exame de DNA, não autoriza a propositura de nova ação de investigação de paternidade pela autora - Os acelerados avanços científicos sempre ensejarão o surgimento de novas tecnologias o que, em tese, se acolhida a pretensão da apelante, implicaria na contínua retomada da instrução de processos findos, bem como no reconhecimento de que toda e qualquer questão relacionada ao vínculo parental estaria imune aos efeitos da coisa julgada material – Litigância de má–fé não verificada – O fato de ter ajuizado nova demanda pleiteando a realização de exame à luz de tecnologia mais avançada, por si só, não pode ser entendido como deslealdade processual – Condenação excluída – Sentença de extinção do feito sem apreciação do mérito parcialmente reformada – Recurso provido em parte, tão somente para excluir a condenação da autora no pagamento de multa e indenização por litigância de má–fé.

Capítulo 24

VERIFICAÇÃO *POST-MORTEM*

O exame suscitado em relação ao ser humano falecido, não confundível com a necropsia ou a exumação (tarefa atribuída a médico legista), é uma hipótese particular da perícia médica.

Pode ocorrer por variados motivos; agora, interessa apenas a inaptidão laboral com vistas à manutenção da qualidade de segurado ou direito a benefícios.

De regra, o Direito Previdenciário não cuida especificamente da *causa mortis*, sem embargo de esta constatação vir a ser relevante e indicativa, o que sucede é a verificação da capacidade laborativa do *de cujus* quando vivo.

Cessando um auxílio-doença, mais tarde diante do óbito do segurado questiona-se sua higidez laboral desde a DCB até a DO.

Se não puder examinar o cadáver do falecido, o médico perito apreciará as provas materiais apresentadas pela família, entre as quais os prontuários e atestados médicos, laudos técnicos, internações, tratamentos ambulatoriais ou particulares, receituários, etc., estudando a doença alegada.

Vale dizer, burocraticamente examinará documentos, recordando-se de que se o paciente era doente ou fora doente, é possível que o falecimento se deveu à patologia que permitiria a fruição de um benefício por incapacidade, ainda que não requerido a tempo.

Conforme a AC n. 2008.72.99.002781-2, do TRF-4, de 11.6.10, **não foi possível a concessão do auxílio-doença ou aposentadoria por invalidez a posteriori devido inexistência de indícios** no sentido da existência de incapacidade. Não tendo sido realizada a perícia médica em razão do óbito do autor sem documentos que indiquem qual enfermidade ele padecia e que a mesma o incapacitaria para o trabalho, é inviável a concessão de aposentadoria por invalidez ou auxílio-doença.

A AC N. 2011.018534-0/SC), de 16.6.11, adotou igual entendimento.

Já se decidiu que embora falecido o autor antes de realização de perícia médica, restou caracterizada sua incapacidade para o trabalho em face da causa mortis consignada na certidão de óbito (AC n. 96542/PE - Proc. n. 96.05.08172-5, do TRF-5, de 21.6.96).

Na AC n. 0016979-73.2014.404.9999/RS, relatada pelo desembargador Ricardo Teixeira do Valle, em 21.5.15, o acórdão determinou que fosse feita uma perícia indireta (RPS n. 425/549).

Na AC n. 024990011835/ES), de 6.8.11, acolheu-se laudo pericial constante dos autos de uma ação trabalhista ajuizada pelo autor quando em vida - doença não originária de atividade ocupacional. Inexistência de nexo causal entre a doença e as atividades laborativas. Benefício auxílio-acidente. Impossibilidade. Sentença mantida. Recurso improvido. 1 - para a concessão do benefício auxílio-acidente, pleiteado pelas ora apelantes, respectivamente esposa e filha do falecido, necessária a confirmação do nexo causal entre a doença de que era o autor portador e o exercício de suas atividades laborativas, o que não restou comprovado, eis que através do laudo pericial realizado pela Justiça do Trabalho, ficou constatado que o mesmo sofria de doença decorrente de processo degenerativo, afastando, portanto, a possibilidade da doença do de cujus ser de origem ocupacional. 2 - Recurso improvido, mantendo-se a sentença monocrática.

Para a AP n. 9133103-72.2008.8.26.0000/SP, de 23.2.12, a alegada perda auditiva e falecimento superveniente do autor e impossibilidade de realização de perícia indicaram a extinção do feito sem exame do mérito (CPC, art. 267, VI).

Concessão de aposentadoria por invalidez pos-mortem. Embora falecido o autor antes de realização de perícia médica, restou caracterizada a sua incapacidade para o trabalho em face da causa mortis consignada na certidão de óbito (AC n. 0008172-91.1996.4.05.0000 do TRF-5, de 21.6.96).

No julgamento da AC n. 1983.51.01.587067-2, do TRF-2, de 10.9.09, a ementa diz: Ex-combatente. Alegação de doença mental incapacitante. Perícia judicial realizada por médico não especialista. Laudo considerado inexistente. Pretensão julgada improcedente em razão da impossibilidade de realização de nova perícia por ter falecido o autor. Cerceamento de defesa. Sentença anulada. I – Ainda que, por um lado, a jurisprudência venha se posicionando no sentido da necessidade de especialização psiquiátrica para confecção de laudos referentes à capacidade mental do examinando, por outro, não se pode conceber que a pretensão autoral seja fulminada, de forma sumária e definitiva, sem permitir a possibilidade de produção de outras provas, ainda que indiretas, que possam comprovar a alegada doença e, por conseguinte, o direito pleiteado. II – Apelação parcialmente provida. Sentença anulada.

Capítulo 25

PERSUASÃO DA MORTE

Em algum momento, do ponto de vista prático e procedimental administrativo é preciso constatar que um beneficiário faleceu e em que instante isso ocorreu. O direito de alguém pode depender dessa data.

O tema é de medicina legal. Esse cenário possui destaque na área da tanatologia e tem algum reflexo no Direito Previdenciário.

Os médicos dispõem de alguns métodos para determinar o falecimento de uma pessoa, examinando o seu cadáver.

A matéria está disciplinada na Resolução CFM n. 1.480/97, que trata da morte encefálica, a partir da qual foram extraídas as informações técnicas abaixo.

A morte é caracterizada mediante a realização de exames clínicos e complementares durante intervalos de tempo variáveis, próprios para determinadas faixas etárias.

Os dados clínicos e complementares observados deverão ser registrados no Termo de Declaração de Morte Encefálica.

A morte deverá ser consequência de processo irreversível e, preferivelmente, de causa conhecida.

Os parâmetros clínicos a serem observados são: coma aperceptivo com ausência de atividade motora supraespinal e apneia.

Os intervalos mínimos entre as duas avaliações clínicas necessárias para essa caracterização serão definidos por faixa etária, conforme abaixo especificado:

I – de 7 dias a 2 meses incompletos – 48 horas.

II – de 2 meses a 1 ano incompleto – 24 horas.

III – de 1 ano a 2 anos incompletos – 12 horas.

IV – acima de 2 anos – 6 horas.

Os exames complementares da morte deverão demonstrar de forma inequívoca:

I – ausência de atividade elétrica cerebral ou,

II – ausência de atividade metabólica cerebral ou,

III – ausência de perfusão sanguínea cerebral.

Os exames complementares serão utilizados por faixa etária, conforme abaixo especificado:

I – acima de 2 anos – um dos exames citados no art. 6º, alíneas "a", "b" e "c";

II – de 1 a 2 anos incompletos: um dos exames citados. Quando optar-se por eletroencefalograma, serão necessários 2 exames com intervalo de 12 horas entre um e outro;

III – de 2 meses a 1 ano incompleto – 2 eletroencefalogramas com intervalo de 24 horas entre um e outro;

IV – de 7 dias a 2 meses incompletos – 2 eletroencefalogramas com intervalo de 48 horas entre um e outro.

O Termo de Declaração de Morte Encefálica, devidamente preenchido e assinado, e os exames complementares utilizados para diagnóstico da morte encefálica deverão ser arquivados no próprio prontuário do paciente.

Constatada e documentada a morte, Diretor–Clínico da instituição hospitalar, ou quem for delegado, deverá comunicar tal fato aos responsáveis legais do paciente, se houver, e à Central de Notificação, Captação e Distribuição de Órgãos a que estiver vinculada a unidade hospitalar onde o mesmo se encontrava internado.

Capítulo 26

CONCLUSÃO DE TERCEIROS

Quando do exame pericial, o examinado poderá trazer documentos que julga ser do seu interesse, ainda que não necessariamente na ordem ideal, entre os quais, pareceres, atestados, relatórios hospitalares de internação, exame e laudos laboratoriais, receituários, declarações do médico do trabalho ou do engenheiro de segurança do local em que presta serviços, ASO, PPP e LTCAT, provas de benefícios anteriores, enfim, um verdadeiro prontuário médico do seu estado sanitário laboral.

Tais documentos fazem parte do exame e devem ser recebidos e apreciados pelo clínico *expert*, sem estar obrigado a homologá-los nas conclusões destes, em face da sua livre persuasão técnica.

Sua primeira providência será separar os que interessam ao momento, os mais recentes e referentes ao CID alegado para que sua conclusão seja a mais científica possível. Só interessam documentos que cuidem da patologia incapacitante, se se tratar de um pedido de benefício por incapacidade.

São dados complementares do exame que procederá. A negativa de recebê-los é ato jurídico inaceitável. Deverá manifestar-se a respeito das razões ali contidas para afirmar legitimidade às suas conclusões.

É voz corrente que o examinado é obrigado a portar declarações que afirmem sua alegação (no caso de ingresso na empresa ou no serviço público), ou sua incapacidade.

Esse é um dever lógico porque o médico não dispõe de recursos técnicos completos para sua verificação. No comum dos casos ele tem necessidade de mais informações, principalmente opiniões de especialistas e exames laboratoriais.

O reconhecimento ou não da idoneidade dessas provas é atribuição exclusiva do médico perito.

Num passado remoto, nas consultas, atendimentos e nas perícias, os médicos examinavam os olhos, a língua, apuravam a temperatura, a pressão, verificavam o batimento cardíaco, ouviam o pulmão, pediam para falar 33 e batiam nos joelhos do paciente. Era o bastante para o seu diagnóstico. Hoje, a medicina evoluiu bastante e exige mais.

Capítulo 27

LAUDOS LABORATORIAIS

Exames laboratoriais são atividades científicas realizadas por técnicos em análises clínicas ou por técnicos de anatomia patológica (ambos profissionais inseridos na área do diagnóstico e da terapêutica), e por outros biólogos, químicos, bioquímicos ou microbiologistas, especializados na área, que atuam sob a supervisão de um médico conhecedor da patologia, biomédico ou um farmacêutico especializado em análises clínicas.

Uma avaliação completa, objetiva e bastante segura, das condições de saúde de uma pessoa pressupõe um exame físico, psicológico e social complementado e auxiliado pela leitura dos exames e laudos laboratoriais pertinentes.

Exames suplementares são estudos clínicos efetuados por clínicas especializadas a partir de informações trazidas pelos pacientes examinandos a pedido de um médico.

Diante da infinidade deles, são exemplos costumeiros o exame de sangue, de urina, fezes, ginecológicos, oftalmológicos, neurológicos, hematológicos, proctológicos, respiratórios, ultrassonográficos, cateterismo etc. Holter e MAPA são relevantes para problemas cardíacos.

Exemplificativamente, para saber se um homem tem patologias na próstata, o proctologista inicia sua verificação solicitando o PSA e procede ao toque pessoal. Mais tarde poderá solicitar outros exames que completarão o quadro necessário para o diagnóstico.

Usualmente eles são requisitados pelos médicos clínicos ou médicos peritos e, neste último caso, convém que o examinado se antecipe à solicitação e os leve para apreciação quando da perícia médica.

Durante a perícia, além da sua própria verificação pessoal, o médico perito examinará esses documentos, com ênfase para sua autenticidade, idoneidade da clínica, nome do profissional signatário, data da emissão e condições de realização.

Tirará conclusões que, somadas à do próprio exame, permitirão uma solução final.

Tanto quanto o médico clínico nos atendimentos ou consultas, a partir dos exames e dos laudos o médico perito tem melhores meios de avaliar as condições do examinado.

Segundo Nairo Massakazu Sumita, “a literatura científica, a fase pré-analítica concentra a maior parte dos equívocos que podem gerar resultados não consistentes com o quadro clínico do paciente. Estima-se que problemas nessa etapa sejam responsáveis por cerca de 70% dos erros ocorridos nos laboratórios” (“Exames laboratoriais e a importância dos cuidados pré-analíticos”, in *site* FLEURY Medicina e Saúde).

Essa observação chama a atenção do médico perito quando apreciar os exames e os laudos laboratoriais.

Capítulo 28

NECROPSIA E EXUMAÇÃO

A necropsia e a exumação são procedimentos oficiais excepcionais ou particulares com um objetivo técnico prático e jurídico previamente determinado.

No comum dos casos na necropsia é importante saber a *causa mortis*. Às vezes equivocadamente designada como sendo autópsia, esta significa "ver por si mesmo", o que seria impossível.

No âmbito da previdência social, embora rara, poderia servir para apurar a preexistência de uma patologia pressuposto de uma possível prestação não requerida *oportune tempore*.

A necropsia é realizada no corpo do falecido por profissional da medicina para isso especializado, geralmente designado como médico forense, de grande validade nas investigações policiais e judiciárias.

Como acontece na perícia médica usual, segue–se a emissão de um laudo cadavérico com características próprias de tal exame.

Na necropsia clínica o médico patologista está interessado em esclarecer a patogenia da doença, principalmente nos casos de epidemia.

A necropsia forense, promovida por um médico legista, tem por escopo apurar os mecanismos, efeitos e causas clínicas que levaram à morte.

A prática da exumação é generalizada nos cemitérios brasileiros. Bastante comum e promovida em pessoas que morreram de causa desconhecida, ou quando a justiça a determina.

Após a remoção dos restos mortais do caixão funerário, eles são passados para uma cripta ou uma capela mortuária, normalmente localizada no cemitério.

Ela, às vezes, é recomendada para que seja verificada a mudança de uma sepultura para outra ou para transferir os restos mortais para um novo cemitério.

Essa transferência geralmente não precisa de permissão, bastando apenas um contato municipal com a família.

Normalmente os motivos são pessoais, policiais ou forenses.

A exumação de corpos não pode ser realizada fora do período de tempo fixado na legislação municipal, ausentes as autoridades judiciárias, agentes de saúde, policiais etc. ou sem a devida documentação exigida.

Uma autorização documental da família para que isso aconteça é um documento indispensável.

Não ocorrerá se no momento da exumação os restos mortais estiverem totalmente destruídos, o que a torna impossível.

Capítulo 29

ANÁLISE DOCUMENTAL

Sem estar propriamente realizando uma perícia médica, ausente a pessoa física do trabalhador, quando o médico perito aprecia documentos relativos às atividades especiais exercidas pelo requerente de diferentes benefícios, além da notificação obrigatória, assumirá relevantes deveres funcionais burocráticos descritos no art. 297/299 da IN INSS n. 77/15, a seguir reproduzidos.

Análise de tempo especial

I – Analisará os períodos de atividades especiais sob exposição aos agentes nocivos químicos, físicos, biológicos, ergométricos e psicológicos ou associação deles se prejudiciais à saúde ou integridade física, avaliando as informações:

a) dos formulários de períodos laborados em condições especiais do tipo PPP, conforme o caso, confrontando as informações com os documentos contemporâneos apresentados; e

b) do LTCAT ou documentos substitutivos informados, confrontando com os documentos apresentados.

Solicitação de informações

Solicitará esclarecimentos, caso identifique inconsistência, divergência ou falta de informações indispensáveis ao reconhecimento do direito de enquadramento de período de atividade exercido em condições especiais.

Parecer técnico

Emitirá parecer técnico mediante o preenchimento do formulário Análise e Decisão Técnica de Atividade Especial, de forma clara, objetiva e legível, com a fundamentação que justifique a decisão e realizar o enquadramento no sistema dos períodos de atividade exercido em condições especiais por exposição aos agentes nocivos.

Demonstrações ambientais

Sempre que julgar necessário e conveniente, solicitará demonstrações ambientais e outros documentos pertinentes à empresa prestadora das informações, bem como inspecionará diretamente o ambiente de trabalho.

Inspeções emprestadas

Inspeções realizadas em outros procedimentos administrativos poderão ser tomadas emprestadas e aproveitadas, no caso de haver uma perfeita coincidência fática relativa às empresas, atividades, setores, condições e locais de trabalho.

Suspeição e impedimento

Ele não poderá realizar avaliação nem analisar qualquer das demonstrações ambientais quando estas tiverem a sua participação, nos termos do art. 120 do Código de Ética Médica e do art. 12 da Resolução CFM n. 1.488/98.

Representações obrigatórias

Nessa análise documental, além das outras providências cabíveis, o médico perito indicará a necessidade de emissão de:

I – Representação Administrativa ao Serviço de Segurança e Saúde do Trabalho da Superintendência Regional do Trabalho do MTPS, sempre que, em tese, ocorrer desrespeito às normas de segurança e saúde do trabalho que reduzem os riscos inerentes ao trabalho ou às normas previdenciárias relativas aos documentos LTCAT, CAT, PPP e GFIP, relacionadas ao gerenciamento dos riscos ocupacionais.

II – Representação Administrativa aos conselhos regionais das categorias profissionais, com cópia para a Procuradoria Federal, sempre que a confrontação da documentação apresentada com os ambientes de trabalho revelar indícios de irregularidades, fraudes ou imperícia dos responsáveis técnicos pelas demonstrações ambientais.

III – Representará à Procuradoria Federal, para Representação para Fins Penais, ao Ministério Público Federal ou Estadual, sempre que as irregularidades ensejarem a ocorrência, em tese, de crime ou contravenção penal; e

IV – Prestará informações à Procuradoria Federal, para fins de ajuizamento de ação regressiva contra os empregadores, quando identificar indícios de dolo ou culpa deste, em relação aos acidentes ou às doenças ocupacionais, incluindo o gerenciamento ineficaz dos riscos ambientais, ergonômicos e mecânicos ou outras irregularidades afins (art. 120 do PBPS).

Setor da APS responsável

Tais representações deverão ser emitidas pelo Serviço ou Seção de Saúde do Trabalhador da APS. Esse órgão administrativo enviará cópia da representação de que trata este artigo à unidade local da RFB e à Procuradoria Federal, preferencialmente por meio digital, bem como remeterá um comunicado, conforme modelo padrão.

A Procuradoria Federal auxiliará e orientará a elaboração das representações de que trata este artigo, sempre que solicitada.

Capítulo 30

SERVIDOR PÚBLICO

Pertinente aos servidores estatutários ou celetistas, a Administração Pública tem necessidade de promover exames médicos periciais em várias oportunidades.

Quando da admissão do servidor ou do requerimento de prestações por incapacidade, eles serão necessários e serão realizados no serviço público ou terceirizados.

Até mesmo a GEAP, *ex vi* do art. 206-A, § único, inciso IV, da Lei n. 8.112/90, na redação da Lei n. 12.998/14, pode "prestar os exames periódicos mediante central administrativa, observado o disposto na Lei n. 8.666, de 21 de junho de 1993, e demais normas pertinentes".

Neste trabalho não se enfoca propriamente o servidor ocupante de cargo efetivo, também chamado de estatutário, porque filiado a um RPPS. Mas o desenvolvimento da matéria pode ser tomado emprestado.

Excepcionalmente, mas em elevado número, a Administração Pública admite a filiação de um servidor público então submetido ao RGPS e, em particular, o empregado público estabilizado pelo art. 59 do ADCT (muitos dos quais se sentem estatutários).

Os exames desses trabalhadores subsistem no âmbito administrativo e judicial.

As principais hipóteses são quatro:

I) Por ocasião da posse, em que se objetiva apurar a higidez do futuro servidor.

II) Especialmente quando das prestações propiciadas pelos órgãos públicos, máxime as por incapacidade.

III) Concessão de prestação devida por um RPPS.

IV) Complementação devida por parte de um fundo de pensão público.

Como sucede no RGPS, inclui a difícil análise médica do PPP e do LTCAT, com vistas à aposentadoria especial do servidor.

Ampliados os óbices em face da aposentadoria do servidor com deficiência.

Outra hipótese é do servidor federal, estadual ou municipal contratado pela CLT que mediante a contagem recíproca, tem esse tempo de serviço averbado em um órgão público.

Os integrantes do RGPS, por ocasião da solicitação de benefícios previdenciários do INSS por incapacidade, sujeitam-se à perícia médica da autarquia federal.

O pedido de aposentadoria especial será requerido com a apresentação do PPP e, por vezes, do LTCAT, documentos que serão examinados pela perícia médica do INSS, como sucede com os trabalhadores da iniciativa privada.

Note-se alguma diferença de tratamento que ocorre por comparação dos dois regimes previdenciários. No caso do RGPS, quem emite os documentos trabalhistas pertence à iniciativa privada, e no caso do RPPS tais documentos provêm do serviço público.

Na hipótese agora configurada, um médico perito estatutário examinará documentos emitidos por outro médico perito estatuário em relação a um celetista.

Capítulo 31

EXAME DE OFÍCIO

De modo geral, com exceção do abono anual (ele dispensa manifestação de volição do aposentado), em uma única oportunidade, a instrução, o deferimento e o pagamento das mensalidades de uma prestação por incapacidade não dependem da solicitação do interessado: um benefício por incapacidade de ofício (possivelmente apenas auxílio–doença).

Essa é uma matéria que deveria constar do PBPS, mas comparece apenas no art. 76 do RPS:

> A previdência social deve processar de ofício o benefício, quando tiver ciência da incapacidade do segurado sem que este tenha requerido auxílio–doença.

Logo, à luz dessa disciplina não importaria como o INSS tomou conhecimento do fato, possivelmente por informação provinda de um hospital, clínica de repouso ou até mesmo por vizinhos. Rigorosamente, desconhecendo a situação do segurado o RPS, não deveria falar em incapacidade porque interessado não foi periciado ainda.

Assim que o INSS tomar conhecimento de que alguém está incapaz de trabalhar e impossibilitado de requerer o benefício correspondente, a autarquia federal tem o dever de tomar a iniciativa de entrar em contato com ele ou seus parentes e encaminhar a prestação. Claro, verificar os pressupostos legais.

Em alguns casos, momentaneamente sem identificação e sem conhecimento da família, não podendo se comunicar, numa emergência ou urgência, alguém é internado em uma entidade de assistência à saúde.

André Luiz Marques fez exatamente isso e orientou um morador de rua, um mendigo, a solicitar o benefício da LOAS (*O Homem da Rua – Aspectos Jurídicos e Sociais*. São Paulo: Quartier Latin, 2008).

É obrigação da entidade recepcionante, geralmente um hospital, tentar identificá–lo e assim que lograr esse objetivo dar ciência ao INSS.

O art. 314 do IN INSS n. 77/15 diz que:

> O processamento do auxílio–doença de ofício pela Previdência Social, conforme previsto no art. 76 do RPS dar–se na situação em que o INSS tiver ciência da incapacidade do segurado por meio de documento que comprove, essa situação e desde que a incapacidade seja confirmada por pericia médica.

A Instrução Normativa explica melhor. São duas fases: a) ciência de que alguém pode estar incapaz de trabalhar sem poder ser acudido pelo INSS; b) providências de instrução do benefício, com apuração ou não da incapacidade. O documento pode ser um simples telefonema, um *e-mail* ou correspondência emitida por quem de direito.

Ele passará por perícia médica que presumivelmente admitirá a incapacidade em razão da internação, seguindo-se os trâmites habituais, mesmo que isso ocorra sem a identificação da família.

Para esse segurado internado, no mínimo a DIB terá início quando da internação.

Situação diferente é do segurado com benefício indeferido ou concedido com alta médica e depois internado, impondo-se a necessária perícia médica.

Neste caso, à luz do Prejulgado n. 1 do CRPS, é dever do médico perito do INSS informar o segurado dos seus direitos relativos ao exame procedido.

No mínimo suas mensalidades terão início na data da internação, mas, feita a demonstração *a posteriori* de que o agravo é o mesmo de quando requereu o auxílio-doença ou teve a DCB, poderá retroagir a DER.

Curiosamente, diz o subitem 22.5 do Manual da Perícia Médica da Previdência Social que não será emitida CREM.

Arrematando o tema, Ivan Kertzmann assevera que, embora a verificação da incapacidade do segurado seja feita mediante exame médico-pericial por parte do INSS, "a Previdência Social deve processar, de ofício, o auxílio-doença, quando tiver ciência da incapacidade do segurado, mesmo que o trabalhador não o tenha requerido" (*Curso Prático de Direito Previdenciário*. 11ª ed. São Paulo: Juspodivm, 2014. p. 402).

Capítulo 32

FORA DO DOMICÍLIO

De acordo com o art. 91 do PBPS, o INSS propiciará ajuda financeira ao beneficiário para a realização do exame médico ou reabilitação profissional fora do seu domicílio quando tais eventos tiverem de suceder distante da residência habitual do beneficiário.

Diz o aludido dispositivo:

> Será concedido, no caso de habilitação e reabilitação profissional, auxílio para tratamento ou exame fora do domicílio do beneficiário, conforme dispuser o Regulamento.

Então, regulamenta o RPS no art. 171:

> Quando o segurado ou dependente deslocar-se por determinação do Instituto Nacional do Seguro Social para submeter-se a exame médico-pericial, ou a processo de reabilitação profissional em localidade diversa de sua residência, deverá a instituição custear o seu transporte e pagar-lhe diária no valor de R$ 24,57 (vinte e quatro reais e cinquenta e sete centavos) ou promover sua hospedagem mediante contratação de serviços de hotéis, pensões ou similares.

Se o "beneficiário ficar hospedado em hotéis, pensões ou similares contratados ou conveniados pelo Instituto Nacional do Seguro Social, não caberá pagamento e diária" (RPS, art. 71, § 2º).

Trata-se de um benefício ex-ofício que acontecerá sempre que a perícia médica considerar necessário o deslocamento do examinado para localidade distante de sua residência habitual.

São pagas as despesas de transporte e diárias necessárias enquanto perdurarem as providências.

Não podendo viajar sozinho, bem como se for menor de idade (caso do dependente), ao beneficiário será autorizado o pagamento de diárias e transporte relativos ao acompanhante.

Quem tem de promover as medidas burocráticas necessárias é o Setor da Perícia Médica da APS.

O exame médico ou a reabilitação ocorrerá na localidade mais próxima, utilizando-se de meio de transporte econômico e levando-se em conta o estado de saúde do interessado e as condições locais, admitindo-se excepcionalmente o transporte aéreo.

Terminado o exame ou a reabilitação, será entregue ao beneficiário a documentação médica pertinente em envelope fechado, com o qual retornará à localidade de origem, apresentando-se imediatamente ao setor que determinou o deslocamento, quando se dará o prosseguimento da instrução do pedido de benefício.

Sobrevindo o falecimento do beneficiário, o INSS se encarregará do pagamento das despesas do preparo e da remoção do corpo para o local de sua residência.

O exame fora de domicílio em caso de acidente de trabalho só se aplica nos casos em que, exclusivamente por exigência do INSS, o acidentado tiver de se deslocar para outra localidade diferente de sua residência, a fim de submeter-se a exame médico-pericial ou a programa de reabilitação profissional.

Este exame médico não se distingue daquele procedido na circunscrição da APS em que reside o examinado, cercando-se dos mesmos cuidados.

TOMO III

PESSOALIDADE DA PERÍCIA

Capítulo 33

INCAPACIDADES LABORAIS

Uma incapacidade é indisposição do organismo humano para fazer alguma coisa. A inaptidão laboral obsta um trabalho, a pessoa sofre um impedimento físico ou psicológico, doença ou deficiência, que a impede de exercer sua atividade habitual, seja profissional ou comum.

Quando extremado esse ônus pessoal, é chamado de invalidez.

Ele conhece muitas variedades no mundo real e formal, mas interessam por ora apenas aquelas com reflexos no mundo jurídico da seguridade social.

Conceito real

Quem não pode trabalhar é incapaz, geralmente devido a uma causa de ordem genética, faixa etária, ambiente, incidente, acidente, patologia ou deficiência com limitação grave.

Descrição legal

Cada prestação securitária apresenta um conceito ou definição de um evento determinante da inaptidão. Nem sempre feliz as redações legais, elas tentam orientar aplicadores da lei e estudiosos, evoluindo com a doutrina.

Contudo, de qualquer exame o que mais importa é detectar a patologia incapacidade e não apenas a patologia. O papel do perito é, então, separar esses dois cenários.

Notação jurídica

Juridicamente é uma interação do texto legal com o fato real. A todo fato incapacitante real não corresponde necessariamente um tipo legal.

As inaptidões são sentidas pelas pessoas, assimiladas pelos advogados, apreciadas pela Administração Pública e submetidas aos magistrados.

Incapacidade parcial

A incapacidade será parcial, ou seja, o sinistro determinante não é suficiente para que ela se torne total ou extrema.

Sendo ou não aposentado, a pessoa não pode fazer alguma coisa que deseja como fazia antes devido à limitação. O auxílio–acidente é um bom exemplo.

Essa inaptidão parcial será ou não do tipo que admite a reabilitação profissional.

Diante do diagnóstico do nível de intensidade, a perícia considerará este ou aquele benefício a ser cogitado. Na medida do possível, fixará a duração do obstáculo laboral.

Incapacidade total

Nos casos mais graves de impedimento laboral, caracteriza-se a incapacidade total. Será por prazo temporário ou duradouro: a pessoa não consegue trabalhar em sua atividade habitual.

Incapacidade permanente

Executada a perícia médica, certo CID indica que aquele examinado jamais voltará a laborar, justificando-se a aposentadoria por invalidez definitiva, figura que tem muito a ver com a ocupação do segurado.

Incapacidade irrecuperável

Às vezes a doença é incurável. Se a ocorrência é daquelas que obstam a reabilitação profissional, tem-se a hipótese legal da aposentadoria por invalidez.

Incapacidade permanente readaptável

É o mesmo cenário anterior, entretanto, o trabalhador recuperará total ou parcialmente o poder de se exercitar com a utilização de órteses, próteses e outros equipamentos e adaptações médicos.

Incapacidade temporária

Em muitíssimos casos os ônus para o exercício da profissão têm duração curta e predeterminada decorrente da idade do examinado, sua profissão, o ambiente laboral (o que deve ter levado o MPS a pensar na indigitada tese da Alta Programada).

Incapacidade parcial permanente

Na definição de incapacidade parcial permanente a pessoa sofreu uma perda em sua habilidade laboral e pode voltar ao trabalho, justificando um benefício específico, o caso do auxílio-acidente.

Incapacidade para serviço habitual

Quando o segurado não pode exercer seu esforço habitual, ainda que lhe seja permitido realizar outros, isso impõe um benefício específico: auxílio-doença.

Incapacidade psicossocial

Essa incapacidade não tem a ver com o estado fisiológico do paciente, e sim com sua vida social, sendo um tema em aberto no Direito Previdenciário.

As desordens psicológicas são um tipo de restrição a certa atividade humana decorrente de uma experiência psicológica desagradável.

Eles podem ser pessoais, familiares, grupais e sociais. O direito Previdenciário vem fazendo magnífico esforço para defini–lo, mas não logrou ainda fixar os seus limites.

Incapacidade específica

Existem pessoas inaptas para certo trabalho e não para outro. Pode ocorrer que, tendo dois empregos, elas possam trabalhar num e não no outro.

Incapacidade comum

O tipo useiro da abstenção laboral é a defluente de uma patologia comum.

Incapacidade ocupacional

O acidente do trabalho ou a doença ocupacional produzem uma incapacidade laboral, geralmente após um sinistro.

Incapacidade da deficiência

No comum dos casos uma pessoa com deficiência trabalha; todavia, em algumas circunstâncias, essa condição é agravada e obstaculiza o trabalho.

Habitualidade da função

Em face da recuperação da saúde, o médico perito tem de levar em conta se o sinistro impede o exercício da função habitual do trabalhador ou de qualquer função.

Quando se tratar de contribuinte facultativo, será aquela atividade não exercida, mas, que se apresentada, ele não poderia praticá–la.

Diminuição da capacidade

Com a idade avançada o ser humano perde o poder de trabalho, especialmente se o ofício é o esforço físico de um trabalhador braçal.

Nível da incapacidade

De resto, a incapacidade é classificada como leve, média e grave, sobrevindo os dois casos:

I) de leve passa a média e se agrava; e

II) com o tratamento, a grave se torna média e chega a leve.

Dependência de terceiros

Aposentados por invalidez ou não, beneficiários podem aportar a um estágio em que necessitam da ajuda de terceiros para viver, sobreviver ou trabalhar.

Essa condição médica pode ser parcial ou total.

O art. 45 do PBPS prevê um acréscimo de 25% para o aposentado por invalidez nestas condições sem haver previsão legal para quem não desfrute do direito a esse benefício.

Origem da incapacidade

Durante o exame, para completar a anamnese do diagnóstico, o médico perito tem necessidade de auscultar a origem da aquisição da incapacidade.

João Carlos de Oliveira, o "João do Pulo", recordista mundial do salto triplo, em 22.12.81, na Via Anhanguera/SP, sofreu um acidente automobilístico, teve a perna direita amputada e nunca mais pôde saltar.

Agravamento da incapacidade

Presenciam-se inaptidões para o trabalho, com o passar do tempo elas se agravam, piorando as condições do obreiro.

Por isso é possível transformar o auxílio-doença em aposentadoria por invalidez.

Raramente sucede o inverso.

Agravamento da deficiência

A LC n. 142/13 prevê a hipótese de a limitação leve da pessoa com deficiência se tornar média e, depois, grave, e também o inverso desse processo.

Reedição da incapacidade

Uma incapacidade temporária, seja total ou parcial, pode acometer uma segunda vez, fato bastante comum no caso do auxílio-doença, sob o mesmo ou diferente CID.

Acumulação da incapacidade

Certas pessoas conseguem somar duas ou mais incapacidades, bastando uma delas para a definição do direito a um benefício.

Resgate da destreza

Osmar Santos, vítima de um acidente automobilístico muito sério ocorrido em 22.12.94, deixou de exercer a sua vitoriosa profissão de comentarista esportivo e se tornou um ótimo pintor.

O espanhol Julio Iglesias abandonou o futebol por acidente e, no próprio hospital, ainda internado, começou a ensaiar a voz para ser um grande cantor.

Convivência com a incapacidade

O britânico Stephen William Hawking, um dos mais célebres físicos teóricos, brilhante cosmólogo, convive com a esclerose lateral amiotrófica.

Henri Toulouse Lautrec, possivelmente vítima de uma deficiência hipofisária, fraturou os dois fêmures e mal chegou a ter 1,52 m de altura. Isso não o impediu de ser um dos maiores pintores da França.

Reabilitação profissional

Algumas incapacidades a critério do médico perito do INSS, podem ser objeto de recuperação da aptidão graças à reabilitação profissional.

Deficiência e incapacidade

Para Guilherme Bar: "A deficiência é algo inerente ao corpo, à condição física ou intelectual da pessoa, por exemplo, a cegueira e a síndrome de Down. Esteja o mundo acessível ou não, a deficiência está lá. Já a incapacidade é o resultado da relação entre a deficiência e as eventuais barreiras do meio.

Uma pessoa cega, isto é, que tem uma deficiência, pode ou não ser capaz de mexer em um computador, dependendo da existência de algumas barreiras. Se o computador possuir um programa de leitura de tela, as barreiras desaparecem. A deficiência continuará lá, mas a incapacidade de mexer no computador, não.

No caso de um "cadeirante", a deficiência física estará lá, mas a incapacidade de transpor um degrau com autonomia vai depender da existência de uma rampa.

Assim, temos a diferença entre deficiência e incapacidade.

Às vezes, a barreira que tem que ser transposta é a falta de um leitor de tela ou um degrau, porém há outro tipo de barreira tão cruel ou mais que é a barreira de atitude. É a barreira invisível que muitas vezes não dá a oportunidade de uma pessoa com deficiência mostrar sua capacidade. É o não sem explicação, é o desvio de direção das outras pessoas quando passam por ela. É a discriminação baseada em conceitos preconcebidos.

O desafio de cada um de nós é contribuir para eliminar ou ao menos diminuir as barreiras físicas ou de atitude, para que uma pessoa com deficiência seja capaz de desempenhar uma tarefa, aproveitar uma oportunidade e, sobretudo, usufruir a vida".

Capítulo 34

DEVERES DOS INTERLOCUTORES

Durante a entrevista entre o usuário da perícia médica e o executor do exame que a realiza, ambos se submetem a deveres funcionais de variada ordem que tornam viável a consumação dessa atividade técnica específica e relevante para a Previdência Social.

Com efeito, pode-se listar quais poderiam ser os deveres do examinado e do examinador para chegarem a um denominador comum.

Deveres do periciando

Um beneficiário da seguridade social, seja segurado, dependente ou alguém com direito ao benefício da LOAS, em algum momento precisa se submeter a perícia médica. Poderá ser acompanhado por um médico assistente ou seu parente e, em certos casos, como se verá, até mesmo por um advogado.

Esse é um serviço obrigatório prestado pelo INSS impondo conduta adequada por parte do periciando.

1. Apresentar-se com os seus documentos 15 minutos antes da hora aprazada para a perícia médica.

2. Identificar-se perante os servidores do Setor da Perícia Médica e do médico perito.

3. Informar sua idade, altura, peso, estado civil, profissão, função na empresa e experiência laboral.

4. Quando for o caso, entrevistar com o assistente social do serviço social do RGPS.

5. Retratar seu histórico relativo à saúde pessoal e ocupacional, mencionando eventuais CID e a existência de inaptidões e benefícios anteriores com ênfase para o CID pressuposto do pedido do benefício.

6. Descrever com minúcias o que faz atualmente na empresa e no seu setor de trabalho e a principal atividade desta em particular.

7. Relatar suas queixas envolvidas com o CID alegado.

8. Não subtrair informações, fielmente descrever os sintomas sem tentar reduzi-los ou agravá-los.

9. Oferecer todas as provas materiais (laudos, exames laboratoriais, atestados, ASO, CAT, PPP, declarações etc.).

10. Responder as indagações formuladas pelo médico perito circunscrito ao CID alegado como incapacitante.

11. Não se indispor com o profissional, respeitando o seu trabalho.

Deveres do *expert*

1. Estudar e planejar o exame pericial a ser encaminhado com base nas informações prestadas pelo setor administrativo.

2. Receber com urbanidade o examinado na sala da perícia médica e cumprimentá-lo.

3. Explicar o que é a perícia médica e o que vai acontecer em seguida.

4. Liderar o momento e as ações com a fixação de regras de conduta quando necessárias.

5. Avaliar quem são os acompanhantes e decidir aceitá-los ou não.

6. Recusar qualquer tipo de assédio do examinado ou de acompanhante por ele autorizado a assistir o exame.

7. Manter o mais rigoroso sigilo profissional.

8. Esmiuçar é o papel administrativo da perícia em face da pretensão do examinado.

9. Ouvir todas as queixas do usuário pertinentes ao exame.

10. Na medida do possível, promover uma amannese biopsicossocial (se já não foi feita pelo assistente social do INSS).

11. Examiná-lo de modo geral; se julgar necessário, medir-lhe a temperatura, a pressão e o batimento cardíaco.

12. À luz da descrição fornecida pelo interessado, avaliar o seu potencial laborativo com vistas ao benefício pleiteado.

13. Quando presente, decidir se é inaptidão temporária, indefinida ou definitiva, para a função habitual ou qualquer serviço.

14. Responder as indagações do examinado relativas à patologia incapacitante.

15. Solicitar exames suplementares quando imprescindíveis.

16. Encaminhá-lo ao processo de reabilitação profissional.

17. Informá-lo que o resultado lhe será comunicado pelo setor administrativo.

18. Manter-se atualizado sobre a legislação e normas administrativas.

19. Preservar a máxima imparcialidade possível.

20. Consultar e analisar os documentos apresentados.

21. Orientar o beneficiário sobre os seus direitos.

22. Prosseguir na investigação até esgotar as suas tentativas de chegar à verdade.

23. Concluir o seu trabalho.

24. Dispensar o examinado ao final do exame.

25. Preencher corretamente o laudo técnico.

Posição doutrinária

Ronald Silka de Almeida e Sandro de Jesus Araujo sustentam que o "*expert*, como técnico auxiliar do juiz, tem como compromisso agir com lealdade na busca da verdade real e, dessa forma, como profissional probo, deve rechaçar as versões falsas em prejuízo das partes ou que tenham como objetivo a finalidade legal" ("A Perícia Judicial e a lealdade do Perito", *in Jornal do 34º CBPS*, São Paulo: LTr, 2015. pp. 28/29).

Capítulo 35

LOCAL DO EXAME

Na estrutura do MPS o exame pericial faz parte do Setor da Perícia Médica do INSS de cada uma das divisões da APS.

Frequentemente essa perquirição científica é operada nas próprias dependências da autarquia federal.

Ela também sucede em consultórios médicos credenciados, por vezes no domicílio dos beneficiários, em hospitais e nas empresas com as quais a autarquia mantenha convênio celebrado.

Ajuizando com a uniformidade de procedimentos há nítida preferência para que ocorra com os médicos do quadro permanente do INSS.

O subitem 3.4 do *Manual da Perícia Médica da Previdência Social* elenca os requisitos mínimos das instalações.

I) Dimensionada consoante o porte da APS, com consultório e salas de atendimentos condizentes;

II) Localização de fácil acesso;

III) Piso de material resistente, não escorregadio, lavável e de acordo com as condições climáticas;

IV) Paredes e teto de fácil conservação, duráveis e sem asperezas;

V) Divisórias de cores claras, material leve e removível que facilitem modificaçções necessárias para adpatação ou expansão dos setores;

VI) Aeração e iluminação, se possível naturais, e na impossibilidade, a iluminação artificial;

VII) Instalação elétrica planejada e dimensionada para ligar todos os equipamentos técnicos dos consultórios médicos específicos da unidade;

VIII) Instalações sanitárias masculinas e femininas para servidores, independentes das destinadas ao público, sendo que estas deverão ser localizadas próximas da sala de espera, facilitando a utilização pelos usuário.

O referido *Manual* acresce mais informações (item 3.4.3, *a*):

> Para os consultórios médicos: escrivaninha, cadeira giratória, mesa de exame clínico com o respectivo colchonete, escadinha para a mesa clínica, cadeira comum para o examinador, armário guarda–roupa, chave e cabide, cesta de papéis, porta–toalhas, lavatório

com a respectiva intalação hidráulica, lençóis (em número de dois), escova de mãos, ventilador ou aparelho de ar condicionado, balança antropométrica, esfignomanômetro, estetoscópio, negatoscópio, termômetro clínico, *flash–ligth*, martelo de Baninsk ou de Dejerine, fita métrica, régua milimetrada transparente, abaixador de língua descartável, dois uniformes completos para cada técnico e duas toalhas de mão, no caso de não fornecimento de papel–toalha.

Para a sala de espera: ventilador tipo comercial ou aparelho de ar condicinado, bebedouro e cadeiras (ou bancos em número suficiente), no caso de Unidades de Administração Local e de acordo com o *lay-out* patronizado das APS.

Consultando os normativos relacionados (Resolução ANVISA n. 50/02 e Resolução CFM n. 1.886/08), Rubens Censi Motta ainda cita:

IX) Ambiente de atendimento individualizado com metragem mínima de 9 m2 e pia fucional.

X) Instrumental para exame clínico e procedimentos de diagnóstico, incluindo mesa/maca/cadeira adequadas;

XI) *omissis*;

XII) Materiais específicos para a especialidade periciada (acuidade visual, auditiva, biombo para troca de vestimenta, aventais etc.);

XIII) Material de consumo adquadamente esterilizado, de acordo com as normas em vigor e material para a coleta de resíduos, conforme normas da ADNT (ob. cit., p. 91).

Capítulo 36

MODUS OPERANDI

Inexiste modelo padronizado reconhecido universalmente sobre como se desenvolve a perícia médica, especialmente a do INSS, quando pretende verificar a aptidão ou não para o trabalho com vistas a um benefício imprevisível.

É inevitável recorrer à ladainha: a despeito dos pontos em comum, cada caso é um caso. É um perito, um segurado, um CID alegado, um benefício e a disposição de cooperar ou não.

De modo geral o executor segue rotina apreendida na Faculdade de Medicina ou nos cursos de pós-graduação, mas a orientação mais comum provém da experiência própria, diuturna, seguindo um tanto os mesmos passos da consulta médica, com o tempo aperfeiçoando a metodologia atual.

Variará de profissional a profissional, consoante sua maturidade, o tipo de patologia a ser perquirida e as condições físicas e psíquicas do periciando no momento do exame.

Sabe que cada periciado é uma hipótese particular, ainda que diante do mesmo CID alegado. As circunstâncias individuais variam conforme a profissão, função, idade, escolaridade, nível social e o que for sustentado como um agravo pessoal.

Não se pode ensinar o *modus operandi* da perícia para um perito; cada um observará um método que julgou mais apropriado para atingir o resultado desejado.

Cabe suscitar um roteiro mínimo de expediente, abrangendo a maioria das circunstâncias e o momento em que se apresentam. O ideal é consultar a cartilha da Perícia Médica da Previdência Social na internet.

Segue uma lista sugestiva dos diversos passos da perícia médica usual sem incidentes. À evidência, repete-se *ad nauseam*, cada caso é um caso e algumas das sugestões não terão a mínima utilidade.

1. Análise prévia da documentação administrativa que lhe foi entregue com um resumo das conclusões do assistente social.

2. Planejamento da ação médica.

3. Recepção do examinado na sala do exame.

4. Observação como isso acontece e como ele se veste e se comporta inicialmente.

5. Constatação da presença de acompanhantes com a fixação de regras de sua participação ou vedação dessa presença se não achar própria.

6. Identificação das pessoas, com a apresentação da CTPS, Cédula de Identidade, CNH ou outro documento hábil.

7. Conhecimento do estado civil do examinado, se tem filhos e onde reside.

8. Regime jurídico do examinado, vivência profissional, meio de transporte utilizado para comparecer ao serviço.

9. Oitiva dos antecedentes médicos a partir da patologia incapacitante.

10. Registro escrito das alegações, com vistas à predeterminação de ser doença comum, ocupacional, deficiência e, por último, a incapacidade laboral.

11. Início da anamnese pessoal e, quando factível, poderá se tornar biopsicossocial.

12. Concentração voltada ao CID envolvido no exame.

13. Acolhimento e seleção dos documentos apresentados.

14. Detida leitura dos exames, laudos técnicos, relatórios, medições, prontuários compatíveis com o CID.

15. Tentativa de fixação de nexo entre o CID e o CNAE da empresa.

16. Início do exame propriamente dito.

17. Aparência do comportamento do segurado durante a perícia.

18. Indagações sobre como realiza sua atividade profissional.

19. Ideia inicial geral da DID e da DII, nas palavras do examinado.

20. Observação da conduta do segurado quando foi admitido e durante o exame.

21. Registro do seu comportamento ajuizando com possível simulação.

22. Prática de teste físico compatível com as circunstâncias.

23. Verificação da pressão, temperatura, batimento cardíaco e outros sinais da higidez ou falta dela.

24. Tentativa de assimilação do elemento incapacitante, seu nível.

25. No caso de incapacidade, medição da sua possível duração em razão das funções do trabalhador.

26. Encerramento da perícia com indicações úteis para o segurado.

27. Elaboração do laudo técnico.

Capítulo 37

FORMAÇÃO ACADÊMICA

A formação acadêmica e profissional do examinador suscita, pelo menos, três polêmicas em aberto:

I) ser esse profissional um médico perito propriamente dito;

II) ser um especialista no CID alegado pelo examinado; e

III) o terapeuta estar autorizado a fazer a perícia médica.

A solução dessas pendências depende da organização do órgão examinador. Imagine-se propiciar exame por especialista em cada uma das mais de 40 especialidades médicas (e subespecialidades), e isso em todo o País, o que parece impossível, talvez desnecessário.

O ideal é disciplinar essa formação com conhecimentos suficientes para operar a perícia médica.

A questão é burocrática e também técnica. Administrativamente o INSS não possui médicos peritos em cerca de 1600 APS. Dessa forma, deveria ter especialistas e subespecialistas nas mais de 40 práticas existentes.

Portanto, na realidade, médicos, especialistas ou não, são convidados para examinar. Caso o resultado técnico (independentemente dele) não seja adequado, o Poder Judiciário tem de determinar, em cada caso, a solução correta.

Tecnicamente, o ideal é que o exame seja feito por médico perito e, uma vez presente no quadro de servidores, não poderia ser substituído. É consabido que, um médico especialista não seja necessariamente superior em conhecimento da perícia ao médico perito.

No âmbito do Direito Processual do Trabalho são comuns impugnações relativas à formação do técnico judicial, como a decisão do TST no Agravo de Instrumento em Recurso de Revista – AIRR n. 1554600. 30.2002.5.14.0900, de 20.4.07.

O Tribunal de Justiça de São Paulo já decidiu que: “Acidente do Trabalho. Nulidade afastada. Não é de se exigir de que o médico perito judicial tenha especialidade em ortopedia? Alegada sequela incapacitante. Prova pericial que nega a existência de comprometimento da capacidade laborativa Sentença de improcedência mantida. Negado provimento ao recurso de apelação” (APL n. 000177957.2008.8260083/SP).

Cláudia G. Pena Nogueira, manifestando-se no Parecer CFM n. 33, de 23.3.98 (*in* Proc. n. 6.505/97), ao examinar o quesito n. 2 (“É obrigatório ser especializado em medicina legal"), respondeu: "Não, o título de especialista não é requisito para exercer qual área reconhecida como especialidade médica, mas sim para anunciá-la. Na resposta ao quesito n. 5, acresceu: "Em princípio, não há exigência de especialidade para que o profissional atue como perito".

A juíza Vanda Lustosa, à luz do Decreto n. 938/69, que descreve as funções do terapeuta, não acolheu a perícia médica por ele realizada (RO n. 01166/2011-006.19-00.9, de 17.10.14, TRT da 19ª Região, *in IOB de Jurisp.* da 2ª quinz. de novembro de 2014, p. 695).

O réu tem o direito de apurar o grau de formação do profissional (AG/RG, na ação penal n. 470/MG – Apreciada no STF em de 21.9.11).

No art. 2º da Lei n. 12.030/09, ficou claro que:

"No exercício da atividade de perícia oficial de natureza criminal, é assegurado autonomia técnica, científica e funcional, exigido concurso público, com formação acadêmica específica, para o provimento do cargo de perito oficial".

A Procuradora Federal Lais Fraga Kauss diz: "A escolha dos peritos judiciais pelos magistrados tem realidades diversas entre os grandes centros e o interior do País. Nos grandes centros, o magistrado tem maior gama de possibilidade na nomeação de um especialista, ao revés do que ocorre nas cidades do interior".

Ela acresce:

> No interior do País, por sua vez, o maior obstáculo é a falta e opção e de especialistas. O Magistrado acaba sendo obrigado a submeter a sua pauta de perícias à disponibilidade da agenda do médico e às suas exigências de local e quantidade. Isso quando á aceitação do médico em participar.

E diz mais: "No interior, é mais complicado tentar qualquer tipo de organização ou projeto que envolva perícias judiciais em razão de relação de dependência que se cria para com os poucos médicos disponíveis na localidade ("Benefícios por incapacidade – A evolução do tratamento judicial na PFE/INSS", disponível em *.sintese.com* em http.//on line *in* Rep. De Jurisp. IOB da 1ª quinz. de agosto de 2015, p. 459).

A juíza Margarida Alves de Araujo Silva admitiu que o fisioterapeuta possa verificar a incapacidade para o trabalho "no âmbito de sua atuação" (IUJ n. 0018900.58.2014.5.13000.9.1.15, *in Rep. IOB de Jurisp.* da 1ª quinz. de março de 2015, p. 151).

Ao contrário pensa o desembargador Ruy Salathiel de A. M. Ventura, do TRT de 6ª Região, no RO n. 0000116.76.2010.5.06.0191, de 1.7.15, *in* Supl. Trab. LTr n. 39/15, pp. 311/312.

Consoante a disciplina do Decreto-lei n. 938/69, o terapeuta se ocupa de várias atividades pessoais, prevenindo, desenvolvendo, tratando de qualquer alteração de condutas de autocuidado ou interação social, melhorando os desempenhos funcionais e ocupacionais da pessoa humana.

O terapeuta ocupacional e o fisioterapeuta, diplomados por escolas e cursos reconhecidos, são profissionais de nível superior.

O fisioterapeuta executa metodos e técnicas próprias da sua profissão com a finalidade de restaurar, desenvolver e conservar a capacidade física do paciente. O terapeuta executa métodos e técnicas inerentes e recreacionais com a finalidade de restaurar, reapreender e conservar a capacidade mental do paciente.

Aparentemente, esses dois profissionais poderiam praticar perícias médicas quando elas dissessem respeito exclusivamente ao seu campo de atuação.

Rubens Cenci Motta discorreu amplamente sobre o tema entre especialistas peritos: "Deste modo, não se justifica aos tribunais civil ou trabalhista, ou aos Operadores do Direito, conotação empírica para fazer sugerir que em assuntos psíquicos o perito ou Assistente seria o Psiquiatra, em assuntos trabalhistas o Médico do Trabalho, etc., tampouco se justifica deixar de ser dele por buscar incorreta e na qualificação dos técnicos com a devida *expertise*" ("Perícias judiciais e especialistas em Medicina", in RPS n. 397/1060).

Parecer CFM n. 6.505/98

Sob o título Responsabilidade Penal, Civil e Administrativa, o Parecer CFM n. 6.505/98 diz:

> É obrigatório ser especialista em medicina legal? Não, o título de especialista não é requisito para exercer qualquer área reconhecida com especialidade médica, mas sim para anunciá-la.

Reconhecendo não deter especialização em pneumologia, diante da formação em medicina do trabalho, o relator Ricardo Artur Costa e Trigueiros, em 26.6.15, na 2ª Região no Proc. n. 0002780-61.2011.5.02.0028 (20150526479), *in Rep. IOB de Jurisp.* da 1ª quinz. de set/15, p. 56, entendeu válido o laudo da perícia médica.

Acostando-se ao Parecer CREFITO da 9ª Região, de Matogrosso (Parecer n. 082/01, de 23.2.01), João Carlos Manhabusco (ob. cit., p. 44) atribui ao fisioterapeuta capacidade científica para proceder a perícias médicas. Na ocasião ele cita várias decisões nesse sentido (pp. 45/49).

Capítulo 38

SUSPEIÇÃO E IMPEDIMENTO

Regra que vale para todas as perícias e, em particular, para a dos benefícios previdenciários, diz respeito a suspeição ou impedimento do perito. Nesse sentido esse instituto técnico foi praticamente importado do CPC.

De modo bem singelo a suspeição diz respeito à pessoa do examinador e impedimento por obstáculos a ele impostos pelas normas legais.

Ele não pode examinar indivíduos com os quais tenha algum vínculo parental ou de outra ordem que possam pôr em dúvida sua veracidade ou deliberada intenção, ainda que a ação e as peças elaboradas sejam perfeitas à luz da técnica.

O próprio perito deve se declarar incapaz de realizar o ato, recusando-se a operar a perícia e apresentando por escrito as razões que o levam a isso. Se não o fizer e o examinado tiver conhecimento do fato, deverá arguí-lo antes, durante e até mesmo depois, quando de uma impugnação.

À evidência, no mínimo, na perícia estão envolvidas duas pessoas:

I) perito examinado; e

II) o próprio examinado.

Demonstrada a suspeição, o ato é nulo de pleno direito e assim deve ser declarado, devendo ser refeito.

Elias Tavares de Araujo garante: "Convém, entretanto, julgar-se impedido de realizar perícia médica em seu próprio paciente, seu parente, pessoa com quem mantenha relação que possa vir a influir no livre julgamento pericial e nos casos em que se julgar inseguro para emitir sua conclusão, em face do pouco domínio da especialidade médica a que se reportar o caso. Assim é que, por exemplo, um exame de sanidade mental deve ser de competência privativa do psiquiatra, salvo se o médico indicado julgar-se competente para assumir a avaliação" (in "Perícia Médica", colhido na internet).

Evitar a perícia por falta de domínio da matéria não é a figura da suspeição e, sim, de incompetência científica.

O impedimento é objetivo e a suspeição é subjetiva. Na primeira hipótese, há presunção absoluta de parcialidade, e na segunda, uma presunção relativa, que comporta prova em contrário. Lições aprendidas do "Entenda as diferenças entre impedimento e suspensão", publicação do *site* do STF de 5.8.15.

Um exemplo clássico de um impedimento é o que se colhe no art. 12 da Resolução CFM n. 1.488/98:

> "O médico da empresa, o médico responsável por qualquer programa de controle de saúde ocupacional da empresa e o médico participante do serviço especializado em segurança e médico do trabalho não podem atuar como peritos judiciais, securitários ou previdenciários nos casos que envolvam a firma contratante e/ou seus assistidos (atuais ou passados)" (redação da Resolução n. 2.015/13).

Examine-se o que diz o art. 134 do CPC com as devidas adaptações.

É vedado ao perito exercer funções quando:

I – for parte;

II – em que interveio como mandatário da parte, funcionou como órgão do Ministério Público, ou prestou depoimento como testemunha;

III – quando nele estiver postulando o seu cônjuge ou qualquer parente seu, consanguíneo ou afim, em linha reta; ou na linha colateral até o segundo grau;

IV – quando cônjuge, parente, consangüíneo ou afim, de alguma das partes, em linha reta ou, na colateral, até o terceiro grau; e

V – quando for órgão de direção ou de administração de pessoa jurídica, parte na causa.

Estar-se-á diante da suspeição de parcialidade quando:

I – amigo íntimo ou inimigo capital de qualquer das partes;

II – alguma das partes for sua credora ou devedora, de seu cônjuge ou de parentes destes, em linha reta ou na colateral até o terceiro grau;

III – herdeiro presuntivo, donatário ou empregador de alguma das partes;

IV – receber dádivas antes ou depois de iniciado o exame; aconselhar alguma das partes acerca do objeto da pendência, ou subministrar meios para atender às despesas do litígio; e

V – interessado no julgamento em favor de uma das partes. Ele poderá declarar-se suspeito por motivo íntimo.

Alegando que não fora a única razão da negativa (afirmação de amizade íntima do perito com diretores da empresa reclamada) e também por falta de provas, o Min. Guilherm Augusto Caputo Bastos, no RO n. 3295-42.2010.5.12.000, da Segunda Subseção de Dissídios Individuais do TST, em 3.4.12 não acolheu o dano moral.

João Carlos Manhabusco (ob. cit., p. 28) menciona três acórdãos pertinentes à matéria que devem ser consultados.

Capítulo 39

JUNTA MÉDICA

Junta médica é um título convencional atribuído à perícia realizada concomitantemente por mais de um profissional, preferivelmente com três participantes e, destarte, não haverá empate nas conclusões.

Ela detém as mesmas funções da perícia médica individual. Teoricamente o seu resultado teria maior certeza nas conclusões.

Usualmente é oficial, nada impedindo que seja particular.

Pode ser administrativa ou judicial e frequentemente é invocada quando de dúvidas de um exame anterior que suscitou incerteza devido à complexidade.

A junta médica oficial recebe uma missão específica, visando definir o nexo e a causalidade objeto do julgamento do dissídio, em nível administrativo ou judicial.

Esse exame coletivo reúne em local previamente fixado e com data agendada, realiza o exame com a presença de todos os seus integrantes. À evidência um deles terá a iniciativa de abertura e prosseguimento dos trabalhos.

O laudo técnico final será assinado por todos os componentes. No caso de divergências, os pareceres discordantes farão parte do documento. Praticamente tudo que diz respeito à perícia individual vale para a junta médica.

Segundo Miriam de Oliveiras Fortes, da sua decisão cabe recurso usual ("Da decisão da junta médica cabe recursos", *in* site RVC Advogados).

Respondendo à Consulta n. 97.656/08, no PARECER CREMESP de 18.10.08, aprovado na 3.915ª Reunião Plenária, em 14.10.08, da lavra da relatora conselheira Silvia Helena Rondina Mateus colhe-se: "a junta médica deve ser composta pelos médicos que divergem sobre a conduta e mais um terceiro indicado consensualmente por ambos".

Adolfo Orisi Parensi explicou o fluxo da perícia realizada por junta médica ("Normatização da Junta Médica no Intercâmbio Nacional – Congresso Nacional Unimed de Auditoria de Saúde", Fortaleza, 2010).

Capítulo 40

TITULARIDADE DO PROFISSIONAL

A perícia médica é ato personalíssimo, repete-se *ad nauseam,* deve ser realizada por profissional habilitado para isso e por ninguém mais.

Quando legalmente substituído, a personalidade é repassada para o executor desse trabalho.

Para ser profissional nessa área, no mínimo, precisará reunir duas qualificações:

I) ser médico; e

II) ser *expert* em perícia.

Vale dizer, um profissional que detenha qualificações técnicas para esse exercício, não confundíveis com as várias atividades médicas usuais.

Ainda que não se possa valorar ou se deva comparar hierarquicamente um médico com um médico perito, entende-se que este último detenha maior conhecimento que o médico comum sem domínio da peritagem.

Rigorosamente, ainda que assim não entenda a Justiça Federal, essa distinção significa que o profissional indicado para uma patologia deveria ser um especialista nessa área.

Devido à dificuldade em encontrar tais profissionais para operarem em todas as mais de 1600 APS, o INSS e os regimes próprios de previdência social admitem médicos não especializados em fazer perícias.

Capítulo 41

COMPETÊNCIA FUNCIONAL

Desde a Lei n. 10.876/04 os peritos têm a determinação legal de ir às empresas para auscultar o nexo causal entre a doença e o trabalho.

Essa missão vem sendo cumprida precariamente; os peritos nem sequer detêm uma carteira funcional que os identifique e assegure legalmente o direito de acessar ambientes empresariais periciados.

Nunca se disponibilizou tempo nem infraestrutura necessária para essa averiguação e jamais se investiu em qualquer atividade pericial que não seja a cotidiana.

A Lei n. 10.593/02, que disciplina a carreira de Auditor Fiscal do Trabalho, carreira do MTE, prevê como função do Auditor:

I – o cumprimento de disposições legais e regulamentares, inclusive as relacionadas à segurança e à medicina do trabalho, no âmbito das relações de trabalho e de emprego;

II – a verificação dos registros em Carteira de Trabalho e Previdência Social - CTPS, visando a redução dos índices de informalidade;

III – a verificação do recolhimento do Fundo de Garantia do Tempo de Serviço – FGTS, objetivando maximizar os índices de arrecadação;

IV – o cumprimento de acordos, convenções e contratos coletivos de trabalho celebrados entre empregados e empregadores;

V – o respeito aos acordos, tratados e convenções internacionais dos quais o Brasil seja signatário;

VI – a lavratura de auto de apreensão e guarda de documentos, materiais, livros e assemelhados, para verificação da existência de fraude e irregularidades, bem como o exame da contabilidade das empresas, não se lhes aplicando o disposto nos arts. 17 e 18 do Código Comercial.

Consulte–se o que diz o art. 20 da Lei n. 10.876/04:

> Compete aos ocupantes do cargo de perito–Médio da Previdência Social e, supletivamente, aos ocupantes do cargo de Supervisor Meio–Pericial a carreira de que trata a Lei n. 9.610, de 2 de abril de 1998, no âmbito do Instituto Nacional do Seguro Social (INSS), e do Ministério da Previdência Social, o exercício das atividades médico–periciais inerentes ao Regime Geral de Previdência Social (RGPS), de que tratam as Leis ns. 8.212, de 24 de julho de 1991, n. 8.213, de 14 de julho de 1991, n. 8.742, de 7 de novembro de 1993 (Lei Orgânica da Assistência Social), e n. 8.112, de

11 de dezembro de 1990), e, em especial (redação dada pela Lei n. 13.135, de 2015).

II – inspeção de ambientes de trabalho para fins previdenciários;

IV – execução das demais atividades definidas em regulamento".

O art. 11 da Lei n. 10.593/02 prevê sobre o Auditor Fiscal:

Os ocupantes do cargo de Auditor–Fiscal do Trabalho têm por atribuições assegurar, em todo o território nacional:

I – o cumprimento de disposições legais e regulamentares, inclusive as relacionadas às segurança e à medicina do trabalho, no âmbito das relações de trabalho e de emprego.

Comentário colhido de "O Blog dos Peritos do INSS", *in* PERITO.MED, de 9.7.15, sob o título "INSS invade competência do MTE ou Perito vira Auditor":

"Até 2002, o MTE tinha médicos em seus quadros, os Médicos do Trabalho, encarregados da fiscalização das condições de salubridade do ambiente de trabalho. Não os têm mais, os cursos para auditor são abertos a qualquer candidato que tenha nível superior. Serão os peritos do INSS os médicos a ocupar lacuna deixada e que compromete a atuação fiscalizatória do MTE? Pode ser, mais por via infra–legal o que não confere segurança jurídica e fará com o que trabalhe a reboque de outro profissional, outra carreira. Por exemplo, se o perito em missão de auditor ou de fiscal, executor de inspeção, ou seja lá o nome que se dê, depara com um iminente risco para o trabalhador, não poderá agir, terá que chamar o Auditor do MTE (art. 6º) ou outra autoridade. O perito do INSS não terá a competência de autuar e terá que pedir licença e agendar sua visita, uma condição subalterna que não condiz com o que se espera do Estado".

Capítulo 42

EQUÍVOCO NA EXECUÇÃO

Um equívoco de avaliação da condição do examinado sucede quando de ação, inação ou desconhecimento do perito ausente o *animus* de cometê-lo. Pode ser entendido como uma falha profissional de execução produtora de dano comprovado.

Isso pode sobrevir devido a três principais hipóteses legais: imprudência, imperícia e negligência. Mas existem outras circunstâncias que o admitem.

Preambularmente, considera-se imprudência errar e agir diferentemente do esperado no comum dos casos, agindo por modos, instrumentos ou práticas inadequadas ao exame.

Imperícia significa fazer errado, de modo indevido, atarantado, insubsistente em face do que deveria ser feito certo.

Na negligência deixa-se de realizar o que deveria ser feito por omissão, leniência ou simples preguiça.

Nessas três circunstâncias cifra-se à culpa do *expert,* e não ao dolo. Raramente um médico perito agirá com a deliberada intenção de prejudicar o segurado ou o INSS. Se o fizer, praticará um delito.

É imprudente um perito que, diante de uma alegada patologia, dirige sua investigação abstraindo-a: o examinado alega dores na coluna, ele examina o seu coração. O profissional assume riscos que põem em perigo o auscultado, sem existir amparo científico para essa decisão.

Na imperícia engana-se na avaliação e chega a conclusão diferente do minimamente esperado, realiza procedimentos para os quais está despreparado tecnicamente. Imagine-se um ginecologista recém-formado examinando um problema cardiológico de um octogenário.

Negligencia quem realmente não consulta, extraindo conclusões distintas da realidade por falta de profissionalismo. Procede a falsa perícia, transformando o exame num simples diálogo. Subsiste falha por desleixo, falta de atenção ou cuidados exigidos diante daquela patologia.

O resultado danoso deve ser visível, imediato e irreparável ou não, denotando sofrimento do examinado.

Identificar esse equívoco médico em matéria tão particular e quiçá subjetiva é usualmente oneroso. O interessado deve reunir o máximo de provas de que dispuser. Claramente identificada a falha, poderá pretender uma indenização, para isso deve abrir um processo na Justiça Civil contra a autarquia federal.

Um engano dessa natureza também pode ser cometido contra o INSS, como é o caso de no laudo técnico afirmar uma inaptidão de quem estava apto para o trabalho. Uma vez consumado e provado, sobrevirão os desdobramentos administrativos, civis ou penais subsequentes.

Para que fique caracterizada a culpa do executor, que não se deu conta da simulação do examinado, será preciso acautelar-se de todos os cuidados, pois, se ausente dolo, não haverá falar-se em equívoco, exceto se muito evidente a teatralização ocorrida.

Não se considerar a revisão de um exame, administrativa ou judicial, com resultado oposto como sendo necessariamente um erro médico.

Nério Rojas diz que: "O dever de um perito é dizer a verdade, no entanto, para isso é necessário primeiro saber encontrá-la e, depois, querer dizê-la. O primeiro é um problema científico, o segundo é um problema moral" ("Perícia Médica Judicial - Aspectos Éticos", *in* XIª FEMEC - Friburgo, maio/08").

Capítulo 43

PRESENÇA DE ACOMPANHANTES

Ainda persistem dúvidas sobre a presença técnica de acompanhantes, como a de parentes, advogados e até do médico particular de confiança do examinado, durante a realização da perícia médica do INSS.

Dada a sua natureza, há quem julgue que esse momento comporte como protagonistas apenas o médico e o periciado e sem coadjuvantes. No caso da mulher, acompanhada do marido.

Tecnicamente, a perícia médica não é igual à consulta, visando tratamento; seu único objetivo é avaliar a capacidade ou não para o labor e nada mais que isso. Mas tem alguma semelhança.

A decisão pertence a discrição do executor. Uma atribuição privativa de profissional civil ou militar ocupante de cargo que lhe assegure a competência legal e administrativa do ato médico (opinião de Elias Tavares de Araujo).

O trabalho médico–pericial, parecido com o que o INSS realiza, pode ser requisitado pelos juízes para tornar possível definir a existência, grau, natureza e causa de agravos físicos ou mentais sofridos por quem recorreu ao Poder Judiciário.

Essa prática se submete a um conjunto de normas, leis, decretos, portarias e instruções normativas, definidoras dos limites dessa atuação, indicando as competências e atribuições do executante.

Advogado, mesmo que tenha conhecimentos técnicos ou diploma de médico, ali não será médico, apenas um representante do trabalhador. Um procurador autorizado pelo segurado para fazer valer o direito de ser periciado adequadamente.

Durante a perícia médica são praticados dois atos distintos:

I) ato médico, por parte do perito; e

II) ato procedimental, por parte do advogado.

A perícia é ação específica de servidor do INSS e, na esfera exclusivamente médica, não pode sofrer interferência por alguém não médico e, mesmo assim, comparecendo um médico particular, será como observador, esclarecedor e assistente. Nada além disso.

Faz parte da essência desse procedimento o livre convencimento do *expert*, entre outros, a formulação do diagnóstico, a emissão do laudo técnico correspondente e definição, se for o caso de o CID correspondente concluir pela habilitação ao trabalho ou não.

Exatamente igual à atribuição legal de um magistrado diante das provas a ele suscitadas e que, inclusive, comporta divergir de uma perícia médica judicial juntada aos autos.

A conduta pessoal, o modo de auscultar, a técnica utilizada, o instrumento adotado são métodos desse profissional.

Um advogado não pode interferir na atuação da perícia médica, exceto em questão puramente formal. Por exemplo, diante de uma recusa efetivada, insistir em que o examinador aprecie um laudo técnico trazido pelo segurado, uma radiografia e até mesmo um parecer médico.

Se ele não for especialista no CID, poderá impugnar mais tarde. Discordando da conclusão final, contestará quando do recurso cabível.

De modo geral somente um médico habilitado, pode desconfigurar tecnicamente um exame de outro médico.

Se o executor não toca ou apalpa o corpo do segurado (quando isso se impuser), o advogado não pode fazer nada, opondo-se a esse procedimento. Suas razões jurídicas e fáticas serão as constantes da contestação *a posteriori*.

Os exames médicos reclamam confiabilidade, discrição e privacidade das partes envolvidas. Em razão de sua particularidade, a perícia médica pede cuidados especiais por parte do executor.

A questão não se cinge a presença do advogado constituído ofender a intimidade do examinado, uma vez que um dos primeiros a tomar conhecimento dos fatos alegados é esse operador do direito.

Conforme o AI n. 2009.03.00.0022787-1/SP: "II – Ausência de indicação de assistente técnico pelo interessado, a fim de acompanhar o trabalho do *expert*, não pode ser suprida pela participação do advogado durante a realização do exame pericial" (Medanha, ob. cit., pp. 146/147).

A recomendação do CFM é os médicos cumprirem rigorosamente os princípios éticos da profissão e manterem uma relação médico-periciado no mais alto nível.

Essa relação, baseada essencialmente na mútua confiança, sustenta-se na presença de depoimentos verazes sobre as condições de saúde do interessado.

A perícia médica deve ser feita em ambiente em que isso seja possível. Realizada em local em que o paciente possa relatar os fatos da maneira mais completa possível.

O perito não deve ignorar que esse examinado tem interesse imediato no resultado da perícia, que seja favorável às suas intenções. Ter aptidão para tomar posse e exercer um cargo público ou estar incapaz de trabalhar e, assim, auferir um benefício previdenciário. O papel do perito é preocupar-se com a verdade que, em cada caso, possa ser atingida com perfeição.

Deve ser criado um ambiente que torne possível ouvir o paciente, examiná-lo e adotar os procedimentos cabíveis, tendo em mente os princípios éticos da medicina, especialmente os da privacidade e da confidencialidade.

Frequentemente o examinado apresenta-se acompanhado por familiar ou pessoa de sua confiança. Até mesmo de médico particular ou advogado.

O examinador tem de ter consciência de que um número excessivo de pessoas durante a consulta poderá prejudicar o seu desempenho.

Baseado em sua experiência e no bom senso, se julgar necessário solicitará um servidor da equipe, assistente social, enfermeiro, para acompanhar o exame, explicando que aquela testemunha faz parte da equipe de saúde e, portanto, está presa ao sigilo profissional.

Segundo recomendação CREMESP n. 1/88, no atendimento na área de ginecologia e obstetrícia, haja acompanhamento do exame por outro profissional da equipe; isso seria importante e necessário. Preferivelmente uma médica.

No que diz respeito à presença do advogado, carece saber que ali está sendo praticado um ato médico que pode abrigar um ato jurídico. Ou seja, a iniciativa e a condução dos procedimentos é prerrogativa do perito.

Nesse sentido, ninguém pode interferir, inclusive um médico assistente. Se não for cometida uma infração, descabe ao advogado intervir no *modus operandi* do profissional. A ele, examinador, cabe decidir como proceder.

Há cabimento em oferecer laudos técnicos para fazerem parte da perícia, mas não exigência de que sejam adotados.

Importante contribuição doutrinária ao tema foi dada pela "Manifestação da OAB sobre a presença de advogados nos serviços prestados pelo INSS – Acompanhamento em ato pericial" (*in Revista Juris Plenun – Previdenciária*, Caxias Sul: Editora Plenun, 2015, pp. 122/130).

Nesse parecer, da lavra de Melissa Folmann, conselheira relatora da OAB, fica evidente o conflito de normas entre a Lei n. 8.906/94 (Estatuto dos Advogados) e a Lei n. 12.842/13, diversas resoluções do CFM e dos CRM e o que entende o INSS.

Tem-se um conflito de interesses técnicos entre o ato médico pericial e o ato procedimental do advogado.

O sigilo profissional foi abordado com vistas ao fato de que o segurado, quando procura o advogado, abre mão de suas prerrogativas pessoais e, além de prestar informações íntimas, fornece laudos, exames clínicos e suplementares, etc.

Foi lembrada a Nota Técnica SEJUR/CFM n. 44/12, de 6.2.13, em que se tem:

> O exame médico pericial deve ser pautado pelos ditames éticos da profissão, levando–se em conta que a relação mérito/periciando não se estabelece nos mesmos termos da relação médico/paciente (art. 4º).

Fez–se aqui a distinção entre consulta e perícia. Seriam dois momentos distintos, com objetivos diferenciados.

Por outro lado diz o art. 5º:

> O médico na função de perito não deve aceitar qualquer tipo de constrangimento, coação, pressão, imposição ou restrição que possam influir no desempeno e sua atividade, que deve ser realizada com absoluta isenção, imparcialidade e autonomia, podendo recusar–se as prosseguir no exame e fazendo consta do laudo o motivo de sua decisão.

Por seu turno, o INSS emitiu o Memorando Circular n. 10/11:

> 1. Orientamos aos Gerentes–Executivos e das Agências da Previdência Social que garantam aos segurados o direito de solicitar a presença de um acompanhante durante o ato da perícia médica, ressalvados os casos em que o perito médico entenda, fundamentadamente, que sua presença possa interferir no ato pericial.

Pena que o referido normativo não explicite o que entende por acompanhante: parente íntimo, o que seria muito natural, ou advogado. Crê–se que com as limitações de sua competência – somente pode observar e exigir o descumprimento de regras legais da perícia e sem interferir no exame propriamente dito – nada impede que o advogado faça parte da perícia médica.

Sem exibir a necessária sensibilizada para o fato de que o advogado não iria e nem vai (se for, deve ser impugnado no ato) afetar o *modus operandi* do ato médico e tão somente suscitar questões jurídicas procedimentais pertinentes, equivocou–se o acórdão de 30.3.10 no Agravo de Instrumento da 8ª Turma do TRF da 3ª Região, quando asseverou que: "Inexiste ilegitimidade no ato do perito médico judicial consistente em impedir a presença do advogado do periciado, durante a realização do exame. Conforme ressaltado, os advogados não possuem conhecimento técnico específico que possam auxiliar o ato pericial, em nada contribuindo a sua presença" (Proc. AI n. 2004.03.00.0180001–5/SP).

Joana Silveira Campos e Eulália Pinho Pingo Camurça consideram que o ato médico, como prerrogativa da perícia médica, não obsta a presença do advogado, ao lado do médico assistente ("O paradoxo da perícia médica de incapacidades – Como garantir a Justiça Social", *in Jornal do 31º CBPS*, São Paulo: LTr, 2012. p. 50/52).

Por último, manifestando-se contrário a decisão do STF no RE n. 277.065, Fábio Alessandro Fressato Lessman pôs em desfavor o direito dos advogados deterem prerrogativas no atendimento nas APS ("Atendimento Prioritário dos Advogados nas Agências do INSS (Análise da Decisão do STF no Recurso Extraordinário n. 277.065)", *in Revista Síntese Trabalhista e Previdenciária* n. 315, de set/15, pp. 202/221).

Capítulo 44

SIMULAÇÃO EMBARAÇOSA

No comum dos casos, simular consiste em fingir algo que não se tem. Para a Organização Mundial de Saúde é "a produção intencional ou invenção de sintomas ou incapacidades tanto físicas quanto psicológicas, motivadas por estresse ou incentivos externos".

Tudo não passa de um disfarce, às vezes ridículo, mero fingimento ou falsidade; quer dizer representar, aparentar, fazer dissimulações.

Com esse procedimento o enganador objetiva convencer o médico perito de que não tem aptidão para o labor profissional. Alega estar inválido quando é hígido. Ou, então, representa ser vítima de uma deficiência inexistente.

A simulação pode ser fisiológica ou psicológica. Esta última é de difícil apreensão. O examinado age como louco; todavia é totalmente saudável. Num cenário bem difícil para a perícia, às vezes age como normal sem deter o equilíbrio mental.

Exagerar um pouco a falta de higidez não é simulação, mas procedimento comum de quem ambiciona um resultado rápido ao seu favor.

Naray Paulino ("A simulação em perícia médica", colhido na internet) estudou o tema. Para ele "simulação" é uma palavra que os médicos raramente se sentem à vontade para usar. Contudo, não se trata apenas de um vocábulo: é um diagnóstico.

O médico perito tem a obrigação de conhecê-la e o dever de não se deixar enganar nessas circunstâncias. As observações que se seguem são da obra citada.

Em plena Classificação Internacional de Doenças (CID), revisão de 1965, a simulação tinha o Código 796 – "Simulação de doença", postada no capítulo dos "Sintomas e estados mal definidos".

Na revisão de 1975, a simulação figurava na "classificação suplementar de fatores que exercem influência sobre o estado de saúde e de oportunidades de contato com serviços de saúde".

Autores referidos ensinam que o intuito do engodo é auferir vantagens e a base da atuação do interessado estaria calcada nas leis de acidente de trabalho. Eles explicam que na representação as perturbações são alegadas, porém inexistentes; na metassimulação as perturbações existem e são exageradas e na dissimulação a pessoa omite perturbações que existem verdadeiramente até o momento em que julgue oportuno exibi-las.

Quando se trata de matéria infortunística, há possibilidade de a pessoa alegar ou fingir ser portadora de um mal laboral, atribuir à atividade profissional doença de outra origem ou ainda prolongar e agravar doença ocupacional.

A forma mais frequente dessa enganação seria o exagero, o indivíduo procura aproveitar ao máximo as consequências do acidente, aumentando a importância dos transtornos ou sequelas, geralmente de ordem subjetiva.

O interessado pretende ser reconhecido como portador de afecção inexistente e, assim, diz que sente algo não demonstrável objetivamente. O fenômeno mais usual é a dor, que tem caráter subjetivo, aparentemente não seria passível de comprovação.

Capítulo 45

ANAMNESE BIOPSICOSSOCIAL

Em alguns casos, o exame médico isolado do examinado não é suficiente para se chegar a uma conclusão sobre sua disposição para o trabalho em face de um benefício por incapacidade.

Conforme a patologia deflagradora desse cenário, são necessários não só exames laboratoriais como uma anamnese social, ou seja, conhecimento da vida em ambiente social do requerente do benefício, qual sua família, onde ele reside, grupo do qual faz parte, escola em estuda, empresa em que presta serviços etc., dados mais completos de sua personalidade.

A rigor, o ideal é que tal investigação devesse ser promovida pelo médico perito, mas também será válida se realizada por um assistente social capaz de ter assumido esse papel, bem informado e sensível.

No dia 11.9.14, a TNU editou a Súmula TNU n. 78 com a seguinte ementa:

> Comprovado que o requerente de benefício é portador do vírus HIV, cabe ao julgador verificar as condições pessoais, sociais, econômicas e culturais, de forma a analisar a incapacidade em sentido amplo, em face da elevada estigmatização social da doença (Pedilef n. 5003198-07.2012.4.04.7108).

A juíza Kyu Soon Lee apresentou essa súmula, aprovada por 8 dos 10 membros da TNU. Segundo ela, o assunto vem sendo reiteradamente decidido por unanimidade, no sentido de que, nos casos de requerimento de benefício por incapacidade, tanto do Regime Geral quanto no da LOAS, não bastaria o exame pericial das condições físicas e psíquicas ocorridas na sede do INSS.

Segundo a compreensão pacificada da TNU, no caso da AIDS, ainda que assintomática, a inaptidão transcenderia a mera limitação física e repercutiria na esfera social do requerente, segregando-o do mercado de trabalho.

"Nessas situações – em que a doença por si só gera um estigma social –, para a caracterização da incapacidade/deficiência, faz-se necessária a avaliação dos aspectos pessoais, econômicos, sociais e culturais. Por outro lado, importante deixar claro que a doença por si só não acarreta a incapacidade ou deficiência que a legislação exige para o gozo do benefício".

No caso concreto, um segurado portador do vírus HIV procurou a TNU na tentativa de modificar um acórdão da 4ª Turma Recursal do Rio Grande do Sul, a qual manteve a sentença que julgou improcedente o pedido de concessão de auxílio-doença/aposentadoria por invalidez.

O pensamento da juíza Kyu Soon Lee foi diferente: "Entendo que toda doença que possa acarretar grande estigma social, como a AIDS, a hanseníase, a obesidade mórbida, as doenças de pele graves, e outras, constituem exceção à aplicação da súmula citada, necessitando o magistrado realizar a análise das condições pessoais, sociais, econômicas e culturais do segurado".

Quer dizer, um portador de AIDS que fisicamente possa trabalhar e nesse caso deseje trabalhar, poderá obter o auxílio-doença ou a aposentadoria por invalidez, o que é novidade e solução surpreendente.

Esta decisão é importante e revolucionária. Até então a perícia médica do INSS avaliava tão somente a aptidão ou não para o trabalho e não se envolvia com questões estranhas a esse cenário particular e legal.

Sabidamente, muitos desempregados solicitam o auxílio-doença tão somente porque não têm serviço e então a Previdência Social substituiria as mensalidades do seguro-desemprego.

Claudio Engelk e José Ricardo Caetano Costa citam a AC n. 0015387-33-2010.404.9999/PR, de 14.12.10, da 5ª Turma da 4ª Região, relatada pelo desembargador Rômulo Pizolatti ("Aplicação da Perícia Biopsicossocial para manutenção da dignidade do segurado", *in* Jornal do 34º CBPS. São Paulo: LTr, 2015, pp. 33/34).

Outras considerações devem ser levadas em conta, a despeito da legislação vigente, ingressando-se num domínio difuso de difíceis definições.

Aspectos pessoais dizem respeito à pessoa humana e sua dignidade. Os econômicos falam da dificuldade em prosseguir na vida profissional. Socialmente referem-se à discriminação de que são vítimas. Culturais, a dificuldade que a sociedade tem de enfrentar essa questão.

Questão que resta decifrar é se o segurado tem de provar essas condições ou ela será presumida em todos os casos.

Tais Rodrigues dos Santos reclamou a concessão do auxílio-doença parental quando o trabalhador tem problemas na sua família ("Auxílio-doença parental: risco social evidente, cobertura inexistente, necessidade urgente!!!", *in RPS* n. 405/748).

Jorge Dias Martins defende a tese de que a perícia médica do INSS, além do exame da capacidade laboral, deve considerar "a existência de capacidade do segurado para o retorno ao trabalho, entende-se como capacidade para retorno ao trabalho não apenas a força laborativa do trabalhador, mas a sua aceitação no mercado de trabalho" ("Doença de segregação e Seguridade Social", *in Jornal do 7º CBPS*. São Paulo: LTr, 1994. pp. 46/47).

José Ricardo Caetano Costa publicou extenso e profundo estudo sobre o tema, convindo que a perícia médica do INSS devesse ser instrumentada para que essa anamnese social seja praticada ("A quebra de paradigma na perícia médica da concepção biomédica à concepção Biopsicossocial", *in RPS* n. 392/591).

Reportando-se à Convenção Internacional da Previdência Social dos Portadores de Deficiência promulgada pela ONU em Nova York em 2007, e referindo-se a IN INSS n. 45/10, enfaticamente em relação a caracterização da deficiência como causa incapacitante, José Ricardo Caetano Costa e Marco Aurélio Serau Junior destacam a importância de a perícia médica apreciar os elementos biopsicossociais do indivíduo ("A perícia médica está doente: perspectivas para construção da perícia biopsicossocial", *in Jornal do 33º* CBPS. São Paulo: LTr, 2013. pp. 33/34).

O livro *Perícia Biopsicossocial,* de José Ricardo Caetano Costa, da Editora Plenum, há de ser consultado, nele os limites dessa atuação foram relevantes.

Capítulo 46

COMUNICAÇÃO DO RESULTADO

Pelo menos até que o critério fosse alterado, nos idos de 2000, por decisão do CFM e da Previdência Social, qualquer que fosse ele, o resultado da perícia médica era cientificado ao interessado mediante o formulário Comunicação de Resultado do Exame Médico (CREM) ou Comunicação de Resultado de Requerimento (CRER).

Era e continua sendo uma atividade burocrática exercida mais propriamente pelo Setor de Perícia Médica do INSS e não pelo executor do exame.

Segundo o subitem 10.2 do *Manual da Perícia Médica da Previdência Social*:

> Nas conclusões favoráveis, em exames de prorrogação, não será necessário que a Perícia Médica preencha a CREM, pois não haverá comunicação escrita do resultado do exame.

Presume-se haver uma comunicação verbal ao segurado ao final do exame, especialmente quando lhe for favorável.

A comunicação da licença médica às empresas é dever do Setor de Benefícios da APS.

A CREM é emitida em duas vias: uma para o segurado e a segunda fica no seu prontuário médico do INSS. Consta que APS a envia por carta em até 10 dias.

Segundo o *site* INSS Fácil – Previdência Social a informação por ser colhida no fone 135 e no *site* http://www010dataprev.gov.br/cws/contexto/consit/consit1.html.

A mudança em relação ao tempo em que o próprio médico entregava a CREM deveu-se aos atritos pessoais havidos entre os interlocutores chegando às vias de fato.

O segurado não se conforma com o resultado e tenta agredir o servidor do INSS, o que é um absurdo inominável.

Um Memorando-Circular INSS/DIRBEN n. 67, de 15.10.06, falava em “agressões a servidores administrativos e peritos médicos”.

O parecerista Nemésio Tomasella de Oliveira, na Consulta CFM n. 23/15 (Parecer CFM n. 24/15), adotou como ementa: “Não compete ao médico perito do INSS a entrega da Comunicação de Resultado de requerimento (CRER)”.

Segundo ele a entrega de documentos administrativos não é “ato médico e nem de conteúdo médico”.

Capítulo 47

SIGILO PROFISSIONAL

A relação fática entre o médico perito e o beneficiário, pela natureza da pessoalidade, pode ser tida como íntima. O profissional tem de saber coisas do indivíduo, de sua vida pessoal, do seu trabalho e do seu corpo.

Informações que pertencem exclusivamente à esfera da personalidade do ser humano e respeitante a privacidade, a ser respeitada por terceiros, em particular pelo médico perito.

A esse respeito diz o art. 73 do Código de Ética Médica – CEM (Resolução CFM n. 1.931/09) ser vedado ao médico:

> Revelar fato de que tenha conhecimento em virtude do exercício de sua profissão, salvo por motivo justo, dever legal ou consentimento por escrito do paciente (art. 73).

Ainda que consigne cuidadosamente esses fatos íntimos no prontuário e alguns deles possam constar do laudo técnico, descabe–lhe repassar tais dados a terceiros por escrito ou verbalmente. Excetuado quando tal conduta for prevista na legislação.

Acresce o parágrafo único:

> Permanece essa proibição: a) mesmo que o fato seja de conhecimento público ou o paciente tenha falecido; b) quando de seu depoimento como testemunha, nessas hipóteses, o médico comparecerá perante a autoridade e declarará seu impedimento; c) na investigação de suspeita de crime, o médico estará impedido de revelar segredo que possa expor o paciente a processo penal.

Conforme o art. 75 do CEM, ele está impedido de:

> Fazer referência a casos clínicos identificáveis, exibir pacientes ou seus retratos em anúncios promocionais ou na divulgação de assuntos médicos, em meios de comunicação em geral, mesmo com autorização do paciente.

Importa ressaltar que, mesmo com autorização do beneficiário, não está autorizado o médico a invadir sua privacidade.

No pertinente aos exames médicos previdenciários, convém consultar o art. 76 do CEM:

> Revelar informações confidenciais obtidas quando do exame médico de trabalhadores, inclusive por exigência dos dirigentes de empresas ou de instituições, salvo se o silêncio puser em risco a saúde dos empregados ou da comunidade.

A disposição não deixa dúvidas sobre as informações obtidas durante a perícia, mesmo as que não dizem respeito ao exame, não podem ser repassadas a terceiros.

Conforme o art. 77 do CEM não poderá:

> Prestar informações a empresas seguradoras sobre as circunstâncias da morte do paciente sob seus cuidados, além da contidas na declaração de óbito.

A Declaração Universal dos Direitos Humanos estabeleceu em seu art. XII:

> Ninguém será sujeito a interferências na sua vida privada, na sua família, no seu lar ou na sua correspondência, nem a ataques à sua honra e reputação. Toda pessoa tem direito à proteção da lei contra tais interferências ou ataques.

Nossa Constituição Federal preserva a privacidade do ser humano, sendo invioláveis a vida privada, a honra e a imagem das pessoas (art. 5º, inciso X).

Por isso mesmo o art. 154 do Código Penal penaliza a ofensa a essa intimidade:

> *Revelar a alguém, sem justa causa, segredo, de que tem ciência em razão de função, ministério, ofício ou profissão, e cuja revelação possa produzir dano a outrem.*
> Pena – Detenção, de 3 (três) meses a 1 (um) ano, ou multa.

Segredo, *in casu*, é a informação protegida pela lei.

Maria de Fátima Oliveira dos Santos *et alli* estudaram o assunto com profundidade em "Segredo médico: uma questão ética" (colhido na internet).

Eles confirmam que o sigilo médico abrange toda informação que chegar ao conhecimento do profissional, no exercício da sua profissão.

São suas palavras: "A importância do sigilo se justifica por haver situações ou fatos que precisam ser mantidos em segredo, em função da proteção individual das pessoas. Na área da saúde, a confidencialidade exige um cuidado ainda maior e é grande utilidade prática e social, pois se justifica primeiro, pelo seu propósito instrumental, por ser necessária para o exercício da atividade médica, visto que, se não existirem garantias de sigilo, o paciente não revelará as informações de que o médico necessita e, em segundo, pelo próprio caráter da profissão, que defende valores considerados indiscutíveis".

Além disso, abordam aspectos que justificam citações.

> A relação médico–paciente pode ser vista como um processo interativo, que se fundamenta nos princípios de privacidade, confidencialidade e comunicação privilegiada, que estão vinculados à garantia da discrição profissional e aos direitos individuais e de autodeterminação do paciente, onde se insere a sua liberdade de

> escolha do que deve ser privado. O direito do paciente à privacidade se justifica, portanto, com base em três argumentos:
>
> 1) A privacidade se constitui um direito pessoal e de propriedade, que é violado quando ocorre o acesso desautorizado a essa pessoa ou a informações referentes a ela;
>
> 2) A privacidade tem valor instrumental, uma vez que serve para a criação e a manutenção de relações sociais íntimas e para a expressão da liberdade pessoal, sendo necessária para o estabelecimento da confiança entre o médico e o paciente;
>
> 3) A privacidade se justifica pelo respeito à autonomia do paciente e consiste em um exercício de autodeterminação. É possível considerar, então, que o sigilo é um fator de suma importância na relação médico–paciente, pois a informação, em saúde, é vista como um dos dados mais íntimos que se pode ter acerca de uma pessoa.
>
> Portanto, para que o médico não seja considerado uma pessoa desautorizada a revelar os dados de que tem ciência, cabe ao paciente determinar quais são as informações que podem ou não ser reveladas. Sendo assim, a questão da confidencialidade extrapola a dimensão deontológica do sigilo profissional e demanda do médico algumas atitudes e comportamentos que se fundamentam também em valores, princípios éticos e moral individual, que são necessários para mediar essa relação entre o seu dever profissional e o direito do seu paciente, pois, uma vez que a relação médico–paciente remete a obrigações e deveres de ambas as partes, exige também que haja o respeito aos limites um do outro.

Destarte, é possível afirmar que o relacionamento entre o médico e seu paciente se constrói com base na compreensão mútua e na verdade, por meio da relação de confidencialidade em que o médico conta com o compromisso do paciente para revelar as informações necessárias, e o paciente espera do médico o seu compromisso com o sigilo, o que faz da confiança um elemento essencial nessa relação".

O ministro relator Alexandre Souza Ara Belmonte, da 3ª Turma do TST, no AIRR n. 0003637-64.2012.5.12.0038, de 11.9.14 (*in Supl. Trab. LTr* n. 48/2014) sustentou que o INSS fornecer elementos da perícia médica para o Poder Judiciário não constitui ofensa ao sigilo médico do segurado.

Capítulo 48

PRAZO PARA REALIZAÇÃO

Uma vez requerido um benefício, a legislação previdenciária não prevê prazo para a realização da perícia médica, especialmente em casos de auxílio-doença. Isso impede finalizar instrução do requerimento dessa prestação por incapacidade e os segurados ficam sem receber da empresa e do INSS.

A 6ª Turma do TRF-4 decidiu que o INSS teria um prazo limite de 45 dias para realizar suas perícias médicas. Na ausência do exame e uma vez ultrapassado esse período, o benefício deveria ser concedido automaticamente ao segurado. Trata-se de uma estranha e ao mesmo tempo corajosa postura, pois eventualmente a decisão poderia ser contrária ao interessado e daí sobrevirem amplas complicações para o trabalhador e o empregador (AI n. 5013845-45.2012.404.0000, relator Celso Kipper, de 9.7.13).

O que levou o tribunal a tal entendimento é que esse benefício, à evidência, assume caráter alimentar, o segurado carece das mensalidades para sobreviver. Estranha que o MTPS, a despeito das ações judiciais não tenha proposto alteração na legislação, máxime quando a Lei n. 15.135/15 disciplinou a terceirização da perícia médica.

Um exame demorado adia a concessão do benefício por incapacidade, de modo que isso poderá causar riscos à integridade, sobrevivência e dignidade do interessado, cabendo, conforme o caso, o dano moral.

Com a redação da Lei n. 11.665/08, diz o § 5º do art. 41-A do PBPS:

> O primeiro pagamento do benefício será efetuado até quarenta e cinco dias, após a data da aposentação, pelo segurado, da documentação necessária a sua concessão.

Ora, se o INSS tem um mês e meio para iniciar o pagamento do benefício do auxílio-doença, presume-se que o legislador deseja que a instrução seja encerrada antes e como parte integrante dela, o exame pericial. Pena que a norma reproduzida não tenha fixado sanção para a autarquia federal.

Questão relevante levantada por Gisele Büchele Juca ("A perícia médica deve ter prazo limite para ser realizado pelo INSS", *in Jus Brasil*) é que "pela demora excessiva na realização da perícia, o segurado que de fato estava doente, pode no ínterim entre o requerimento e a realização do exame médico pericial, recuperar a sua capacidade laborativa, deixando de receber as parcelas do benefício de que realmente fazia jus porque, quando finalmente passou por perícia médica do INSS, a incapacidade não mais existia ou não estava tão agravada" (...).

Ela lembra que, com a Ação Civil Pública n. 5025299-96.2011.404.710/RS, sobrevém uma concessão automática dos benefícios por incapacidade quando do requerimento até da perícia médica pelo INSS ultrapassar o limite de 45 dias, pena que apenas no Estado do Rio Grande do Sul.

Capítulo 49

IMPOSSIBILIDADE DE VERIFICAÇÃO

Solicitado um benefício por incapacidade, a presença e submissão à perícia médica são naturalmente obrigatórias (PBPS, art. 101). Por qualquer motivo, se ele não comparece, deve imediatamente se justificar e ser agendada uma nova data para o exame necessários.

Essa é uma rotina lógica a ser aplicada. Concepção idêntica vale para o Poder Judiciário.

Tal ausência tanto pode ser por ocasião do pedido do benefício quando da realização de perícia médica judicial. Por variados motivos, ainda que previamente agendada, não será possível a realização da perícia médica.

Ausente o exame, o pedido do benefício deve ser indeferido por motivo formal (descumprimento de ônus legal por parte do principal interessado).

Repete-se. Se o beneficiário não comparece ao exame, ou seja, não faleceu nem desapareceu, ele se encontra em local incerto e não sabido, o exame deverá ser remarcado.

Ausência de perícia judicial

Na AC n. 0017599-98.2004.3.01.4000, em 16.1.25, o juiz Nazareno Cesar Morais Reis entendeu que, ausente a perícia judicial, não será acolhida a pretensão (*Rep. IOB de Jurisp. da 1ª quinz. de mar/15*).

Força maior

Resistindo a esse entendimento, caso entre com ação na Justiça Federal, a pretensão não deverá ser acolhida, como aconteceu na AC n. 576959/PB (Proc. n. 0001002.81.2011.4.05.8200) da 5ª Região, de 18.12.14, relatada pelo desembargador Manuel Maia (*RPS* n. 411/219).

Na ocasião, o segurado alegou força maior e pediu ao Poder Judiciário para ser marcada nova perícia, o que não sobreveio, esse magistrado julgou a extinção do processo.

Documentos com parentes

Na hipótese de os parentes trazerem documentos comprobatórios da incapacidade, ainda assim, a presença do examinado é indispensável.

Falha processual

Se o segurado não compareceu à perícia médica judicial devido a falha na intimação, para o deslinde do direito o laudo técnico administrativo que informa aptidão é imprestável. Urge a realização do exame médico judicial, foi a decisão do desembargador Fernando Braga, da 5ª Região na AC 0000267.78.2014.4.05.9999 (n. 567.414/PE), tomada em 13.6.14.

Desaparecimento

Na figura jurídica do desaparecimento até que seja encontrado o cadáver do desaparecido, os interessados, não possuindo outros meios compatíveis de comprovação, como a prova *post-mortem*, a perícia não se consumará.

Fugitivo da justiça

Outra espécie e prática de ausência é a evasão do acusado de um delito. Ele desaparece e não pode comparecer à perícia enquanto fugitivo.

Prisão do examinado

Com o receio do segurado de ser repatriado, por vezes a perícia terá deve ser operada no exterior mediante carta rogatória. Se o interessado foi preso, está incomunicável ou cumprindo regime prisional que não lhe permita receber visitas, enquanto isso suceder, será inviável o exame. A dificuldade há ser contornada.

Resistência do examinado

Quando de patologia psicológica, se o periciando resiste a análise médica, deixa de responder às indagações, não permite ser examinado, nesse momento a perícia não acontece. Talvez a presença de um psiquiatra assistente possa auxiliar na solução, ou isso seja o que o perito precisa para se decidir.

Falta de instrumental

Na falta de recursos tecnológicos absolutamente necessários ao exame, quando indispensáveis, a perícia será transferida para outro momento ou ambiente técnico apropriado.

Cessação da patologia

Na ocasião do exame, devido à demora do agendamento da sua data, ou por outro motivo, se o beneficiário não mais apresentar os sintomas da doença alegada ou a incapacidade, restará ao médico perito apreciar esse cenário, relatá-lo com base em documentos ou declarações do próprio interessado.

Cremação do corpo

A cremação do corpo do examinado torna praticamente impossível qualquer conclusão sobre o seu estado de saúde ou *causa mortis*, exceto na raríssima hipótese de as cinzas guardarem algum resquício de ação deletéria.

Mensuração da incapacidade

Gilberto Archero Amaral afirma categoricamente: "Não existe forma científica de se quantificar a perda da capacidade laborativa" ("Critério de incapacidade laborativa em doenças ocupacionais", in *Jornal do V Congresso Brasileiro de Segurança e Saúde do Trabalhador*. São Paulo: LTr, 2004. pp. 17/21). Ele quis dizer que não é possível dimensionar a intensidade da inaptidão.

Sexagenários

Marco Aurélio Serau Junior comenta o tema "Dispensa da perícia médica para o aposentado por invalidez e Pensionista inválido com mais de Sessenta Anos: Análise da Lei n. 13.063/14", *in Revista Síntese de Direito Previdenciário* n. 67, de jul. ago. de 2015. pp. 24/18.

Ele ressalta que: "A realização da perícia médica é permitida unicamente em hipótese de interessado segurado, quando o próprio se considerar apto ao retorno ao trabalho, para aferir a necessidade de assistência integral, situação que enseje maior gastos para o sistema previdenciário, nos moldes do art. 45 do da Lei de benefícios, como na atividade de cooperação judiciária, para fins de concessão da curatela".

Um sexagenário, ao pedir a AI, precisa de um primeiro exame. Na transformação do auxílio-doença para a aposentadoria por invalidez ele seria desnecessário.

Capítulo 50

DISPENSA DO EXAME

A perícia médica do INSS continua sendo enorme sede de preocupações do MPS, das empresas, dos sindicatos e dos trabalhadores. De um lado, um número crescente de pedidos de auxílios-doenças, e de outro, muitas inconformidades dos requerentes que, sem sucesso, alegam deter inaptidão para o trabalho. Por conseguinte, um direito subjetivo aos benefícios por incapacidade.

O problema se arrasta e se avoluma há uns 15 anos sem serem vislumbradas soluções compatíveis com a relevância do assunto e a dignidade dos beneficiários interessados.

Segundo o MPS, as solicitações de auxílio-doença, são cerca de 50% das prestações no RGPS, especialmente os de curta duração. Em 2012 foram 415.000 prestações e um total de 213.000 auxílios-doenças, e estes, em média, mantidos por 60 dias (*in Folha de São Paulo* de 26.9.13).

Antes de solicitar um direito desses, o segurado tem de esperar passar os Primeiros Quinze Dias de afastamento do trabalho, para depois requerer a prestação a partir do 16º dia, contados da Data do Afastamento do Trabalho (DAT).

Esse primeiro lapso de tempo é nitidamente laboral e historicamente se deve à possibilidade de, em muitas hipóteses, o segurado readquirir a aptidão para o trabalho. Percebendo os seus salários correspondentes a título de licença remunerada trabalhista prevista no art. 60, § 3º, do PBPS.

Solicitada a prestação, legalmente o INSS somente estaria obrigado a se manifestar em até 45 dias, em preceito não tão claro assim (PBPS, art. 41-A, § 5º, *ex vi* da Lei n. 11.665/08).

Inúmeras vezes, doente e carente de recursos pecuniários, sem receber os salários, o trabalhador fica sem definição e meios de subsistência por um tempo largo, restando ser desprotegido. Com a demora, se recuperar a saúde profissional, a comprovação do estado anterior restará muito mais onerosa.

Pressupondo-se a incapacidade, se a prestação é negada, a situação resta mais dramatizada.

Em muitíssimos casos, o pedido do auxílio-doença é negado e, em outros, concedido, mas após a Data do Início do Benefício (DIB) sobrevém uma Data de Cessação do Benefício (DCB), com a qual o obreiro não se conforma.

Depois dos Pedidos de Prorrogação (PP) e Pedidos de Reconsideração (PR), ele tenta retornar ao trabalho, mas é obstado pela medicina do trabalho do empregador, que o julga incapaz (e até, por vezes, declara isso por escrito).

O segurado volta ao INSS com esperança de rever a decisão inicial da autarquia, mas a negativa do benefício ou DCB é mantida. Fica indo e voltando, de Seca à Meca. Caso busque o Poder Judiciário Federal, a demora de resolução será maior.

Numa proposta em estudos no MPS, com base em laudos médicos particulares, a autarquia federal despacharia um benefício, principalmente quando de afastamento por até 45 dias desde a Data do Afastamento do Trabalho.

À evidência, inicialmente, quem definiria esse período seria o médico particular do interessado, bastante valorizado com essa iniciativa.

Vencido esse lapso de tempo, o segurado se obrigaria ao exame do INSS e igual raciocínio valeria quando de auxílio-doença acidentário (que não dispensaria a perícia médica, antes referida e que se prestaria para um auxílio-doença comum).

Emitida uma CAT, a empresa admitiria a incapacidade, mas ela teria de ser verificada pelo INSS na condição de devedor de uma prestação previdenciária.

Julga-se que essa medida, especialmente depois de avançar com a experiência de uns dois anos, permitindo aos médicos peritos da autarquia melhorar suas avaliações técnicas, ponha fim ao vácuo das indefinições que afrontam a dignidade dos trabalhadores.

Vale registrar também que algumas empresas estão assumindo o encargo da antecipação do benefício até 45 dias, com posterior tentativa de compensação junto da contribuição devida, e até mesmo sem isso, em virtude dos custos do afastamento do trabalho, entendendo-se diretamente com o segurado. Restariam maiores e não valeria a pena. Seria preferível bancar esse ônus em vez de ter de enfrentar todos os entraves da burocracia.

Como ressaltado, com essa solução estatal administrativa sobreviria uma valorização da perícia particular, promovida por médicos autônomos ou clínicas médicas especializadas, sem prejuízo do INSS tabular as discrepâncias entre os dois exames, CID por CID, e perscrutar eventuais simulações, distonias e fraudes.

Em relação ao empregado, temporário e avulso, o ideal seria o propiciador de trabalho emitir laudos técnicos.

Até porque o médico do trabalho da empresa é o técnico que detém maior conhecimento do prontuário clínico do trabalhador.

Uma avaliação sistemática das divergências entre os resultados das duas avaliações médicas deveria ser objeto de regulamentação para evitar que a instituição seja desmoralizada.

Repete-se. Vencido esse lapso de tempo, o segurado se obrigaria ao exame tradicional e igual raciocínio se manteria quando de auxílio-doença acidentário (que não dispensaria a perícia médica), até porque, emitida uma CAT, a empresa afirmaria a incapacidade, e ela tem de ser ratificada.

Consulte-se o que entendeu o TRT da 2ª Região em 14.9.13: "Afastamento médico. Auxílio-doença indeferido. Responsabilidade pelo pagamento dos salários do período. Ainda que o médico do trabalho tenha considerado a reclamante como inapta para o trabalho, o fato é que órgão previdenciário indeferiu o pagamento do auxílio-doença, motivo pelo qual o empregador deve ser responsabilizado pelo pagamento dos salários decorrentes do período, sem prejuízo de requerer eventual ressarcimento através de medida judicial adequada" (Recurso Ordinário n. 000027279.2013.5020.382/SP).

Em virtude desse estado de coisas, a Justiça Federal está sobrecarregada com uma infinidade de ações que demandam uma avaliação da aptidão laboral, solucionadas por perícias judiciais.

Como se viu, em alguns casos, entendeu de cometer a responsabilidade ao empregador de custear o benefício, máxime se acidentário.

Resultam triplicados os exames necessários a concessão de auxílios-doença: a) do médico do trabalho; b) da perícia médica do INSS; e c) do médico perito de confiança do juiz que decidirá a pendência.

Além do disposto no art. 88 do PBPS, quando a lei previdenciária cuida da obrigação do INSS de propiciar meios para o segurado exercer seus direitos e estabelecer com ele o processo de solução dos problemas que emerge de sua relação pessoal com a APS, tanto no âmbito interno da instituição como na dinâmica da sociedade (*caput* do art. 88 do PBPS), é bastante oportuno recordar o que diz o art. 117:

> A empresa, o sindicato ou a entidade de aposentados devidamente legalizada poderá, mediante convênio com a Previdência Social, encarregar-se, relativamente a seus empregados ou associados e os respectivos dependentes, de: I – processar requerimento de benefício, preparando-o e instruindo-o de maneira a ser despachado pela Previdência Social.

Nesta oportunidade, convindo destacar o inciso II:

> Submeter o requerente a exame médico, inclusive complementar encaminhando a Previdência Social o respectivo laudo, para efeito de homologação e posterior concessão de benefício que depender de avaliação de incapacidade; III – pagar benefício.

Quer dizer, uma boa parte das soluções que implicam a oitiva da autarquia federal, a seguir assinaladas, é passível de ser realizada com base nesse texto legal.

Nesse sentido, destaca-se o parágrafo único do mesmo artigo:

> O convênio poderá dispor sobre o reembolso das despesas da empresa, do sindicato ou da entidade de aposentados devidamente legalizada, correspondente aos serviços previstos nos incisos II e III, ajustado por valor global conforme o número de empregados ou dos associados, *mediante dedução do valor das contribuições previdenciárias a serem recolhidas pela empresa* (grifos nossos).

Ou seja, uma vez formalizado esse acordo de vontades entre a empresa e a Previdência Social, especialmente com a presença do sindicato ou constando de acordo coletivo, as relações entre o INSS e o trabalhador seriam simplificadas no que diz respeito ao auxílio-doença.

À evidência, para não desnaturalizar a essência e identidade da Previdência Social, essa solução valeria para determinadas circunstâncias e envolvendo períodos e valores compatíveis com a ausência do trabalho.

Depois de aprofundados estudos laborais, as principais soluções que podem ser alvitradas são as seguintes:

Regras admissionais

Determinar novas regras administrativas sobre a admissão dos segurados, compatíveis com os cenários descritos e que tornem possível um gerenciamento adequado das incapacidades supervenientes. Devem enfatizar os deveres funcionais do trabalhador de prestar esclarecimentos ao Setor de Recursos Humanos.

Prontuário laboral

Armazenar registros individuais da vida pregressa e durante a vigência do contrato de trabalho do segurado com anotações de abstenções inferiores a 15 dias, doenças, incidentes ou quase acidentes, acidentes do trabalho, afastamentos etc.

Monitoramento da solicitação

Acompanhar *pari passu* o andamento e o afastamento do trabalho do segurado desde a DAT, requerimentos de benefícios (em qual APS foi protocolado), CID alegados, eventuais negativas do INSS, obtenção de cópias de CREM e CRER, especialmente quando do NTEP, presença de inconformidades (PP ou PR), concessão deferida, alta médica (DCB) e recursos à Junta de Recursos (Portaria MPS n. 548/11).

Em particular, com vistas ao CNAE da empresa e os CID alegados, atentar sistematicamente para todas as ações trabalhistas ou previdenciárias no mesmo sentido.

Até mesmo envolvendo empresas similares, conforme intercâmbio de informações.

Colaboração com o trabalhador

No caso de auxílio-doença, na medida do possível, subsidiado com o prontuário da medicina do trabalho própria, cooperar com o segurado para fazer a prova da inaptidão, pelo menos nos casos de doenças não ocupacionais ou quando reconhecido o acidente do trabalho com a CAT.

Convênio com o INSS

Nos termos do art. 117 do PBPS celebrar um convênio com o INSS, pagando a prestação aqui indicada e descontando o valor do total da contribuição mensal.

Seguir o sistema adotado no caso do pagamento do salário-maternidade, ouvidos os trabalhadores e os sindicatos.

O aludido convênio disporia sobre a solução, caso se chegue à conclusão de que o benefício era indevido, propondo as medidas necessárias.

Antecipação dos pagamentos

Antecipar o pagamento das mensalidades devidas pelo INSS até (digamos) 90 dias (ou uma média tabulada dos afastamentos da empresa), para posterior compensação, previamente convencionado em acordo coletivo de trabalho.

Médico assistente

Propor às autoridades competentes do Ministério da Saúde conforme elucidam as normas institucionais do CFM, a presença e oitiva do médico do trabalho da empresa *in loco*, quando da realização de perícia médica do INSS, na condição de terceiro interessado na lide técnica.

Biblioteca especializada

Consultar a bibliografia nacional e internacional sobre os diferentes CID, os mais comuns ao CNAE da empresa, estocando decisões da Justiça do Trabalho e Justiça Federal referentes ao tema.

Ação política

Municiar a Confederação Nacional da Indústria (CNI) e outros órgãos de representação das empresas interessadas com elementos de uma medida de ordem política, oferecendo Projeto de Lei a ser apresentado no Congresso Nacional, visando à disciplina da matéria.

Capítulo 51

PROVAS DA INCAPACIDADE

Não reconhecida administrativamente a inaptidão laboral, se dela discordar, resta ao interessado fazer a contraprova das razões técnicas do indeferimento da pretensão com as demonstrações contrárias de que dispuser.

São comuns situações em que o examinador conclui diferentemente do que pensa o periciado, que se sente incapaz para o trabalho, e isso impõe um reexame do laudo técnico emitido, bem como, em nível de inconformidade recursal, apresentar persuasões favoráveis.

Em nosso "Contestações do Reconhecimento do Nexo Técnico Epidemiológico Previdenciário" (*in Revista Síntese de Direito Previdenciário* n. 63/217) e *Prova e Contraprova do NTEP* (3ª ed.) e *A Prova no Direito Previdenciário* 4ª ed.) relacionamos uma lista de maneiras de se tentar evidenciar a inaptidão para o trabalho.

I – Prontuário clínico individual;

II – Atestado de Saúde Ocupacional;

III – Declaração do médico do trabalho da empresa;

IV – Exame admissional, sequencial ou demissional;

V – Perícia de retorno ao trabalho ou mudança de função;

VI – Resultado de exames laboratoriais;

VII – Audiometrias operadas regularmente;

VIII – Perfil Profissiográfico Previdenciário;

IX – Laudo Técnico de Condições Ambientais do Trabalho;

X – SB–40 e SB 5235;

XI – Perfil Profissiográfico;

XII – DSS 8030 e ou DIRBEN 8030;

XIII – Laudo técnico contido em reclamações trabalhistas;

XIV – Ficha de Acidente do Trabalho (NR–18);

XV – Sentença judicial em pedido de indenização civil (Súmula STF n. 229);

XVI – Avaliação de clínicas particulares;

XVII – Registro de ambulatório da empresa;

XVIII – Mapeamento de sinistros;

XIX – Gerenciamento de riscos;

XX – Atestado médico particular;

XXI – Relatório de necropsia;

XXII – Declaração do plano de saúde;

XXIII – Pesquisas sobre a patologia;

XXIV – Busca na internet;

XXV – Bibliografia médica;

XXVI – Estudo técnico sobre caso concreto;

XXVII – Ação na Justiça Federal;

XXVIII – Reclamação trabalhista;

XXIX – Súmula sobre a matéria;

XXX – Laudo técnico de perícia judicial ou policial;

XXXI – Artigo científico publicado em revista médica especializada;

XXXII – Tese, monografia ou dissertação acadêmica de pós-graduação, mestrado ou doutorado;

XXXIII – Menção em livro de medicina legal;

XXXIV – Depoimento testemunhal de parente ou vizinho;

XXXV– Noticiário de jornais;

XXXVI – Resultado de inspeção e perícia externa;

XXXVII – Resposta à consulta (Lei n. 9.784/99);

XXXVIII – Aumento da alíquota do SAT da empresa;

XXXIX – Comunicação de Acidente do Trabalho;

XL – Carta de Concessão de Benefício do RPPS;

XLI – Diligência fiscal;

XLII – Inquérito administrativo;

XLIII – Admissão em outra empresa;

XLIV – Ação regressiva do INSS;

XLV – Internação em hospitais;

XLVI – Atendimento em UPA;

XLVII – Parecer do CRM;

XLVIII – Laudo técnico emitido por laboratório; e

XLIX – Laudo técnico do seguro privado.

Capítulo 52

ATESTADOS MÉDICOS

A emissão, a posse e a utilização de atestados médicos têm vasta destinação (pessoal, doméstica, trabalhista, previdenciária, civil, penal, judicial etc.). A mais comum é a dos trabalhadores que pretendem provar que estão ou estiveram temporariamente impedidos por motivos de saúde de prestar serviços.

Uma ausência ao trabalho justificada deverá ser abonada mediante declarações médicas bastante difundidas (e discutidas).

Trata-se de um depoimento com as limitações regulamentadas na vetusta Lei n. 605/49 e Decreto 27.048/49, normas muitas vezes esquecidas ou desconhecidas.

Ao disciplinar a matéria o CFM expressa a presunção relativa de validade do documento afirmativo, segundo a qual não deveriam ser recusados, exceto se reconhecido algum favorecimento ou falsidade na emissão. Destarte, assim estabelece:

> O atestado médico, portanto, não deve *a priori* ter sua validade recusada porquanto estarão sempre presentes no procedimento do médico que o forneceu a presunção de lisura e perícia técnica, exceto se for reconhecido favorecimento ou falsidade na sua elaboração quando então, além da recusa, é acertado requisitar a instauração do competente inquérito policial e, também, a representação ao Conselho Regional de Medicina para instauração do indispensável procedimento administrativo disciplinar.

Reza o art. 6º, § 2º, da Lei n. 605/49:

> A doença será comprovada mediante atestado de médico da instituição da previdência social a que estiver filiado o empregado e, na falta deste e sucessivamente, de médico do Serviço Social do Comércio ou da Indústria; de médico da empresa ou por ela designado; de médico a serviço de representação federal, estadual ou municipal incumbido de assuntos de higiene ou de saúde pública; ou não existindo estes, na localidade em que trabalhar, de médico de sua escolha.

Por outro lado, o art. 12, § 2º, do Decreto n. 27.048/49 diz:

> Não dispondo a emprêsa de médico da instituição de previdência a que esteja filiado o empregado, por médico do Serviço Social da Indústria ou do Serviço Social do Comércio, por médico de repartição federal, estadual ou municipal, incumbido de assunto de higiene ou saúde, ou, inexistindo na localidade médicos nas condições acima especificados, por médico do sindicato a que pertença o empregado ou por profissional da escolha deste.

A ordem preferencial dos atestados médicos é:

- Médico da empresa ou do convênio;
- Médico do INSS ou do SUS;
- Médico do SESI ou SESC;
- Médico a serviço de repartição federal, estadual ou municipal, incumbida de assuntos de higiene e saúde;
- Médico de serviço sindical; e
- Médico de livre escolha do próprio empregado, no caso de ausência dos anteriores, na respectiva localidade onde trabalha.

Esses profissionais, não necessariamente peritos, devem proceder a um exame de natureza pericial, verificando as condições de saúde laboral, quer dizer, se o examinado tem ou não condições de trabalhar e, quando possível, por quantos dias.

O seu papel, *in casu*, é apenas de declarante de um fato com desdobramento jurídico trabalhista e anda mais.

Em estranha decisão, para o juiz Nivaldo Stankiewicz: "ao serviço médico mantido pela empresa compete abonar as faltas ao serviço, se sorte que age com retidão o empregador que, nesse contexto, recusar atestados médicos firmados por outros profissionais sem antes o trabalhador procurar o setor médico patronal" (decisão de 16.8.14, da 3ª Câmara da 12ª Região, no ROP n. 0001982-20.2013. 5.12.0039, *in Rep. IOB de Jurisp. da 1ª quinz. de out/13*, p. 615).

Mais de um motivo podem justificar não procurar o médico do trabalho da empresa.

Dentre os vários documentos, formulários e declarações que o médico ou um médico perito tem de elaborar está o relatório médico.

Não se trata de laudo técnico nem uma especificação da perícia médica, mas narrativa que descreva o que sucedeu com o consultado, atendido ou periciado.

Quando se tratar de uma informação destinada a outro médico, releva que sejam prestados os dados compatíveis com as necessidades do prosseguimento do atendimento médico.

Nesse documento o profissional relatará informações úteis direcionadas a alguma finalidade técnica, solicitada pelo trabalhador ou exigida por autoridade, com vários esclarecimentos que se tornaram necessários.

Não há um padrão para esse tipo de declaração, mas um modelo que pode ser configurado desde que reúna os elementos fundamentais imprescindíveis para que cumpra o seu papel funcional. Abaixo, lista dos principais elementos de uma informação dessa natureza.

I. OBJETIVO DO ATESTADO

Explicitação da exigência, seu papel, origem e destinatário.

II. ATENDIMENTO MÉDICO

Data da ocorrência, local da verificação. Instrumental disponível. Método de avaliação adotado.

III. DADOS PESSOAIS

Nome do examinado, endereço atual, estado civil, altura, peso, sexo, cor, etnia.

IV. DADOS PROFISSIONAIS

Profissão, função na empresa ou onde trabalha, regime jurídico laboral.

V. TIPO DE SEGURADO

Empregado, temporário, avulso, doméstico, empresário, autônomo, eclesiástico, segurado especial.

VI. ALEGAÇÕES DO EXAMINADO

Classificação da incapacidade alegada: doença comum, ocupacional, degenerativa, da fixa etária, endêmica ou pregressa.

VII. ASPECTOS MÉDICOS

CID alegado e constatado. Diagnóstico. Prognóstico da licença. Análise da amannese.

VIII. EXAME PROPRIAMENTE DITO

Aparência. Reações do examinado. Incidentes. Presença de simulação.

IX. CONCLUSÕES FINAIS

Presença ou não da incapacidade com vistas ao trabalho.

X. DADOS DO SIGNATÁRIO

Nome, número do CRM, cargo, data, carimbo e assinatura.

TOMO IV

PRESTAÇÕES

Capítulo 53

REQUISITOS LEGAIS

Quando do exame pericial, releva que o médico perito detenha informações sobre a legislação relativas à prestação pretendida pelo examinado. O tema surgirá na entrevista inevitavelmente. Tem de saber que um benefício reclama vários outros requisitos legais além do evento material determinante (sinistro) que cabe a ele constatar ou não.

Pode dar-se de comprovar a inaptidão para o trabalho; entretanto, esse mesmo segurado não fazer jus ao auxílio-doença por falta do período de carência ou não mais deter a qualidade de segurado (excludentes que o setor administrativo previamente deve verificar).

Noutro caso, atenderá a esses requisitos básicos e não estará inapto, sobrevindo o indeferimento da pretensão. Subsistirá a negativa da prestação, todavia a causa não será a mesma.

Quem defere ou não um benefício é a APS (juridicamente é o INSS), e não o médico perito. Sua tarefa é um dos principais elementos da instrução do pedido, por isso ele carece possuir conhecimento da legislação do Direito Previdenciário. Embora não devesse ser assim, a negativa de concessão acaba fazendo parte do ato da perícia médica.

Por vezes, cabe explicitar ao segurado que ele não tem direito ao auxílio-doença, mas, se for o caso, fazer jus ao benefício da LOAS.

Não é seu papel lecionar sobre o Direito Previdenciário material, entretanto a posse e a prestação de informações ao segurado torna menos oneroso o esforço pessoal da perícia médica (Portaria MTPS n. 3.286/73 – Prejulgado n. 1).

Qualidade do segurado

A qualidade de segurado é um instituto técnico jurídico que uma pessoa:

(I) não dispõe;

(II) adquire um dia (quando do início da relação de previdência social;

(III) desfruta por algum tempo de filiação e contribuição;

(IV) mantém por certo tempo mesmo sem contribuição;

(V) perde ao final desse tempo;

(VI) e pode recuperar conforme diferentes situações previstas no art. 15 do PBPS.

Período de carência

Carência é um número mínimo de contribuições exigidas dos beneficiários no caso de benefícios comuns.

Ela é dispensada na hipótese de acidente do trabalho ou nas patologias elencadas o art. 151 do PBPS.

Para o auxílio–doença e a aposentadoria por invalidez é de 12 contribuições.

O auxílio–acidente, por ser acidentário não reclama carência.

A pensão por morte e o auxílio–reclusão reclamam 18 contribuições mensais (além de uma união havida há 24 meses).

Evento determinante

O evento determinante é um fato pessoal, tecnicamente designado como sinistro, normalmente obstador do trabalho, motivador do pedido do benefício e a ser apurado ou não na perícia médica. Quem o averigua administrativamente é a APS do INSS, sendo sede de muitas discussões.

Frequentemente essa determinação é decantada em um processo judicial pela Justiça federal.

Capítulo 54

AUXÍLIO-DOENÇA

Seguido pela aposentadoria por invalidez, o auxílio-doença é o benefício do RGPS que mais deflagra a perícia médica e, por conseguinte, em que se sediam os maiores questionamentos.

No dizer do art. 59 do PBPS:

> O auxílio-doença será devido ao segurado que, havendo cumprido, quando for o caso, o período de carência exigido nesta Lei, *ficar incapacitado para o seu trabalho ou para a sua atividade habitual* por mais de 15 dias consecutivos (grifos nossos).

A descrição legal do sinistro do principal benefício da previdência social é bastante singela: obstrução para o trabalho habitual do segurado. Não pairam dúvidas de que o legislador estaria se referindo ao empregado, avulso e doméstico, quando fala em "seu trabalho" e ao contribuinte individual ao mencionar "sua atividade".

A princípio, o vocábulo "habitual" incorporaria esses três tipos de trabalhadores. A despeito do dispositivo reproduzido o art. 59 do RPS e o art. 300 da IN INSS n. 77/15 exigem que os primeiros 15 dias sejam consecutivos. As coisas se complicam um pouco se o segurado, dentro desse lapso de tempo, voltou ao trabalho por alguns dias. Na prática, crê-se que isso seja ignorado.

Depois de cuidar do retorno ao trabalho após os 15 dias (art. 301, § 3º) diz a IN INSS n. 77/15:

> Na hipótese do 3º deste artigo, se o retorno à atividade tiver ocorrido antes de quinze dias do afastamento, os segurado fará jus ao auxílio-doença a partir do dia seguinte ao que completar os quinze dias de afastamento, somados os períodos de afastamento intercalados.

Com a Medida Provisória n. 664/14 houve uma tentativa de onerar mais o empregador, ampliando aquele prazo de 15 para 30 dias, mas a solução não prosperou no Congresso Nacional.

Vale recordar que esse trabalho ou atividade não tem de haver necessariamente quando da solicitação; o facultativo não trabalha nem exerce atividade e faz jus ao benefício se preencher os demais requisitos.

Usualmente, subsiste uma prática equivocada: o médico perito verifica se o segurado está inapto para o seu trabalho (um dever funcional do examinador) ou qualquer trabalho, às vezes, ele entende pela inaptidão partindo do segundo encaminhamento, quando deveria observar apenas o primeiro deles.

A preocupação do médico perito centra-se na inaptidão e na duração dessa inaptidão desde o afastamento do labor, que deve ser superior a 15 dias (requisito técnico e jurídico). Vale dizer, na incapacidade propriamente dita: verificar se o segurado pode trabalhar por ocasião do exame. Como a perícia pode ocorrer tempos após a DAT, carece se manifestar sobre a presença temporal dessa indisposição laboral.

De regra, o médico perito é responsável pela avaliação naquele dia, não antes nem depois.

Se constatar que nesse momento ou antes dele não havia essa incapacidade, concluirá pela negativa da concessão do benefício.

Conforme o art. 301, § único, da IN INSS n. 77/15:

> Para fins de concessão de benefício por incapacidade, a partir de 1º de janeiro de 2004, a pericia médica do INSS poderá solicitar o PPP à empresa, com vistas à fundamentação do reconhecimento do nexo técnico previdenciário e para avaliação de potencial laborativo, inclusive objetivando processo de reabilitação profissional.

Desse documento trabalhista, a perícia médica do INSS obterá informações que auxiliam na apuração da incapacidade e sua natureza.

Amplitude da averiguação

Algumas questões permanecem em aberto em relação ao âmbito da perícia. Diria respeito apenas ao trabalho do segurado ou incluiria outros campos da atividade humana.

A lei não inclui a capacidade *coeundi* ou *generandi*. Exceto, no primeiro caso, se se tratar de um profissional em que a ereção é indispensável.

Anamnese biopsicossocial

Outro relevante aspecto diz respeito ao alcance, por assim dizer social do agravo que afeta o trabalhador. Poderia ser pessoal, familiar, grupal, estudantil, econômico ou social?

Sem a estrutura da assistência social ao seu lado, atualmente, a perícia médica tem óbices para verificar esses questionamentos; não dispõe de recursos para fazer avaliações que escapem de sua área de influência, restrita à sala de exame. Mas essa é uma pretensão justa e normalmente assegurada pelo Poder Judiciário.

Duas atividades

Grande incerteza envolve o profissional que tiver de examinar um segurado que exerce duas atividades distintas (ou iguais, mas em locais diferenciados) e que se tornou incapaz em apenas uma delas. Tecnicamente, a dúvida é de ordem médica e não jurídica, ainda que rara essa possibilidade, ela existe.

No art. 312, § 1º, consta:

> No caso de incapacidade apenas para o exercício de uma das atividades, o direito ao benefício deverá ser analisado com relação somente a essa atividade, devendo a perícia médica ser conhecedora de todas as atividades que o segurado estiver exercendo.

Retorno ao trabalho

O segurado percipiente de um benefício por incapacidade realizar pequenos serviços é questão mais formal do que técnica. Aos poucos a Justiça Federal tem acolhido o exercício dos chamados "bicos" ou "biscates", em razão da precária condição social do indivíduo.

Na AC n. 0003667-71-2012.4.05.9999/CE, da 5ª Região, em 13.9.12 o desembargador Manoel de Oliveira Erhart entendeu que, mesmo podendo exercer outra atividade, o trabalhador rural que levara um tiro no antebraço esquerdo "torna-se incapaz totalmente para o trabalho rural" e mandou pagar o auxílio-doença (*in* RPS 384/972).

Transformação do benefício

Quando de transformação do auxílio-doença em aposentadoria por invalidez *a priori*, o objetivo da perícia será constatar a diferença entre o sinistro protegido dos dois benefícios. No AP/RN n. 676.692 o desembargador Abel Gomes, da 2ª Região, em 17.11.14 não concedeu a aposentadoria por invalidez e restabeleceu o auxílio-doença (Proc. n. 2014.01.01.008934-8, *in* RPS 414/450).

Elementos emocionais

Francisco de Assis Martins Bezerra estudou "A emoção como agente lesivo com vistas a pericia médica e os benefícios previdenciários", *no Jornal do 34º CBPS*, São Paulo: LTr, 2015, pp. 31/37).

Indeterminação do CID

Já sucedeu de a perícia médica estar à frente de uma incapacidade indeterminada, resultando que a DIB tenha sido fixada na data do laudo pericial (AC n. 627103.2014.02.01.0-08557-4, desembargador Paulo Espírito Santo, de 28.4.15, 1ª Turma, 2ª Região, *in RPS* n. 417/733).

Recursos administrativos

Salutar e curiosamente a IN INSS n. 77/15 disciplina dois recursinhos que tratam da perícia médica.

Pedido de Prorrogação

Um deles é:

> Nos quinze dias antecedentes a DCB, solicitar a realização de nova perícia médica por meio de pedido de prorrogação – PP (art. 304, I).

Pedido de Reconsideração

O outro:

> Após a DCB, solicitar pedido de reconsideração – PR, observado o disposto no § 3º do art. 303, até trinta dias depois do prazo fixado, cuja perícia poderá ser realizada pelo mesmo profissional responsável pela avaliação anterior (art. 304, II).

Recurso Ordinário

No que se pode chamar de segunda instância tem-se:

> No prazo de trinta dias da ciência da decisão, interpor recurso à JRPS (art. 304, III).

Capítulo 55

LICENÇA PARENTAL

O Projeto de Lei n. 286/14, que tramita no Congresso Nacional, pretende ampliar o evento determinante do auxílio-doença.

Segundo Waldemar Ramos (*Análise do Projeto de Lei 286*) a ideia é incluir um art. 63-A no PBPS, estabelecendo o direito a um auxílio-doença parental.

A Comissão de Assuntos Sociais aprovou no fim de julho o citado Projeto de Lei que cria mais um tipo de benefício da Previdência Social, esse auxílio-doença parental. A matéria é terminativa nessa comissão.

De acordo com o Projeto de Lei do Senado Federal, será concedido esse tipo de auxílio-doença ao segurado por motivo de doença do cônjuge, dos pais, dos filhos, do padrasto, madrasta, enteado, ou dependente que viva às suas expensas e conste da sua declaração de rendimentos. O auxílio se dará mediante comprovação da perícia médica, e será mantido até o limite máximo de 12 meses.

A autora do projeto, senadora Ana Amélia (PP-RS), afirmou, na justificativa à proposta, que a matéria busca dar tratamento isonômico aos segurados do RGPS em relação aos segurados dos RPPS. Segundo ela, a regra em vigor no RGPS prevê o benefício somente àquele que sofreu uma lesão incapacitante ou que tem um problema psiquiátrico.

“Parece existir então o que se chama de proteção insuficiente no que concerne aos segurados do regime geral, o que não se pode permitir”.

A senadora explicou que o pagamento do benefício no molde defendido seria uma forma de economia aos cofres públicos, já que a presença do ente familiar pode auxiliar em diversos tratamentos e diminuir o tempo de internação do paciente.

A relatora, senadora Vanessa Grazziotin (PCdoB/AM), salientou que há duas classes de segurados: os dos RPPS, com direito ao auxílio-doença parental, e os do RGPS, sem fazer jus a esse benefício, embora sem vedação expressa. A proposta, a seu ver, corrige essa omissão.

Nesse caso o benefício “será definido por motivo de doença do cônjuge ou companheiro, dos pais e dos filhos, do padrasto ou madrasta e enteado, ou dependente que vias suas expensas e conta da sua declaração de rendimentos, mediante comprovação por perícia médica, até o limite máximo de doze meses, nos termos e nos *limites temporais* estabelecidos em regulamento” (grifos nossos).

Como concebido no Projeto de Lei, as principais características dessa prestação seriam:

I) Benefício do segurado e não dos seus dependentes.

II) Direito gerado por parentes, dependentes ou não.

III) Ser examinado o beneficiário gerador do benefício, e não o segurado.

IV) Duração máxima de 12 meses.

V) O beneficiário não será segurado do RGPS ou de um RPPS.

VI) O valor do benefício será calculado com base nas contribuições do segurado.

Uma vez que reduz a duração a 12 meses, não fica claro o que seriam os "limites temporais" do RPS.

Vale recordar que o art. 226 da Lei n. 8.112/90 (ESPCU) já prevê esse tipo de benefício, e diz:

> Poderá concedida licença ao servidor por motivo de doença do cônjuge ou companheiro, dos pais, dos filhos, do padrasto ou madrasta, ascendente, descendente, enteado e colateral consaguíneo ou afim até o segurado grau civil, mediante comprovação por junta médica oficial.

O prazo de duração ali previsto é de 90 dias.

Note-se que nos dois casos não se fala em incapacidade nem em deficiência e também não se alude à possibilidade de um de desses beneficiários ser segurado do RGPS ou de um RPPS.

Capítulo 56

LIMBO PROFISSIONAL

Uma questão polêmica em aberto se dá quando, após o segurado ser considerado inapto pelo médico perito do INSS, deferido o benefício de auxílio-doença (ou a aposentadoria por invalidez), a prestação cessa por alta médica previdenciária.

Outra hipótese é o ter indeferido desde o requerimento. Acompanhando a opinião do médico do trabalho da empresa, ele se julgar incapaz para o trabalho.

Divergência profissional

Devido à diferença dos critérios pessoais, entendimentos técnicos diversos, por vezes subjetivos, dois profissionais médicos concluem diferentemente sobre a capacidade ou incapacidade de um segurado.

Como antecipado, isso tem sido bastante comum quando o segurado requer o auxílio-doença, e a perícia médica da Previdência Social não acolhe a pretensão do examinado.

Esse tema se submete a duas apreciações:

I) meramente jurídica e formal;

II) objetiva, no mundo real.

À luz da legislação, a decisão da perícia médica do INSS, até demonstração em contrário, teria prevalência em relação à decisão do médico do trabalho da empresa.

Não passaria de um raciocínio puramente jurídico, a ser observado.

Além de constatar o conteúdo no art. 6º, § 2º, da vetusta Lei n. 605/49, para isso examine-se o espírito da Súmula TST n. 32:

> Presume-se o abandono do emprego se o trabalhador não retornar ao serviço no prazo de 30 (trinta) dias após a cessação do benefício previdenciário nem justificar o motivo de não o fazer.

E para deixar claro o que pensam os tribunais trabalhistas, colha-se o dizer da Súmula TST n. 15.

"A justificação da ausência do empregado motivada por doença, para a percepção do salário-maternidade e da remuneração do repouso emana, deve observara ordem preferencial dos atestados médicos, estabelecida pelo médico da empresa".

Limbo procedimental

De posse do comunicado do indeferimento, o segurado retorna ao serviço na empresa e ali não é acolhido pela medicina do trabalho do empregador.

Após a negativa ou cessação do auxílio–doença, ele não se sente apto a retornar ao trabalho e, sem sucesso, requer a prorrogação do benefício junto ao INSS.

Sem ter condições de retornar ao trabalho, ele corre o risco de agravar sua higidez, apresenta–se na empresa para tentar retornar às atividades habituais, mas é rejeitado.

Submetido ao médico da empresa, é tido como impedido de retornar às atividades.

Está apto para o seu trabalho habitual de acordo com o INSS e inapto segundo o pensamento do empregador, uma situação complexa sobre vários aspectos e que se agrava pessoalmente com o fato de não obter os meios de subsistência de nenhuma das duas partes.

O INSS sustenta que ele não está incapacitado e que é responsabilidade da empresa readequá–lo em outra função.

O empregador alega que não pode receber o trabalhador em virtude de sua incapacidade.

Seria irresponsabilidade colocar sua integridade física e submetê–lo ao risco de um acidente do trabalho.

Papel da perícia médica

Nesse caso, qual seria o papel da perícia médica do INSS e da empresa?

Se tiver total acesso às informações, o médico do trabalho deve examinar as conclusões da perícia médica da autarquia em profundidade e, somente então, concluir ou não pela inaptidão. Da mesma forma, à perícia médica do INSS impõe examinar as razões técnicas do médico do trabalho para poder acolher inaptidão.

Acareação dos peritos

O ideal é que esses profissionais fossem acareados na presença de um médico perito desempatador, escolhido adredemente pelas partes, providência institucional subsequente a configuração do limbo, ou seja, logo que a empresa recusar a volta ao trabalho do segurado. Uma dessas partes deve ter se equivocado ou estar sujeita a critérios superiores distintos.

Dia 27 de maio de 2014, no 33º Congresso Brasileiro de Previdência Social, Rodrigo Rossi Falconi, Adriane Bramante de Castro Ladenthin e Marcos Henrique Mendanha dissertaram sobre os inúmeros aspectos da perícia médica. Um desafio e tanto.

Poder Judiciário

A perícia médica dos benefícios atribuída legalmente à APS - acrescida da enorme responsabilidade científica de definir o que seja incapacidade - e, de modo geral, a que precede o deferimento ou não de auxílio-doença e da aposentadoria por invalidez, assinalaram os debates técnicos no ano de 2015 e, pelo visto, devem prosseguir gerando questionamentos seriíssimos no ano de 2016.

Procedendo assim, a inércia administrativa obrigará o Poder Judiciário a legislar (*sic*) e, incipientemente, a Justiça Federal já vem fazendo isso.

O MTPS hesita em disciplinar e, por conseguinte, posteriormente estender as facilidades da dispensa do primeiro exame médico no caso do auxílio-doença, imposto por Ações Civis Públicas vitoriosas em vários estados do país.

Aparentemente, o que obstaculiza os estudos é a presença do crescimento anual das despesas com os benefícios por incapacidade, um fenômeno atuarial e sociológico ainda não bem compreendido pelos técnicos previdenciaristas.

Aproveitar a validade dos laudos médicos particulares, depois de criadas rotinas em que avultadas as responsabilidades dos profissionais assistentes, talvez com um caminho a ser trilhado na solução dos problemas.

Responsabilização patronal

A sugestão de atribuir às empresas responsabilidades na concessão imediata desses benefícios, quando de curta duração (45 dias), não está prosperando. Ausentes debates públicos sobre o assunto, não se avançará também nesse sentido.

O pressuposto dessa ideia é que os empregadores têm interesse na saúde e integridade do trabalhador e que as seguidas licenças prejudicam a produção.

Deferida a prestação empresarial particular, seria possível o reembolso dos valores consumidos, descontando-se da contribuição usual, na GFIP, como sucede com o salário-maternidade.

As relações laborais no campo de iniciativa privada entre empregados e empresas e a participação ativa dos sindicatos apontam para uma experiência que pode ser bem-sucedida.

Estes entes da sociedade e o INSS têm interesse em que a Previdência Social possa cumprir o seu relevante papel no Direito Social e sem desnaturá-la. Uma parceria público-privada é bem-vinda; todos os atores da sociedade desejam o equilíbrio desse instituto técnico.

Em face da presunção de veracidade da perícia médica do INSS, a empresa deve pagar os salários, foi o que entendeu o juiz Adayde Santos Cecon, em 12.9.14, do TRT da 9ª Região no RO n. 0001124-11.2013.5.09.0673.

Anderson Angelo Vianna da Costa assinala equívoco do INSS, da empresa e do Poder Judiciário quando o empregador tem de pagar as mensalidades e afirmando que: "Não há qualquer fundamento legal que imponha a empresa uma obrigação que o próprio Estado se negou a reconhecer e cumprir" (Da Alta Previdenciária e do Atestado Médico – Obrigações do Estado e da Empresa, *in RPS* n. 404/629).

A obrigação da empresa não é pagar a remuneração, mas um auxílio-doença hipotético e, mais tarde, comprovado que o INSS não tinha razão, fará jus à devida reparação desses valores que antecipou ao trabalhador.

Que cabe à empresa pagar a remuneração do trabalhador foi o que entendeu a 2ª Turma do TRT da 23ª Região, relatado pela desembargadora Maria Aparecida de Oliveira Oribe em 3.8.15, no RO n. 00001457-91.2014.5.23.008, (*in Supl. Trab. LTr* n. 42/15, pp. 330/331).

Capítulo 57

ALTA PROGRAMADA

Possivelmente por ter tabulado a duração dos benefícios por incapacidade com base numa experiência de muitos anos e conhecedor da experiência da sua perícia médica, tentando facilitar as coisas para o INSS, para o segurado e empresas, com boa vontade diminuir custos administrativos, mas incidindo em graves equívocos institucionais, principalmente sem buscar a cobertura legislativa sabendo que iria criar polêmicas, o MTPS criou o que se chama de alta programada.

Nesse sentido, o art. 78 do RPS dizia:

> O auxílio-doença cessa pela recuperação da capacidade para o trabalho, pela transformação em aposentadoria por invalidez ou auxílio-acidente de qualquer natureza, neste caso se resultar sequela que implique redução da capacidade para o trabalho que habitualmente exercia.

Com essa redação original do Decreto n. 3.048/99 o sistema funcionava a contento.

Entretanto, com o art. 1º do Decreto n. 5.844/06 foram incluídos três parágrafos:

> § 1º O INSS poderá estabelecer, mediante avaliação médico-pericial, o prazo que entender suficiente para a recuperação da capacidade para o trabalho do segurado, dispensada nessa hipótese a realização de nova perícia.

Esse § 1º regulamentou a alta programada, cometendo extraordinária relevância e responsabilidade à perícia médica, principalmente sabendo-se que ela não dispunha e ainda não dispõe de recursos materiais para isso.

Ressalte-se que medida dessa grandeza, se válida fosse, deveria ser objeto de norma legal e não regulamentar.

Diante da possibilidade de na data da DCB o segurado permanecer inapto para o trabalho, o § 2º dispôs:

> Caso o prazo concedido para a recuperação se revele insuficiente, o segurado poderá solicitar a realização de nova perícia médica, na forma estabelecida pelo Ministério da Previdência Social.

A forma estabelecida tem previsão na Portaria MPS n. 548/11, um verdadeiro código previdenciário procedimental administrativo em que previstos um Recurso Ordinário e um Recurso Especial.

Por último, encerra a disciplina do que se chamou de alta programada, o § 3º:

> O documento de concessão do auxílio-doença conterá as informações necessárias para o requerimento da nova avaliação médico-pericial.

Essa nova redação do art. 78 do RPS nasceu fadada a polêmica, tem seus méritos técnicos (em casos específicos), mas determinar a perícia médica do INSS que preveja a cessação da incapacidade quando do exame inicial era esperar demais da ciência médica.

Sem instrumentos técnicos a mão, às dificuldades naturais de fixar a inaptidão foi acrescida essa determinação da duração da possível inaptidão.

Funcionamento desde 1960 (LOPS), no sistema anterior fixada a duração da licença, automaticamente o segurado era submetido a uma segunda perícia, e aí o examinador poderia fixar a alta médica ocupacional nesse dia ou estabelecer uma nova licença médica. Até que um dia viria o final do auxílio-doença ou sua transformação em auxílio-acidente ou em aposentadoria por invalidez.

Se já era e é difícil configurar uma incapacidade em cada caso, mais dificultoso ainda será fixar a sua duração diante dos inúmeros fatores que induzem a recuperação do trabalhador:

I) cura, devida ao tratamento;

II) valor mensal da renda;

III) receio de perder o emprego;

IV) passagem natural do tempo;

V) disposição da pessoa de trabalhar;

VI) não desejar depender da Previdência Social; e

VII) não ser estigmatizado como um inválido no mercado de trabalho.

Marcel Thiago de Oliveira desenvolveu um longo estudo em que ficou clara a impropriedade dessa prática do INSS, a ser consultado ("Alta programada: afronta ao princípio da dignidade da pessoa humana", *in Jus Navigandi*).

Ele lembra que, antes de o decreto dispor sobre o assunto, a Orientação Interna DIRBEN n. 1/05 autorizava a perícia médica a fixar a DCB de um auxílio-doença por ocasião do exame inicial desse benefício.

Na visão do MTPS, com base em sua experiência profissional o médico estimaria a duração da incapacidade, tornando desnecessária uma nova perícia.

Nessa DCB hipotética estaria configurada a aptidão para o trabalho, devendo o segurado voltar à empresa sem qualquer novo exame médico.

Conforme cada CID e segurado, seria possível ao médico estipular em quanto tempo ele estaria apto para o labor baseado em certa experiência (mapeamento de sinistro operado pela autarquia).

Se fosse o caso, teria de recorrer dessa decisão com um Pedido de Prorrogação ou o Pedido de Reconsideração.

Diante da manutenção do entendimento anterior, somente lhe restaria bater as portas da Junta de Recursos.

Os órgãos representativos dos trabalhadores recorreram ao Poder Judiciário, com vitórias e insucessos (Ação Civil Pública n. 2005.33.00.020219-8 e Agravo de Instrumento n. 2007.01.00.006913-9/BA e Proc. n. 2006.61 03.00.270-3).

O INSS não pode cessar o benefício com base na alta programada (TRF da 1ª Região, de 11.1.14, na AP/RB n. 00674.37.2012.4.01.3400/DF, *in RPS* n. 406/856).

À evidência a impropriedade dessa medida levou muitos segurados ao Poder Judiciário, que a condenou e da mesma forma aconteceu com a doutrina nacional, como é o caso de Daniella Minotti de Mattos e Marta Maria Rufino Penteado Gueller ("Perícia médica – A superficialidade de um atendimento autárquico", *in Jornal do 28º CBPS*. São Paulo: LTr, 2009. p. 46).

Com base no art. 4º da CLT, "que considera de serviço efetivo o período em que o empregado esteja a disposição do empregador, aguardando ou executando ordens, salvo disposição especial expressamente consignada", o TRT da 3ª Região entendeu ser dever da empresa remunerar o trabalhador (RO n. 00368/2014-138-03.006, relatada pelo juiz Paulo Eduardo Queiroz Gonçalves, em 17.6.15, *in Rep. IOB de Jurisp. da 2ª quinz. de ago/15*, pp. 503).

Iguais entendimentos podem ser encontrados no RO n. 001939-8-0.2013.5.03.0014 (*Supl. Trab. LTr* n. 7/15) e bem desenvolvido no RO n. 0150320133.134003004 (*Supl. Trab. LTr* n. 14/15).

Quem quiser aprofundar o assunto deve consultar o Proc. n. 0003683-62.2014.4.01.3307/BA, em que se conclui que: "O benefício previdenciário não poderá ser cessado sem que seja assegurado o direito à perícia médica em que se averigue a realização da sua condição de retornar às atividades laborais", (palavras do desembargador Jamil Rosa de Jesus Oliveira, da 1ª Turma do TRF da 1ª Região).

Capítulo 58

TRANSFORMAÇÃO DE BENEFÍCIOS

Transformação de benefícios é um instituto técnico que permite a cessação administrativa da manutenção de um benefício e, sem solução de continuidade, concede de outro, quando preenchidos os requisitos deste último.

De modo geral uma aplicação sob a sombra do princípio da norma mais favorável.

O assunto interessa nessa oportunidade quando a transformação implicar uma perícia médica, caso contrário, não lhe diz respeito.

Hermes Arrais Alencar, focando em particular a passagem de uma aposentadoria por tempo de contribuição proporcional em integral, prefere chamar esse processo administrativo de transformação, em vez de aludir à desaposentação (*O Instituto da 'Transformação' de Benefícios Previdenciários do Regime Geral de Previdência Social*. 2ª ed. São Paulo: Conceito Editorial, 2012).

Em vez de "transformação" alguns autores preferem mencionar a palavra "conversão", o que será válido em certos casos. Mas tais dicções podem ser tidas como vocábulos sinônimos.

As hipóteses são múltiplas, convindo examinar as principais.

Conceito mínimo

Já definimos a transformação como um "Direito (e possibilidade) que assegura ao titular da prestação substituída por outra, dando-se como exemplo o do segurado aposentado pela aposentadoria por tempo de contribuição proporcional que, provando ter exercido atividade insalubre durante 25 anos, requer a aposentadoria especial ou do segurado inválido percipiente de 70% daquela mesma aposentadoria proporcional requer a aposentadoria por invalidez de 100%" (*Dicionário NOVAES*. São Paulo: LTr. 2013. p. 462).

Normas regulamentadoras

Não são muitas as normas que tratam do assunto. Peremptoriamente, preocupado com a desaposentação, o art. 181-B do RPS diz que:

> As aposentadorias por idade, tempo de contribuição e especial concedidas pela previdência social, na forma deste Regulamento, são irreversíveis e irrenunciáveis (redação do Decreto n. 3.265/99).

Auxílio-doença e aposentadoria por invalidez

A conversão de um auxílio-doença em aposentadoria por invalidez, uma vez que a carência e o afastamento do trabalho são exigências iguais, ou ambas dispensadas, no mínimo requer apenas a perícia médica do sinistro do segundo benefício.

In casu, essa perícia médica, com o prontuário do benefício anterior à mão, se reduzirá ao cumprimento do disposto no art. 42 do PBPS, o executor procedendo como se estivesse examinando um pedido inicial da aposentadoria por invalidez.

Comum em acidentário

Cessar o benefício comum e deferir um acidentário também é costumeiro. A questão cinge-se à apresentação de provas, entre as quais a CAT, ASO, BO, PPP e documentos próprios da perícia médica infortunística (IN INSS/PRES n. 31/08).

Às vezes, o empregador consegue o inverso na Justiça Federal e tem-se a mutação do NB-91 em NB-31, com os desdobramentos subsequentes.

Auxílio-reclusão e pensão por morte

Caso o presidiário outorgante de um auxílio-reclusão evada-se do estabelecimento carcerário e desapareça por mais 6 meses, é possível pensar na conversão desse último benefício para a pensão por morte dos presumidamente falecidos.

Embora sejam prestações distintas, os pressupostos são iguais, o titular do direito é o mesmo (dependente do evadido).

Complicando as tarefas do INSS, em termos de manutenção, recapturado o foragido, dar-se-á o restabelecimento do auxílio-reclusão.

Benefício da LOAS

Descobrindo-se um acidente do trabalho (gerador do direito a um benefício previdenciário), pode-se pensar em cessar o benefício da LOAS e conceder o auxílio-doença acidentário.

Não se considera conversão orientar o segurado inválido que teve o auxílio-doença negado ou cessado por falta de qualidade de segurado ou período de carência a requerer o benefício da LOAS, se ele preenche os requisitos legais.

Acréscimo dos 25%

Transformar a aposentadoria por idade em aposentadoria por invalidez para obter os 25% do acréscimo não guarda grandes dificuldades. Levando em conta que os beneficiários são idosos, às vezes octogenários, o legislador deveria disciplinar a matéria, dispensando a perícia médica do requerente e no ensejo autorizando a conversão de outros benefícios como o do professor, especial ou por tempo de contribuição.

Na TNU, a esse respeito consulte-se o Proc. n. 5003392-07.2012.4.04.7205 e o PEDILEF n. 0502066-93.2014.4.05.8502.

Auxílio-doença e salário-maternidade

Em gozo de um auxílio-doença em virtude da incapacidade estranha à gestação, se a mulher ingressa no período de 120 dias do salário-maternidade, sobrevém uma transformação: o primeiro benefício é sobrestado, concedendo-se o salário-maternidade; uma vez cessado este, se a mulher continuar incapaz, é restabelecido o auxílio-doença.

Aposentadoria por invalidez e idade

Pelo menos até 2008, o INSS permitia a conversão da aposentadoria por invalidez em aposentadoria por idade desde que o segurado tivesse a idade exigida e o período de carência.

Com o Decreto n. 6.722/08 a Administração Pública não reconheceu esse direito; todavia, isso não invalida o que diz a lei.

Aposentadoria do deficiente

Uma pessoa com deficiência aposentada antes do advento da LC n. 142/13 e fazendo jus a essa prestação mais benéfica, feita a prova de sua condição particular, poderá pedir a conversão para aquele benefício.

Estas últimas transformações implicam perícia médica. As seguintes são meramente administrativas e dispensam o exame médico.

Auxílio-doença e aposentadoria

O segurado com direito potencial à aposentadoria por tempo de contribuição, especial, por idade ou do professor, incapaz para o trabalho e recebendo um auxílio-doença poderá pretender um daqueles benefícios antes mencionados.

Proporcional para integral

Cumprindo o art. 181-B do RPS, o INSS não concorda em cessar a aposentadoria proporcional em integral para aquele que depois de aposentado continuou filiado, trabalhando e contribuindo por pelo menos cinco anos.

À luz do mencionado art. 18, § 2º, do PBPS, inicialmente a Justiça Federal não concordou com essa modalidade, mas reviu esse entendimento sob a ótica da desaposentação. Se o aposentado restituir o que recebeu nesses cinco anos não há por que não lhe conceder a aposentadoria integral.

Aposentadoria e pensão

Quando do óbito de aposentado, concedida a pensão por morte, diante da nova titularidade não se cuida de transformação, mas de benefícios devidos a pessoas distintas.

Incapacidade a aposentadoria por idade

Hermes Arraes Alencar lembra o art. 37, § 2º, da 1ª CLPS, de 1976:

"O auxílio-doença ou a aposentadoria por invalidez do segurando que completar 65 (sessenta e cinco) anos de idade, se do sexo masculino, ou 60 (sessenta) anos de idade, se do sexo feminino, serão automaticamente convertidos em aposentadoria por idade".

Até que sobreviesse o Decreto n. 6.722/08, o art. 55 do RPS pontuava:

> A aposentadoria por idade poderá ser decorrente de transformação de aposentadoria por invalidez ou auxílio-doença, desde que requerida pelo segurado, observado o cumprimento da carência exigida na data do início do benefício a ser transformado.

Desaposentação

A despeito do esforço intelectual de Hermes Arrais Alencar (ob. cit.), a desaposentação não se confunde com a transformação. O objetivo daquela é manter o mesmo tipo de benefício (aposentadoria por tempo de contribuição, aposentadoria especial, aposentadoria por idade etc.), impondo revisão do cálculo da renda mensal inicial tendo em vista as novas contribuições e a idade do requerente.

Capítulo 59
APOSENTADORIA POR INVALIDEZ

De longa data diz o art. 42 do PBPS que:

> A aposentadoria por invalidez, uma vez cumprida, quando for o caso, a carência exigida, será devida ao segurado que, estando ou não em gozo de auxílio-doença for considerado *incapaz e insuscetível de reabilitação para o exercício de atividade que lhe garanta a subsistência*, e ser-lhe-á paga enquanto permanecer nesta condição (grifos nossos).

Ab initio convém ressaltar quatro aspectos inerentes à disciplina normativa legal:

I) incapacidade de certa forma semelhante, mas não idêntica à do auxílio-doença;

II) impossibilidade de reabilitação profissional;

III) dificuldade pessoal para obter os meios de subsistência;

IV) permanência do cenário por certo lapso de tempo; e

V) incapacidade mais consistente que a do auxílio-doença geradora de efeitos jurídicos fora da previdência social.

O § 1º do mesmo artigo explicita que:

> A concessão de aposentadoria por invalidez depende da verificação da condição da *incapacidade mediante exame médio-pericial* a cargo da Previdência Social, podendo o segurado, às suas expensas, fazer-se acompanhar de médico de sua confiança (grifos nossos).

Vale dizer, em cada caso, primeiro é necessário vislumbrar: a) a incapacidade laboral do segurado e b) a insuscetibilidade de reabilitação para o exercício de atividade que lhe garanta a subsistência.

Possivelmente a que exercia, mas não necessariamente.

Salienta-se, diferentemente, que não é estar incapaz "para o seu trabalho ou para a sua atividade habitual" própria do auxílio-doença (PBPS, art. 59).

A dicção normativa é singela, resultando cifrada à figura da reabilitação, que se supõe oficial, quer dizer, um obstáculo ao trabalho mais profundo que o sinistro do auxílio-doença.

Por um cochilo leviano do legislador a redação pôs em dúvida a confiabilidade da perícia médica do INSS.

Em princípio o médico perito está adstrito à reabilitação em tese; na realidade a Previdência Social atual não dispõe de programa indispensável nesse sentido.

Diante do cenário administrativo atual, se não agir assim terá de concordar com a concessão em quase todos os casos.

A incapacidade pressupõe não poder trabalhar (como é a hipótese do auxílio-doença e de outras prestações), cenário do qual o médico perito deve partir e, após, considerar a possibilidade da adoção da reabilitação profissional. Logo, dois raciocínios necessários à compreensão do instituto técnico.

A avaliação da invalidez é tema vasto e bastante nebuloso; ela acaba se subsumindo em vários exames realizados em momentos diferentes, pois o examinador terá de levar em conta inúmeros aspectos relevantes:

I) idade do trabalhador;

II) sua profissão;

III) seus aspectos físicos gerais;

IV) função exercida na última empresa e nas anteriores;

V) histórico médico;

VI) tipo de patologia incapacitante atualmente invocada;

VII) ambiente laboral da empresa;

VIII) possibilidade de tratamento por cirurgia ou não;

IX) adoção de prótese e órtese;

X) passagem do tempo; e

XI) disposição subjetiva da pessoa de trabalhar etc.

Capítulo 60

ACRÉSCIMO DE 25%

Diz o art. 45 do PBPS:

> O valor da aposentadoria por invalidez do segurado que necessitar da assistência permanente de outra pessoa será acrescido de 25% (vinte e cinco por cento).

Aduz o parágrafo único que tal percentual poderá ser aplicado ao valor máximo do benefício (em 2015 era de R$ 4.663,75), será recalculado quando dos reajustamentos e cessará com a morte do aposentado "não sendo incorporável ao valor da pensão" (letras *a/c*).

Se o percipiente da aposentadoria por invalidez ingressa com o pedido desse acréscimo, ainda que há algum tempo estivesse cumprindo os requisitos legais, a DIB dos 25% será na DER.

Não se trata de revisão de cálculo como previsto no art. 103, parágrafo único, do PBPS, mas uma adição que depende de instrução *a posteriori*.

Caso essa vantagem tenha sido requerida, mas somente deferida após a morte do aposentado, os familiares terão direito a receber as mensalidades desde a DER até a DO.

Por outro lado, suponha-se que os dependentes de um segurado falecido tenham provas de que ele fizera jus a essa majoração da renda mensal sem ter solicitado tal vantagem. O direito existiu em tese sem ter sido oportunamente exercido; a percepção pressupunha estar o segurado vivo.

Retroagir a DIB à data do início do preenchimento dos pressupostos, deve ser considerado, em face da imprescritibilidade dos benefícios.

O direito é válido, pois os herdeiros, sucessores ou dependentes puderam ter pedido revisão de cálculo da renda da aposentadoria por invalidez.

No que tange à verificação das condições materiais do direito ao benefício, releva constatar que, no mínimo, são duas as condições a serem apuradas:

I) estado de saúde do aposentado; e

II) necessidade do atendimento permanente por parte de terceiros.

Uma perícia dessa natureza, além do médico perito, reclama a presença de um assistente social que avaliará as necessidades.

À luz do texto reproduzido, possivelmente sem amparo legal, a IN INSS n. 77/15 enuncia nove hipóteses em que isso é possível:

"I – cegueira total;

II – perda de 9 dedos das mãos ou superior a este;

III – paralisia dos dois membros superiores ou inferiores;

IV – perda dos membros inferiores acima dos pés, quando a prótese for impossível;

V – perda de uma das mãos e de dois pés, ainda que a prótese seja possível;

VI – perda de membro superior e outro inferior, quando a prótese for impossível;

VII – alteração das faculdades mentais com grave perturbação da via orgânica e social;

VIII – doença que exija permanência contínua no leito; e

IX – incapacidade permanente para as atividades da vida diária".

Em caráter terminativo, a Comissão de Assuntos Sociais do Senado Federal aprovou um Projeto de Lei do Senador *Casildo Maldaner* (PMDB/SC), que manda acrescer os 25% ao valor da aposentadoria por idade do aposentado que precisar da ajuda permanente de terceiros, ou seja, parentes, enfermeiros ou cuidadores (*in Folha* On line de 4.7.12).

Passando pela Câmara dos Deputados, se não for vetada pelo Presidente da República, a disposição passará fazer parte da legislação previdenciária.

Além dos portadores de deficiência, a notícia é bem-vinda também para muitos aposentados com mais de 65 anos e até com menos idade, com alguma frequência têm necessidades especiais que devem ser atendidas pela sociedade, por intermédio da Previdência Social.

Claro, se os seus dependentes a eles não puderam atender.

Evidentemente, trata-se de um benefício a ser requerido pela família do aposentado e será mantido enquanto ele for portador das necessidades e até a Data do Óbito, sem ser repassado aos seus dependentes que requererem a pensão por morte, porque é direito eminentemente personalista.

Fica a ideia de extensão ao auxílio-doença e à pensão por morte, quando os titulares do direito enfrentarem as mesmas dificuldades.

Caso a pessoa melhore em suas condições de saúde, o INSS deve ser informado desse fato, suspendendo o pagamento desse *plus*.

Para que seja deferida a prestação, a autarquia gestora da Previdência Social terá de encaminhar um médico perito à residência do aposentado para examiná-lo ou até mesmo um assistente social, que verificará os pressupostos legais.

Não há previsão igual na legislação do servidor, e essa talvez seja a oportunidade de se pensar no assunto, porque as condições e as necessidades são as mesmas.

É possível que uma futura lei determine que a DIB dessa vantagem comece quando do requerimento, e ela não deverá ter efeito retroativo, mesmo que a pessoa, antes da lei, já teve essas condições, somente receberia a partir da Data de Entrada do Requerimento, posterior à data do início da eficácia da Lei.

Por qualquer motivo que se ignora, o projeto de lei não incluiria os segurados especiais (pequenos produtores rurais), segurados obrigatórios e facultativos, e isso precisa ser revisto na Câmara dos Deputados, pois contraria o princípio constitucional da equivalência urbano-rural.

A desembargadora Vânia Kack de Almeida manifestou-se contrária à concessão dos 25% a qualquer outro benefício que não seja a aposentadoria por invalidez por falta de amparo legal (AC n. 0003524-07.2015.404.9999/RS – 17.6.25, TFR da 4ª Região, *in RPS* n. 416/667).

A TNU confirmou acórdão da 4ª Turma Recursal do RGS, entendendo que o início do benefício deve ser a DIB da aposentadoria por idade, sem necessidade de requerimento (Sessão de Julgamento 18.8.15 do PEDILEF n. 5006445.2020124047.100).

O bacharel em direito Jefferson Rodrigues Feitosa, de São João da Boa Vista, secretário da Carta de Vinhedo de 27.3.10, escreveu um artigo publicado no jornal do 29º Congresso Brasileiro de Previdência Social, da LTr, em 2010, sustentando que esse deveria ser um direito de todos os aposentados do regime geral, portanto, além da aposentadoria por idade, incluindo também os que recebem a aposentadoria especial, por tempo de contribuição e os professores jubilados, uma vez que o fato gerador dessa pretensão é a necessidade de assistência médica pessoal.

A TNU confirmou a tese de que o adicional é válido para outros benefícios (PEDILEF n. 0501066-93.2014.4.05.8502 e Proc. n. 5003392-07.2012.4.04.7105).

Capítulo 61

AUXÍLIO-ACIDENTE

Na condição de benefício de pagamento continuado subsequente ao auxílio-doença, não substituidor dos salários, tendo em vista a presença de elementos garantidores da relação com o RGPS (que permitiu concessão do auxílio-doença cessado), para a concessão do auxílio-acidente impõe-se um exame médico diferenciado em razão do evento determinante dessa prestação.

É um sinistro que não se confunde com o benefício cessado, ainda que tenha alguma relação umbilical.

Com grifos nossos, Luciana Moraes de Farias o define como "benefício previdenciário que protege as *sequelas* resultantes de acidente de qualquer natureza que reduza a capacidade para o trabalho que o segurado habitualmente exercia" (*Auxílio-Acidente*. São Paulo: LTr, 2012. p. 52).

Incapacidade para o trabalho é uma coisa e sequela profissional é outra. Logo, a dita sequela tem de ser apurada com muito cuidado pela perícia médica.

Em primeiro lugar, é um exame único e definitivo (*sic*); valerá enquanto prevalecer a manutenção legal das mensalidades.

Curiosamente, não importa eventual reabilitação do trabalhador, até mesmo a total superação da sua incapacidade. Esse conceito anacrônico faz parte da legislação e não se tem feito nada para mudá-lo a despeito dos avanços da medicina.

Em segundo lugar, ela objetiva determinar a presença de uma incapacidade parcial e permanente do trabalhador. E o que é relevante, em razão do que o segurado fazia (que ele pode deixar de fazer).

Imaginem-se as dificuldades do médico perito diante da pretensão de um benefício dessa natureza sabendo da parcialidade e permanência da incapacidade em um mundo em que a medicina avança a passos largos e permite a recuperação de muitas dificuldades pessoais para trabalhar.

Capítulo 62

APOSENTADORIA ESPECIAL

Embora o PBPS e o RPS não disponham expressamente, a concessão da aposentadoria especial depende do exame do ambiente de trabalho do segurado requerente desse benefício e, historicamente, nos últimos 25 anos como se realizou a sua atividade laboral (inspeção virtual e *in loco*), promovido pela perícia médica do INSS.

Nesse caso, inexiste avaliação física, psíquica ou social do segurado (embora essas possibilidades não fiquem descartáveis nos casos de dúvida ou de interesse, pois a apuração do risco ambiental e laboral poderá ser feita).

De regra, o médico perito do INSS consultará documentos trabalhistas, principalmente o PPP e o LTCAT, além de outros mais. Portanto, não se pode chamar essa investigação de uma perícia médica no rigor da palavra aqui utilizada nem de perícia de perícia; trata-se, tão somente, de uma análise técnica de um cenário trazido para exame.

A perícia é fundamentalmente escritural e baseada em declarações e na concepção científica do perito a respeito de ambientes de trabalho.

No art. 262 da IN INSS n. 77/15 diz-se que a perícia examinará os seguintes aspectos do LTCAT:

I – individualidade ou coletividade;

II – identificação da empresa;

III – identificação do setor e da função;

IV – descrição da atividade;

V – identificação de agente nocivo capaz de causar dano à saúde e integridade física;

VI – localização das possíveis fontes geradoras;

VII – periodicidade de exposição ao agente nocivo;

VIII – metodologia e procedimentos de avaliação do agente nocivo;

IX – descrição das medidas de controle existentes;

X – conclusão do LTCAT;

XI – assinatura e identificação do médico do trabalho ou engenheiro de segurança; e

XII – data da realização da avaliação ambiental.

O art. 297 e seguintes da IN INSS n. 77/15 esclarecem o papel do médico perito.

I – realizar análise técnica dos períodos de atividade exercida em condições especiais com exposição a agentes nocivos químicos, físicos, biológicos ou associação de agentes prejudiciais à saúde ou à integridade física, quando requisitado tanto em processos administrativos como em processos judiciais, avaliando as informações:

a) dos formulários de reconhecimento de períodos laborados em condições especiais, confrontando as informações com os documentos contemporâneos apresentados; e

b) do LTCAT ou documentos substitutivos informados, confrontando com os documentos apresentados.

II – solicitar esclarecimentos, remetendo às solicitações ao servidor administrativo para os devidos encaminhamentos, caso identifique inconsistência, divergência ou falta de informações indispensáveis ao reconhecimento do direito de enquadramento de período de atividade exercido em condições especiais;

III – emitir parecer técnico através do preenchimento do formulário Análise e Decisão Técnica de Atividade Especial – Anexo LII, de forma clara, objetiva e legível, com a fundamentação que justifique a decisão, e realizar o enquadramento no sistema do(s) período(s) de atividade exercido em condições especiais por exposição a agente nocivo.

Sempre que julgar necessário, ele solicitará as demonstrações ambientais e outros documentos laborais pertinentes à empresa e inspecionar o ambiente de trabalho.

As inspeções realizadas por conta de outros processos administrativos poderão ser utilizadas, diante de coincidência fática relativa à empresa, setor, atividades, condições e local de trabalho.

Os obstáculos desse trabalho são enormes diante dos PPP que vêm sendo emitidos. Por vários motivos:

I) O signatário, geralmente da área de recursos humanos, costuma relatar os fatos e os números sem concluir.

II) Não descrevem com precisão as funções exercidas pelo trabalhador.

III) Não fica claro se o segurado, identificado como auxiliar, encarregado, supervisor, técnico, chefe, se expõe aos agentes nocivos com habitualidade e permanência.

IV) Geralmente, a descrição do ambiente laboral é difusa, nebulosa e inconclusiva.

V) Não costumam relatar se os níveis apurados foram do ambiente, da orelha do trabalhador e quando foram mensurados, se com ou sem os protetores auriculares.

VI) Pressionado politicamente, por ser empregado da empresa, os declarantes no Campo IV – Responsável pelas Informações, não afirmam categórica, não hesitante e conclusivamente – o que interessa à luz do disposto no art. 57/568 do PBPS – que aquele obreiro se expôs aos agentes nocivos com risco para sua saúde ou integridade física.

Adriane Bramante de Castro Ladenthin, manifestando-se numa oficina do XI Congresso Brasileiro de Previdência Social, organizado pelo IBDP em 7.10.15, sobre o tema PPP, estudando um caso concreto, apontou seguidos equívocos, incongruências e absurdos num exemplar trazido ao público.

Capítulo 63

LAUDO ANTERIOR A 29.4.95

Com a Medida Provisória n. 1.523/96, convertida na Lei n. 9.032/95, foi instituída a obrigação da empresa de apresentar laudo técnico (em 2001, designado como LTCAT), com exceção da presença do agente nocivo físico ruído, que antecederia a 29.4.95.

Isso foi ressaltado no item 12 da Ação Civil Pública n. 2000.71.00.030435-2, originária da 4ª Vara Previdenciária da Justiça Federal de Porto Alegre.

Dessas disposições fluem algumas conclusões que constam dos nossos Laudos Técnicos para períodos anteriores a 29/abr/1995, *in Jornal do 2º Congresso Brasileiro de Segurança e Saúde do trabalho*, (São Paulo: LTr, 2001. pp. 31/32).

I) Somente períodos de trabalho especial realizados após 28/abr/95 reclamam a presença do laudo técnico pericial e do PPP.

II) Se o segurado esteve exposto ao ruído, deverá exibir laudo técnico, uma vez que à época, a partir da regulamentação da exposição às fontes sonoras, pelo menos desde 1º.1.85. Aliás, fato pouco conhecido... e divulgado pelo INSS.

III) Atividades não constantes dos decretos regulamentares exigiram o laudo técnico, devendo-se compreender que, da mesma forma, sempre estiveram sujeita ao documento.

IV) Será suficiente a apresentação do então DSS 8030 e hoje do PPP/LTCAT.

V) Os trabalhadores beneficiados pelo chamado direito de categoria (Decreto n. 53.831/64) estão dispensados de apresentação do laudo técnico, bastando o documento laboral da época, persistindo aí uma presunção de exposição aos agentes nocivos.

Importa salientar juridicamente o significado dessa presunção, que não é fato médico, mas ato jurídico. O regulamentador entendeu que os trabalhadores arrolados nesse decreto e no Decreto n. 80.080/79, sem precisar provar, expuseram-se aos agentes nocivos próprios da sua função (ainda que isso, na prática, não tenha sucedido). Basta-lhe provar, por exemplo, que se formara médico e executara as atividades da medicina, com o SB-40.

Ipso facto, diante desse documento previdenciário exigido na época, pouco resta à perícia em termos médicos, pois quando do pedido de uma aposentadoria especial, lhe restará verificar a compatibilidade entre o documento apresentado e o titular do pretenso direito.

Não há PPP ou LTCAT para ser examinado.

Capítulo 64

PENSÃO POR INVALIDEZ

Um § 7º acrescido ao art. 77 do PBPS pela Medida Provisória n. 664/14 inovou e criou um instituto técnico designado de "pensão por morte vitalícia", deferido a dependente do falecido segurado do RGPS. Aparentemente nunca existiu algo assim, pelo menos como pagamento continuado em dinheiro.

Como a prestação pressupõe um exame médico, importa lembrar que a Lei n. 13.063/14 dispensou o sexagenário percipiente de aposentadoria por invalidez ou pensionista inválido de perícia médica obrigatória.

Diz o art. 77, § 7º, do PBPS que:

> O cônjuge, o companheiro ou a companheira considerado incapaz e insusceptível de reabilitação para o exercício de atividade remunerada que lhe garanta subsistência, *mediante exame médico-pericial a cargo do INSS*, por acidente ou doença ocorrido entre o casamento ou início da união estável e a cessação do pagamento do benefício, terá direito à pensão por morte vitalícia, observado o disposto no art. 101 (grifos nossos).

Ab initio este dispositivo avulta aspectos a serem considerados:

I) destinatário;

II) evento determinante;

III) natureza do sinistro;

IV) submissão à perícia médica inicial e sequencial; e

V) agravamento.

A despeito dos exames sequenciais, previstos no art. 101, a essência deste pagamento aproxima-se da pensão por morte, parecendo ser uma extensão de sua manutenção, como sucede com o art. 47 do PBPS.

Uma pessoa que faz jus é o dependente do segurado falecido, arrolado na abertura do início do art. 16, I, do PBPS: o cônjuge, o companheiro ou a companheira, indivíduos designados como unidos (pois envolve o casamento e a união estável).

O maior favorecido é o pensionista com direito à pensão por morte, gozando de alta expectativa de vida (vale dizer, pessoa jovem com baixa duração da pensão por morte prevista na última linha da Tábua de Mortalidade).

Consoante os dizeres da Medida Provisória, é preciso que tal pensionista seja considerado "incapaz e insusceptível de reabilitação para o exercício de atividade remunerada que lhe garanta subsistência", coincidindo praticamente com a descrição do *caput* do art. 42 do PBPS.

O momento da aquisição da inaptidão tem de ocorrer "entre o casamento ou início da união estável e a cessação do benefício", devendo-se entender a cerimônia do casamento.

Caso o pensionista tenha sido vítima de incapacidade antes dessa data, não fará jus ao § 7º, mas evidentemente terá direito à aposentadoria por invalidez, em sendo segurado.

Diante do sinistro deflagrador da pretensão, o interessado terá de se submeter à perícia médica do INSS, que verificará a incapacidade, data do seu início e a persistência.

Ex vi legis, o início da inaptidão ocorrerá durante o período que vai desde a data do início da união e a cessação da pensão por morte outorgada pelo segurado falecido.

Admitem-se três hipóteses em que tal exame seja possível.

Quer dizer, tal dispensa aplica-se tão somente para a invalidez decorrente da aposentadoria por invalidez do art. 42 do PBPS, não se devendo confundir esse "pensionista inválido" (referido no art. 16, I e III, do PBPS) com a pensionista dessa nova hipótese, mas o princípio da isonomia resta suscitado.

Pode dar-se de a incapacidade sobrevir antes da data-base, mas agravar-se após essa data quando se configurará um possível novo direito. Como sucede com o ingresso do incapaz.

As hipóteses de cessação do benefício podem ser as seguintes:

I) Morte do pensionista titular;

II) Resgate da capacidade para o trabalho; e

III) Concessão de benefício previdenciário de maior valor.

Falecendo esse percipiente, tal como sucede com o benefício da LOAS, ele outorgará pensão por morte a ninguém.

Por falta de amparo legal, não há direito aos 25% do art. 45 do PBPS; não é uma aposentadoria por invalidez.

Capítulo 65

SALÁRIO–MATERNIDADE

De regra, o salário–maternidade é um benefício de pagamento continuado, de curta duração, devido à segurada gestante, durante 120 dias, podendo ser prorrogado por 14 dias antes e 14 dias depois desse período (RPS, art. 94, § 3º).

Formalmente a interessada deverá se submeter a uma consulta médica quando obterá um atestado médico correspondente, em que indicado, na medida do possível, o período da gestação e, por conseguinte, um obstáculo para o trabalho.

Portanto, será um exame não pericial no sentido aqui atribuído, a que se sujeitará, e não será realizado pelo INSS, que comprovará ou não:

I) a gravidez; e

II) a necessidade de prorrogação do período de 120 dias.

No comum dos casos, como essas providências são promovidas com a segurada em estado de gestação, o exame médico não guardará maiores dificuldades operacionais.

Pode dar–se de em alguns casos subsistirem dúvidas quanto à presença desses elementos e que a perícia médica do INSS tenha de se manifestar depois de apreciados os documentos próprios desse cenário.

Questionamento interessante diz respeito à gestante que deu à luz um filho morto e que pretende, objetivando recuperar–se psicologicamente da grande perda, voltar ao trabalho logo em seguida, antes do final dos 120 dias. Inexiste previsão legal sobre isso. Crê–se que depois de exame médico, preferivelmente psicológico, em que recomendado o labor, o INSS terá de aceitar essa volta antecipada ao trabalho.

Matéria que deveria fazer parte do PBPS, diz o art. 93, § 5º, do RPS que:

> Em caso de aborto não criminoso, comprovado mediante atestado médico, a segurada terá direito ao salário–maternidade correspondente a duas semanas.

Quer dizer neste caso que ela terá de apresentar um atestado médico que configurará em que condições sucedeu o aborto.

Capítulo 66

SALÁRIO-FAMÍLIA

O salário-família é um benefício de pagamento continuado, de duração predeterminada, devido ao segurado (empregado, avulso e doméstico), percipiente da aposentadoria por invalidez, aposentada com mais de 60 anos e aposentado com mais de 65 anos, que tenham filho ou equiparado menor de 14 anos ou inválido de qualquer idade, em valor que depende da remuneração do trabalhador (PBPS, art. 65).

O pagamento condiciona-se a documentos que comprovem essas condições e ao atestado anual de vacinação obrigatória e frequência escolar (PBPS, art. 87).

A quitação é feita pelo empregador ou OGMO, deduzido o valor correspondente na GFIP do INSS (PBPS, art. 68).

Como se vê, no tocante à perícia médica, ela não diz respeito ao segurado, mas ao seu filho.

Dita o art. 88 do RPS:

> A invalidez do filho ou equiparado maior de quatorze de idade deve ser verificada em exame médico-pericial a cargo da Previdência Social.

Logo, o filho do segurado terá de se submeter à perícia médica do INSS para fazer jus ao benefício.

As mensalidades cessam pela recuperação da capacidade do filho antes inválido, do titular da relação com o RGPS, a contar do mês seguinte ao da cessação da incapacidade (RPS, art. 88, III).

Esse exame não difere daqueles que cuidam dos referentes à incapacidade laboral, seguem a mesma rotina, procedimentos e documentação.

Capítulo 67

REABILITAÇÃO PROFISSIONAL

A reabilitação profissional é serviço social com viés previdenciário prestado pelo INSS aos beneficiários do RGPS, objetivando a recuperação das condições fisiológicas e psicológicas, mediante procedimentos de educação, reeducação, treinamento e readaptação dos interessados, incluindo atenções médicas, terapias, tratamentos, cessão de aparelhos, ou seja, mecanismos que possam viabilizar o resgate das condições de trabalho.

Trata–se de direito subjetivo dos beneficiários, inclusive dos aposentados que voltaram ao trabalho, constituindo–se num dever significativo da autarquia previdenciária e, até mesmo, quando puder, estendido aos dependentes (principalmente em termos de habilitação).

Ela inclui medidas tomadas em toda órbita do empregador quando do retorno do empregado submetido à reabilitação, a ser reinserido na antiga ocupação ou, o que é bastante comum, numa outra tarefa e até com a eventual mudança do ofício.

Devidamente reabilitado, mas certamente com alguma limitação pessoal, o trabalhador carece ser aproveitado numa função compatível com o afastamento do trabalho ocorrido, com a natureza da inaptidão laboral e de suas condições operacionais. Tudo isso, *in casu*, em virtude da real essência particular das atividades empresariais.

Nessa continuação do processo de resgate do trabalhador, agora, então sob a responsabilidade empresarial, sobrevindo o restabelecimento do contrato laboral, cessa a suspensão. Com todos os próprios consectários da situação anterior ao afastamento.

É permitido ao INSS terceirizar os meios da reabilitação profissional. Diante da falta de estrutura institucional do MPS, o INSS transferirá essa responsabilidade técnica a uma entidade ou a uma empresa, entre as quais, o próprio empregador que enseje a reabilitação.

Requerido um auxílio–doença comum ou acidentário, por um empregado ou um autônomo, com vistas à análise jurídica do direito ao benefício, ele será submetido à perícia médica do INSS que, no ensejo, avaliará a disposição profissional para voltar ao trabalho que ele até então exercia (PBPS, arts. 59/63).

Essa perícia médica do INSS constatará as reais condições de trabalho do examinado ou não e, se for a hipótese da inaptidão, indicará a necessidade de licença médica, deferindo-se a prestação pecuniária, fixada a possível alta médica ou nova examinação.

Neste ensejo, constatado que o segurado carece de condições para o exercício de suas funções, o encaminhará à reabilitação no próprio INSS (se a autarquia dispuser localmente dos meios), a certa empresa conveniada ou junto do seu empregador. Em tal cenário, o INSS tem o poder e o dever legais de promover a mencionada reabilitação profissional, operada segundo uma daquelas três modalidades de efetivação.

Diante de um trabalhador com dificuldades para exercitar suas funções, principalmente quando de pequenas limitações, nada obstaria à empresa iniciar a recuperação interna sem a necessidade de procurar o INSS, máxime quando de afastamento do trabalho inferior a 16 dias. A regra é que o INSS detenha a prerrogativa de dar início à recuperação do trabalhador, uma medida inserida num programa nacional de proteger a saúde, a integridade física dos segurados, restando apenas os benefícios por incapacidade, quando isso se impuser, segundo a medicina do trabalho.

Após examinar o interessado, se o médico perito espontaneamente não tomar a iniciativa de deflagrar os procedimentos dessa reabilitação, nessa posição de maior interessado em sua saúde o trabalhador tem o direito de solicitá-la.

Ele o fará verbalmente, durante a perícia médica ou, em face de uma eventual negativa, mediante requerimento escrito protocolado na APS. No caso de recusa verbal ou escrita, poderá recorrer dessa decisão em face dos comandos legais do nosso Direito Previdenciário Procedimental (Portaria MPS n. 548/11).

Rigorosamente, o dever de iniciar a atividade procedimental é da perícia médica do INSS que, a exemplo do médico do trabalho, é quem detém as informações necessárias para tomar essa decisão final.

Paralelamente à concessão do auxílio-doença, no prazo de 30 dias ele tem o poder de questionar a negativa de sua pretensão, nos termos do PBPS (art. 126), da Portaria MTPS n. 548/11 e com vistas aos princípios procedimentais administrativos estabelecidos na Lei n. 9.784/99 (*Curso de Direito Previdenciário*. 6ª ed. São Paulo: LTr, 2014).

Muitas vezes, as empresas recebem de volta um empregado com alta médica do INSS no auxílio-doença ou na aposentadoria por invalidez, sem que a sua medicina ocupacional o considere apto para o exercício da sua atividade.

A análise do médico ocupacional consiste em verificar, passado algum tempo desde a DAT, depois de uma negativa do benefício ou de uma alta médica, se o trabalhador está apto para retornar a sua função; certamente, ele não será o mesmo.

O profissional médico da empresa terá o dever de cuidar para que esse retorno não seja um elemento causador de agravamento do tratamento e as suas responsabilidades são notórias em face do trabalhador, da empresa e das autoridades. Não se esquecendo de que ele é um empregado do mesmo empregador e que fica sujeito às consequências do erro médico.

Terá de decidir por apto ou inapto e não por apto com restrições.

A função do médico perito do INSS se reduzirá a uma verificação para capacidade para o trabalho em face de um benefício de natureza previdenciária e diz respeito a somente isso. Não estará preocupado com as devidas consequências da alta médica. Em se tratando da aposentadoria por invalidez, o elaborador da norma foi mais realista e até mesmo previu a volta ao trabalho com o pagamento parcial do benefício (PBPS, art. 47).

O médico perito do INSS não tem vínculo com as empresas e suas responsabilidades quanto à política oficial são muito diferentes das do médico do trabalho.

No máximo pode sofrer uma ação regressiva interposta pelo INSS, em face de um processo de dano moral promovido pelo trabalhador (o que certamente será muito raro).

Por outro lado, deixando de lado tais questões institucionais, para as empresas o que importa é a matéria não estar regrada na legislação, que partiu do pressuposto de que nenhum desses dois médicos do trabalho cometeria equívoco técnico.

Capítulo 68

PENSÃO DA HANSENÍASE

Conversão da Medida Provisória n. 373/07, a Lei n. 11.520/07 criou a Pensão Especial da Hanseníase, benefício pessoal, vitalício e intransferível sem outorgar pensão por morte aos dependentes ou sucessores.

Têm direito os atingidos pela bactéria *mycobacterium leprae* e submetidos a isolamento e internação compulsórios em hospitais–colônia até 31 de dezembro de 1986.

O valor mensal é R$ 750,00, reajustado anualmente, conforme os índices dos benefícios de montante superior ao salário mínimo do RGPS (variação do INPC).

Um requerimento deve ser endereçado ao Secretário Especial dos Direitos Humanos da Presidência da República.

O INSS instruirá o pedido, processará a concessão, manterá e pagará as mensalidades. O recebimento da pensão especial não impede a fruição de qualquer benefício previdenciário (PBPS, art. 124).

Para a comprovação da situação do requerente é admitida a ampla produção de prova documental e testemunhal e, caso necessário, persuasão pericial em juízo.

Quer dizer que o interessado deverá demonstrar ser pessoa acometida pelo Mal de Hansen junto do INSS e, se for o caso, no Poder Judiciário. Quando de dúvida, a perícia judicial definirá a existência do direito.

Também conhecida como lepra, é uma doença infecciosa causada pela bactéria descoberta em 1873 pelo norueguês Gerhard Henrick Amauer Hansen.

A doença é curável, mas se não tratada pode ser preocupante. Hoje, em todo o mundo, o tratamento é oferecido gratuitamente, e há várias campanhas para a sua erradicação.

Sua transmissão se dá através de contato íntimo e contínuo com o doente não tratado. Apesar de ser uma doença da pele, é transmitida através de gotículas que saem do nariz, ou através da saliva do paciente. Não há transmissão pelo contato com a pele do paciente.

Afeta primordialmente a pele, mas pode afetar também os olhos, os nervos periféricos e, eventualmente, outros órgãos. Ao penetrar no organismo, a bactéria inicia uma luta com o sistema imunológico do paciente.

Inicialmente, ela acomete a pele e os nervos periféricos e pode atingir também os olhos e os tecidos do interior do nariz. O primeiro e principal sintoma são o aparecimento de manchas de cor parda, ou eritematosas, que são pouco visíveis e com limites imprecisos.

Nas áreas afetadas pela hanseníase, o paciente apresenta perda de sensibilidade térmica, perda de pelos e ausência de transpiração. Quando lesiona o nervo da região em que se manifestou a doença, causa dormência e perda de tônus muscular na área.

Podem aparecer caroços e/ou inchaços nas partes mais frias do corpo, como orelhas, mãos e cotovelos e haver alteração na musculatura esquelética, causando deformidades nos membros.

O diagnóstico da hanseníase é feito pelo dermatologista e envolve a avaliação clínica do paciente, com aplicação de testes de sensibilidade, palpação de nervos, avaliação da força motora etc.

Se o dermatologista desconfiar de alguma mancha ou ferida no corpo do paciente, poderá fazer uma biópsia da área ou pedir um exame laboratorial para medir a quantidade de bacilos.

Capítulo 69

CÉSIO 137 DE GOIÂNIA

Trata-se de uma pensão vitalícia, a título de indenização, devida às vítimas do acidente com a substância radioativa Césio 137, ocorrido em Goiânia, Estado de Goiás.

Benefício personalíssimo, não se transmite ao cônjuge ou aos herdeiros, em caso de morte do beneficiário.

Valor da RMI

O montante mensal do benefício é:

a) 300 UFIR para as vítimas com incapacidade funcional laborativa parcial ou total permanente, resultante do evento;

b) 200 UFIR aos pacientes não abrangidos pelo inciso anterior, irradiados ou contaminados em proporção igual ou superior a 100 (cem) Rads;

c) 150 UFIR para as vítimas irradiadas ou contaminadas em doses inferiores a 100 (cem) e equivalentes ou superiores a 50 (cinquenta) Rads;

d) 150 UFIR para os descendentes de pessoas irradiadas ou contaminadas que vierem a nascer com alguma anomalia em decorrência da exposição comprovada dos genitores ao Césio 137;

e) 150 UFIR para os demais pacientes irradiados e/ou contaminados, não abrangidos pelos incisos anteriores, sob controle médico regular pela Fundação Leide das Neves a partir da sua instituição até a data da vigência desta Lei, desde que cadastrados nos grupos de acompanhamento médico da referida entidade.

O quantum da UFIR à época da publicação daquela lei, atualizado, a partir de então, na mesma época e índices concedidos aos servidores públicos federais.

Prova do direito

A comprovação é feita por meio de junta médica oficial, a cargo da Fundação Leide das Neves Ferreira, com sede em Goiânia, Estado de Goiás e supervisão do Ministério Público Federal, devendo-se anotar o tipo de sequela que impede o desempenho profissional e/ou o aprendizado de maneira total ou parcial.

Servidores da Vigilância Sanitária

Os servidores da Vigilância Sanitária que foram expostos às radiações do Césio 137 serão submetidos a exame para comprovação e sua classificação como vítimas do acidente, devendo-se igualmente anotar o tipo de sequela que impede ou limita o desempenho profissional.

Condenação judicial

Havendo condenação judicial da União ao pagamento de indenização por responsabilidade civil em decorrência do acidente de que trata esta Lei, o montante da pensão ora instituída será obrigatoriamente deduzido do *quantum* da condenação.

Capítulo 70

HEMODIÁLISE DE CARUARU

A Lei n. 9.422/96 previu uma pensão mensal que ficou conhecida como Pensão das Vítimas da Hemodiálise de Caruaru.

Data do início

Data do óbito da pessoa vitimada, ainda que requerida *a posteriori*.

Destinatários

É devida ao cônjuge, companheiro ou companheira, descendente, ascendente e colateral até segundo grau.

Sinistro determinante

As vítimas fatais de hepatite tóxica, por contaminação em processo de hemodiálise no Instituto de Doenças Renais, com sede na cidade de Caruaru, no período compreendido entre fevereiro e março de 1996, mediante evidências clínico-epidemiológicas determinadas pela autoridade competente.

Valor mensal

O valor das mensalidades é o salário mínimo.

Divisão da pensão

Havendo mais de um pensionista habilitado aplica-se, no que couber, o disposto no art. 16 do PBPS.

Documentos necessários

A concessão dependerá do atestado de óbito da vítima, indicativo de *causa mortis* relacionada com os incidentes comprovados com o respectivo prontuário médico, e da qualificação definida no art. 1º, justificada judicialmente, quando inexistir documento oficial que a declare.

Outorga de pensão

A pensão referida não se transmitirá ao sucessor e se extinguirá com a morte do último beneficiário.

Capítulo 71

SÍNDROME DA TALIDOMIDA

Síndrome da Talidomida é o título de um benefício de pagamento continuado não previdenciário, gerido e pago pelo INSS, uma pensão mensal, vitalícia e intransferível, deferida as pessoas que nasceram após 1.3.58, portadoras de deformidades físicas, quando uma droga alemã denominada Talidomida começou a ser vendida no Brasil, objeto da Lei n. 7.070/82.

Documentos necessários

Para o atendimento o interessado apresentará documento de identificação com foto e o número do CPF.

Importa convencer o INSS do direito relativo a deformidade, fotografias, preferencialmente em fundo escuro, formato 12×9 cm; uma de frente, uma de costas, e outra detalhando os membros afetados, além de provas que evidenciem o uso da talidomida pela mãe durante a gestação (receituários da época relacionados ao referido medicamento, relatório ou atestado médico de entidades relacionadas à patologia).

Valor da RMI

A renda mensal inicial será calculada com a multiplicação do número total de pontos indicadores da natureza e grau de dependência resultante da deformidade física, constante do processo de concessão, pelo montante fixado em Portaria Ministerial que trata dos reajustamentos dos benefícios pagos pela Previdência Social.

Acréscimo de 25 pontos

O titular do benefício maior de 35 anos, que necessite de assistência permanente de outra pessoa e que tenha recebido a pontuação igual ou superior a seis pontos, terá um adicional de 25% sobre o valor inicial.

Acréscimo de 35%

O titular fará jus a mais um adicional de 35% sobre o valor do benefício, desde que comprove, pelo menos:

I) 25 anos, se homem, e 20 anos, se mulher, de contribuição para a previdência social, independente do regime;

II) 55 anos de idade, se homem, ou 50 anos de idade, se mulher; e

III) contar pelo menos 15 anos de contribuição para a Previdência Social, independente do regime.

Regra de acumulação

A pensão especial, ressalvado o direito de opção, não é acumulável com rendimento ou indenização que, a qualquer título, venha a ser pago pela União a seus beneficiários, salvo a indenização por dano moral concedida por lei específica.

Dano moral

O titular do benefício poderá requerer a indenização por dano moral, paga em parcela única e requerida diretamente nas agências do INSS, mediante requerimento pessoal e assinatura do termo de opção (Decreto n. 7.235/10).

Trata-se de uma indenização por dano moral às pessoas com deficiência física no valor único de R$ 50.000,00, multiplicado pelo número dos pontos indicadores da natureza e do grau da dependência resultante da deformidade física (Lei n. 12.190/10).

Não há incidência do IR.

Perícia médica

Após a formalização do requerimento, será agendado exame médico-pericial para a avaliação do requerente.

Para o deferimento é preciso que a pessoa seja submetida à perícia médica quando será apurado se a deformidade física deve-se ao remédio alemão.

Capítulo 72

PESSOA COM DEFICIÊNCIA

Atendendo à disposição constitucional, as pessoas com deficiência foram aquinhoadas com uma de duas prestações previdenciárias diferenciadas no RGPS, a partir da eficácia da LC n. 142/13.

As tarefas da assistência social e perícia médica do INSS foram significativamente oneradas com um novo e difícil estudo consistente em saber se o segurado requerente de uma aposentadoria por idade urbana ou rural ou aposentadoria por tempo de contribuição é a aludida pessoa com deficiência.

No caso positivo, ela obterá uma dessas aposentadorias cinco antes que os demais trabalhadores.

No caso da aposentadoria por tempo de contribuição com redução de dois, quatro e quatro anos de serviço, ou seja, para os homens aos 33 anos, 29 anos e 25 anos, caso detenha uma limitação leve, média ou grave.

O Poder Legislativo deu cumprimento ao disposto no art. 201, § 1º, da Carta Magna de 1988, disciplinando o direito à proteção previdenciária dessa pessoa com deficiência que trabalhe ou apenas contribua como facultativa. Pelo menos para os trabalhadores da iniciativa privada e principalmente os empregados submetidos ao RGPS.

Não cuidou dos servidores filiados a um RPPS que depende de lei complementar, mas podem se servir do Mandado de Injunção (CF, art. 40, § 4º, I).

O direito potencial às duas prestações distintas desses obreiros com deficiência foi estabelecido na mencionada LC n. 142/13, com vigência a contar de 8.11.13, e se encontram esmiuçados também na Lei n. 7.853/89 (*Os Deficientes no Direito Previdenciário*. São Paulo: LTr, 2009. p. 37).

O tema está regulamentado na Portaria Interministerial AGU/MPS/MF/SEDH/MP n. 1/14, que permite uma avaliação pontualizada de cada requerente em entrevista com o assistente social do INSS, depois, sobrevém a perícia médica propriamente dita.

Para os fins do Regime Geral, consideram-se pessoas com deficiência as portadoras de limitações de variada ordem que dificultem sem impedir totalmente o exercício de sua atividade profissional (*Direito Previdenciário da Pessoa com Deficiência*. São Paulo: LTr, 2013. p. 24).

A referida norma prevê três tipos de limitações assecuratórias da pretensão a um dos dois benefícios de pagamento continuado que contempla:

I) leve;

II) média; e

III) grave.

Sem embargo de poder usufruir outras prestações comuns, são apenas dois benefícios distinguidos para as pessoas como deficiência:

a) aposentadoria por idade; e

b) aposentadoria por tempo de contribuição.

A aposentadoria por idade adota uma diminuição de cinco anos, para os trabalhadores homens ou mulheres, urbanos ou rurais.

A aposentadoria por tempo de contribuição do homem com limitação leve se dá aos 33 anos, com limitação média aos 29 anos e com limitação grave com 25 anos. Não existe aposentadoria proporcional, praticamente extinta em razão da EC n. 20/98.

A aposentadoria por tempo de contribuição da mulher com limitação leve se dá com 28 anos, com limitação média aos 24 anos e com limitação grave aos 20 anos.

Pode ocorrer no curso de sua vida profissional de esses segurados exercitarem sua ocupação em locais de trabalho que os sujeite aos agentes nocivos deletérios. Em hipóteses raras, operando em ambientes acima dos limites de tolerância, a despeito do uso do EPI, terão de pensar na aposentadoria especial.

Certamente isso não será comum devido às limitações média e grave, mas bastante viável quando da limitação leve.

Avaliação da deficiência

A avaliação da deficiência será de ordem médica e funcional, atestadas por perícia própria do INSS por meio de instrumentos desenvolvidos para isso.

Nessas circunstâncias a perícia médica será de dois tipos distintos:

I) documental; e

II) pessoal.

Isto é, o médico perito examinará a documentação em face da possibilidade de acolher como especial o exercício da atividade e, no cenário individual, se aquele pretendente é portador de deficiência (laudos médicos e exame físico ou psicológico).

O tempo de contribuição será objeto de comprovação particular, exclusivamente na forma da LC n. 143/13, não sendo admitida por meio de prova exclusivamente testemunhal.

Por vezes o INSS acolherá a existência apenas do direito ao primeiro benefício. Fazendo jus aos dois, adotará o princípio da norma mais benéfica.

Depois de concluir que se trata de uma pessoa com deficiência e arredar as doenças ou as síndromes, a perícia médica terá de sopesar o nível de gravidade da deficiência. Como antecipado, uma tarefa nada fácil.

A partir do momento que a Lei n. 7.853/89, no art. 40, § 4º, I/III, da Carta Magna referiu-se a esse agravo e a LC n. 142/13 disciplinou dois benefícios previdenciários, tornou-se relevante separar o que se entende por doença e por deficiência.

Luciana Moraes de Farias lembra Viviane Masotti (*Valoração médica e legal da incapacidade laboral no regime geral de previdência social.* Tese de dissertação de Mestrado em Direito Previdenciário, PUC/SP, 2009, p. 120/121) quando aquela especialista diz, com grifos nossos, que a "capacidade física ou psíquica plena equivaleria a uma integridade anatômica e funcional, *sem deficiências que possam influenciar* no exercício atividade da vida humana" (*Auxílio-Acidente*. São Paulo: LTr, 2012. p. 61).

Ressaltam-se os embaraços técnicos provenientes do fato de que doença não se confunde com deficiência. Entretanto, em muitos casos, essa distinção não é tão singela quanto desejável. Postam-se em termos de sinais, sintomas e síndromes, clinicamente muito próximas uma da outra.

Apesar das dificuldades técnicas não se confundirem, elas seriam inabilitações diferenciadas para o trabalho.

Doenças comuns ou ocupacionais não costumam gerar deficiências, e as deficiências nem sempre se agravam em doenças. Mas isso não é absoluto.

Quando tratou do infortúnio previdenciário, todo o tempo o legislador de 1991 mencionou a palavra "doença", que seria institucionalmente um risco a ser coberto pela previdência social.

Essas duas ocorrências médicas propiciam exceções, confundindo-se um pouco os observadores.

Conceito básico

O art. 2º da LC n. 142/13 conceitua a pessoa com deficiência como:

> Aquela que tem impedimentos de longo prazo de natureza física, mental, intelectual ou sensorial, os quais, em interação com diversas barreiras, podem obstruir sua participação plena e efetiva na sociedade em igualdade de condições com as demais pessoas".

O problema estará em definir o que sejam tais impedimentos que variam conforme cada limitação pessoal.

IN INSS n. 77/15

A concessão de um dos dois benefícios condiciona-se à comprovação da condição de pessoa com deficiência na DER ou quando preencheu os requisitos legais depois de 9.11.13.

Compete à perícia médica do INSS avaliar o segurado e fixar a data provável do início da deficiência e o respectivo grau, assim como identificar a ocorrência de variação no grau de deficiência e indicar os respectivos períodos em cada grau, por meio de instrumento de avaliação desenvolvido especificamente para esse fim (Portaria Interministerial SDH/MPS/MF/MPOG/AGU n. 1/14, objeto de revalidação periódica no prazo máximo de um ano).

Convenção histórica

Historicamente é perceptível certa despreocupação com a convenção no Direito Previdenciário. Em sua versão original de 1991 as patologias do art. 151 do PBPS relatariam apenas doenças. Todavia, boa parte delas são deficiências ou síndromes.

Proximidade da patologia

No que diz respeito ao Direito Previdenciário observa-se certa proximidade entre a doença e a deficiência. Ambas são obstáculos laborais, mas suas causas são muito diversas.

Semelhanças técnicas

Quem perde a audição derivada de uma infecção, assemelha-se, sem se identificar com quem nasceu com limitações auditivas.

Acumulação das incapacidades

Pode dar-se de uma pessoa com deficiência ficar doente ou incapaz embora raramente um enfermiço se torne deficiente.

Início da deflagração

A despeito de a legislação reportar-se à Data do Início da Incapacidade (DII), a doença costuma surgir no curso da vida pessoal. Já a deficiência comumente (mas não em todos os casos) emerge subitamente, quando do nascimento ou de acidente, possuindo certa data-base específica.

Recuperação da higidez

De regra, as doenças são curáveis ou não; as deficiências não propiciam um tratamento semelhante, visando à higidez. Os pacientes melhoram com os métodos auxiliares que diminuem as limitações.

Agravamento clínico

Frequentemente as doenças podem se agravar enquanto as deficiências mantêm-se mais equilibradas em termos de limitação.

Por ocasião de qualquer exame, pericial ou clínico, o médico terá de assegurar-se dessa diferenciação.

Deficiência pregressa

A deficiência anterior à LC n. 142/13 será certificada, inclusive quanto ao seu grau, por ocasião da primeira verificação, sendo obrigatória a fixação da data provável do início dessa limitação.

Deficiência após a LC n. 142/13

Após a filiação ao RGPS, se o segurado tornou-se pessoa com deficiência ou teve seu grau de limitação alterado, os parâmetros serão proporcionalmente ajustados, considerando-se o número de anos em que o segurado exerceu atividade laboral sem deficiência e com deficiência, observado o grau de limitação correspondente.

Renda mensal inicial

Como os demais benefícios, a RMI da aposentadoria devida ao segurado com deficiência será aferida a partir do seu salário de benefício, apurado em conformidade com o PBPS, adotados os percentuais próprios.

Na aposentadoria por tempo de contribuição será de 100%. Na aposentadoria por idade, de 70% mais um 1% do salário de benefício por grupo de 12 contribuições mensais até o máximo de 30%.

Fator previdenciário

O fator previdenciário somente será aplicado se resultar em renda mensal de valor mais elevado ou conforme a MP n. 676/15 seja convertida em lei.

Contagem recíproca

A contagem recíproca de tempo de contribuição observará o regime de compensação financeira da Lei n. 9.796/99.

Norma mais benéfica

O segurado fará jus à percepção de qualquer outra espécie de aposentadoria estabelecida no PBPS que lhe seja mais vantajosa do que as opções da LC n. 142/13.

Aposentadoria especial

Embora não possa ser comum, nada impede o direito à aposentadoria especial, embora ela tenha ficado à margem da LC n. 142/13.

Capítulo 73

ACIDENTE DO TRABALHO

Acidente do trabalho é um tema vasto no Direito Previdenciário. A legislação disciplinadora, de 1919, precedeu a criação da previdência social de Eloy Marcondes de Miranda Chaves (Decreto Legislativo n. 4.682/23).

Em si, ele é uma ocorrência, um acontecimento inesperado ou previsível, a consumação de um sinistro securitário protegido pela lei vigente e deflagrador de uma prestação previdenciária.

Um segurado vitimado pelo acidente ou incidente, evento laboral ou não, restando incapaz para o trabalho, que requeira o benefício correspondente à natureza da incapacidade sofrida, terá de ser examinado pela perícia médica do INSS.

Ciente o profissional do fato, esse exame sopesará o alegado como infortunística ou não, mas este não será o principal interesse do médico perito: primacialmente, a verificação deverá determinar se sobreveio uma incapacidade laboral.

Os desdobramentos civis, trabalhistas, empresariais e fundiários não lhe dizem respeito em particular nesse momento, eles farão parte desse cenário como coadjuvantes.

Claro que importará saber se foi um incidente infortunístico, acidente *in itinere* ou o acidente do trabalho propriamente dito. E, como enfatizado, principalmente se há impossibilidade de trabalhar e por quanto tempo.

Ocorrem acidentes de pequeno porte que não reclamam afastamento do trabalho por mais de 15 dias; são assimilados pelo trabalhador e pela empresa, sem que o empregado recorra ao INSS. Cingem-se à medicina do trabalho patronal e ali devem ser solucionados.

Emitida uma CAT, o médico perito terá condições de iniciar o seu mister, saber se foi acidentário ou não, em face do NTEP e outros desdobramentos práticos e jurídicos.

No que tange à perícia médica, particularmente no respeitante à infortunística, subsiste um conceito pouco divulgado e de respeitável relevância: o ato inseguro praticado pelo empregado. Note-se, à evidência que isso diz respeito a aspecto jurídico da ocorrência com reflexos na perícia médica. Se ele ocorreu ou não.

Rubens Cenci Mota e Vaudemir Aparecido Bortolin estudaram o assunto no “Conclusão pericial indicando fator humano ao excluir ato inseguro do trabalhador tampouco responsabilidade da empresa” (*in Jornal do 30º CBPS*, São Paulo: LTr, 2011. pp. 60/62).

Eles sustentam que: “Alguma dificuldade reside na indicação por parte de alguns peritos médicos nos seus laudos técnicos, quando constatam, com base na técnica da saúde ocupacional, que o evento acidentário se deu por ação deliberada e dependente de decisão pessoal humana”.

Esses autores destacam a relevância dos cuidados que a perícia médica terá de ter em relação a acidentes do trabalho em que houve apenas culpa do trabalhador, culpa do empregador ou responsabilidade concorrente. Chamam a atenção para o fato de que possivelmente esse ato inseguro do segurado poderia ter sido previsto pelo empregador.

Nesse sentido eles citam o Proc. n. 01761-54-2008.5.25.0010, em que foi relator o des. Fraga Lopes.

Capítulo 74

PRESTAÇÕES NÃO INFORTUNÍSTICAS

Com vistas à perícia médica, as prestações por incapacidade são consideradas em particular. Muitas delas apreciadas quando decorrentes de acidente do trabalho.

Desde 1919 a legislação prevê reparações para o sinistro infortunístico, sopesadas aquelas que defluam do exercício da atividade laboral. *Ab initio* elas pressupõem distinção das não acidentárias, chamadas de comuns ou de previdenciárias. Administrativamente o INSS separa o auxílio-doença NB 31 do auxílio-doença NB 91.

Requerido um benefício por incapacidade, cabe ao médico perito do INSS ter em mente essa distinção, vez que os desdobramentos são diferenciados a partir daí. Um deles é o NTEP.

O exame objetivará inicialmente apurar a inaptidão para o trabalho, a essência desse ato médico primacial, em função da natureza do sinistro (um ato administrativo).

Em si a prova de ter ocorrido um acidente do trabalho, qualquer que seja o seu tipo, é relevante para o exame da perícia médica. O conhecimento real do fato deflagrador da incapacidade é significativo para se chegar ou não a uma conclusão sobre a inaptidão.

Possivelmente terá à mão a CAT e ouvirá as declarações do segurado que o auxiliarão, mas em muitas hipóteses sobrevirão dúvidas jurídicas sobre esse reconhecimento.

Todavia, ressalta-se, o seu objetivo é apurar as condições de trabalho do segurado em face do deferimento ou não do benefício correspondente.

De modo geral o médico perito precisa conhecer profundamente as patologias ocupacionais, pelo menos como um médico do trabalho. Ficar sabendo com antecedência qual será o CID invocado pelo beneficiário.

Em cada caso, carece ter ciência prévia da ocupação do segurado e do respectivo ambiente de trabalho.

As informações seguintes interessam à perícia médica a despeito de os fatos deflagradores dos efeitos jurídicos não estarem abrigados no conceito básico de acidente do trabalho. Para diferenciá-lo deste último adotam-se expressões "incidente" ou "quase acidente". No jargão popular, um acidente.

De regra, o acidente do trabalho sucede no estabelecimento do empregador, excepcionalmente no trajeto da residência para o local do trabalho do trabalhador e vice–versa ou fora desses ambientes físicos em viagens a serviço da empresa.

Entretanto, com alguma frequência o segurado é vítima de uma ocorrência que se convencionou chamar de incidente ou quase acidente porque não compreendido no conceito anterior infortunístico. Também chamado de acidente de fim de semana, ele sucede durante os sábados, domingos e feriados, em períodos de descanso.

Complicando–se laboralmente, ele excepcionalmente pode ocorrer em local fornecido pela empresa para a prática esportiva ou entretenimento, devendo–se apurar responsabilidades próprias.

O incidente é fato presente no âmbito da residência do segurado, nas suas imediações, indo para o clube ou a passeio, sem qualquer vínculo com o trabalho ou responsabilidade do empregador. Ele impede de exercer as suas funções, mas nem por isso pode ser classificado como acidente do trabalho e, se for o caso, gerando o auxílio–doença comum (NB–31).

Por ocasião do pedido do benefício por incapacidade, o médico perito terá de se informar a respeito desse acontecimento para fazer a necessária distinção: causa comum ou origem ocupacional.

Às vezes é levado a crer que a lesão sofrida pela pessoa teria acontecido a serviço do empregador, especialmente quando se trata de contusões futebolísticas.

Capítulo 75

EXAME CRIMINOLÓGICO

Introduzido pela Lei de Execução Penal (em 1984), o exame criminológico é realizado por psicólogos, psiquiatras e assistentes sociais do sistema prisional.

Nesse momento o perito avalia se o examinado poderá usufruir da progressão de regime. Tal profissional, necessariamente especializado em criminologia, deve deter os conhecimentos científicos e a capacidade de prever se os indivíduos irão fugir ou cometer outros delitos depois de deixarem o regime carcerário.

A obrigatoriedade legal foi extinta, mas muitos juízes continuam exigindo-o como pré-requisito para a concessão dos benefícios da execução criminal.

Súmula STF n. 16

Tratando de tema específico (crime hediondo), o STF já se manifestou sobre a matéria, na Súmula STF n. 16:

> Para efeito de progressão de regime no cumprimento de pena por crime hediondo, ou equiparado, o juízo da execução observará a inconstitucionalidade do art. 2º da Lei n. 8.072, de 25 de julho de 1990, sem prejuízo de avaliar se o condenado preenche, ou não, os requisitos objetivos e subjetivos do benefício, podendo determinar, para tal fim, de modo fundamentado, a realização de exame criminológico.

Súmula STJ n. 439

O STJ também já se manifestou e o fez na Súmula STJ n. 439:

> Admite-se o exame criminológico pelas peculiaridades, desde que em decisão motivada.

Quer dizer, tal procedimento criminalístico não é obrigatório, sem embargo, pode ser adotado quando conveniente ao processo de execução das penas.

O exame subsidia o juiz encarregado na soltura ou não dos presidiários, amparado no parecer de *expert* em criminalística, que avaliaria as condutas delituosas futuras, já que estas estariam condicionadas a conduta pessoal.

Conceito mínimo

Um cientista especializado, durante algum tempo, indaga e interage com o condenado, suscitando-lhe indagações pertinentes ao seu procedimento passado e porvir, na tentativa de alcançar o seu futuro comportamento, como ele agirá dali para frente.

Em seguida, concluirá o seu entendimento em um laudo técnico sobre as chances de aquele condenado vir a cometer novos delitos.

Validade do exame

Rafael Barcelos Tristão critica aspectos técnicos dessa perícia médica em oito itens (*Exame Criminológico, in* Site DP, de 10.3.12).

I) Violaria a legalidade; o exame não é legal. Cada avaliador pode ter os parâmetros próprios e subjetivos para considerar o condenado apto ao convívio social. Pode ocorrer uma de eternização das penas em nome da defesa da sociedade.

II) Substitui o paradigma da culpabilidade pelo da periculosidade. O constrangimento da liberdade dos plenamente capazes de entender o caráter ilícito dos seus atos deve estar vinculado ao tempo de pena, calculada conforme a conduta seja comprovada.

III) Pune-se o condenado pelo que ele é e não pelo que fez ou fará.

IV) Os juízes transferem o ônus de julgar aos técnicos, o que violaria o princípio da fundamentação das decisões e da inafastabilidade do Poder Judiciário. O laudo deve ser um elemento de convencimento, e não a decisão em si, sob pena de tornar juízes autômatos e produzir decisões incontroláveis.

V) Um crime seria uma eventualidade; a maioria dos atos de uma pessoa é lícita, e não criminosa.

VI) No pouco tempo de entrevista não é possível conhecer a personalidade do condenado e muito menos concluir sobre possíveis reincidências.

VII) A pretensa restrição relativa a crimes hediondos determina que quase 60% dos presos no Brasil estariam sujeitos ao exame; os crimes de roubo e tráfico são os que lotam as prisões.

VIII) Os tribunais superiores entendem que o exame psicotécnico para ser válido deve ser:

a) razoável;

b) objetivo; e

c) passível de controle.

Certamente que nenhum desses três elementos estaria presente no exame criminológico...

Manifestação do STF

O ministro do STF Luís Roberto Barroso deferiu liminar na Reclamação (RCL) n. 20.089 para determinar que o juízo da Vara de Execuções Penais de Presidente Prudente (SP) se abstenha de pedir exame criminológico prévio para verificar o mérito na progressão de regime, sob a mera alusão de que o crime foi praticado por meio de violência ou grave ameaça.

Esse magistrado salientou que a Súmula Vinculante 26 do STF admite a requisição do exame para apreciação do benefício da execução penal, mas observou que, para que isso ocorra, é necessário que o juiz fundamente o pedido com dados concretos.

No caso dos autos, a Defensoria Pública de São Paulo narrou que, após receber pedido de progressão de regime de um sentenciado, inclusive com atestado de bom comportamento carcerário, o juiz requisitou à direção do presídio, *ex officio*, a realização de exame criminológico alegando tratar-se de "pessoa cumprindo pena por crime praticado com violência ou grave ameaça".

Capítulo 76

PATOLOGIAS NÃO OCUPACIONAIS

Algumas doenças destacam-se na legislação e na doutrina da medicina do trabalho. São patologias comuns não acidentárias, importando avultar quais seriam esses agravos em face das responsabilidades do empregador.

Quando considera o que é o acidente do trabalho, o art. 20, § 1º, do PBPS assevera:

> Não são consideradas como doença do trabalho: a) a doença degenerativa; b) a inerente ao grupo etário; c) a que não produz incapacidade laborativa; d) a doença endêmica adquirida pelo segurado habitante de região em que ela se desenvolva, salvo comprovação de que é resultante de exposição ou contato direito determinado pela natureza do trabalho.

A essa lista acrescemos a genética. Com vistas à responsabilidade do empregador, a pregressa.

Destarte, cabe ao médico perito, por ocasião do pedido de um benefício por incapacidade, determinar se é doença acidentária ou não ocupacional. Com ênfase agora para essa patologia não devida ao trabalho.

Doença degenerativa

É um agravo fisiológico resultante da alteração do funcionamento de uma célula, um tecido ou um órgão, excluindo-se nesse caso as alterações devidas a inflamações, infecções e tumores.

Provoca a degeneração do organismo, envolvendo vasos sanguíneos, tecidos, ossos, visão, órgãos internos e cérebro.

Adquirida por erros alimentares (ou uso excessivo de gorduras de origem animal) ou por uma vida sedentária ou erro genético.

Incluem-se o diabetes, a arteriosclerose, a hipertensão, as doenças cardíacas e da coluna vertebral, além de câncer, Mal de Alzheimer, reumatismo, esclerose múltipla, artrite deformante, artrose, glaucoma, coluna, cabeça e membros.

Faixa etária

Em suma, as próprias da idade do trabalhador: Perda de audição e de visão; dificuldades locomotoras; labirintite; zumbido; perda de memória; mal de Parkinson.

Não incapacitante

Trata–se de uma patologia que, dada a sua natureza e intensidade, não obsta o trabalho do segurado.

Doença endêmica

Tecnicamente endemia se refere a um grande número de pessoas que adquiriram doenças (caso do HIV). Também pode ser definida como aquela que se disssemina rapidamente em um determinando ambiente. Por último a cuja incidência é superior ao que dela se espera.

Comum propriamente dita

Não é laboral. Desse ponto de vista, em razão de sua amplitude, é não ocupacional.

Doença genética

Adquirida por herança genética, como as estudadas pela cardiologia.

Pregressa

É a patologia, comum ou ocupacional, de quem ingressou com doença adquirida em trabalho anterior.

Capítulo 77

INVALIDEZ DE DEPENDENTE

Diz o art. 16 do PBPS:

> São beneficiários do Regime Geral de Previdência Social, na condição de dependentes do segurado:
>
> I – o cônjuge, a companheira, o companheiro e o filho ao emancipado, de qualquer condição, menor de 21 (vinte e um) anos ou *inválido* (grifo nosso).
>
> II - *omissis;*
>
> III – o irmão não emancipado, de qualquer condição, menor de 21 (vinte e um) anos ou *inválido* (grifo nosso).

Igual se colhe no art. 16 do RPS.

Nessas condições o filho ou o irmão do segurado alegadamente inválido, para fins de caracterização da condição de dependente, em algum momento tem de se submeter à perícia médica.

Neste caso a pessoa não estará solicitando um benefício, simplesmente pretende uma declaração averbável configuradora do direito a uma futura possível pensão por morte. Para poder incluí-lo ou excluí-lo do rol dos concorrentes ao benefício, o INSS tem o dever de examiná-lo.

Entre outros elementos, no comum dos casos o médico perito louvar-se-á no CID alegado, verificará data do início, verificará tratamentos e examinará documentos e encaminhará suas conclusões para o setor administrativo que fará averbação. A invalidez desse dependente poderá ser genética, vitimá-lo desde o nascimento ou sobrevir após os 16 anos de idade. Nessa última hipótese, comum ou ocupacional, se ele trabalha.

Capítulo 78

DEFICIÊNCIA DA LOAS

O benefício de pagamento continuado da LOAS, previsto na Lei n. 8.742/93, é uma prestação assistenciária no valor do salário mínimo (portanto, ela não reclama filiação anterior nem contribuições), devida a pessoa que enfrenta impedimentos duradouros físicos, psicológicos, intelectuais ou sensoriais, obstaculizadores plenos de conviver na sociedade em igualdade de condições com as demais pessoas.

Um conceito amplo e tanto.

O cenário clínico é uma combinação de incapacidade, invalidez e deficiência, apresentando a particular característica de impedir o beneficiário de usufruir da sociedade, portanto, além de outros aspectos clínicos físicos e psicológicos, implica uma anamnese social.

Cumpridos os demais requisitos preceituados na Lei n. 8.742/93, entre os quais pertencer a uma família cuja renda individual não ultrapasse 1/4 do salário mínimo (R$ 197,00, em 2015), o interessado deverá ser submetido à perícia médica do INSS.

Dita o § 2º da Lei n. 8.742/93:

> Para efeito de concessão deste benefício, considera-se pessoa com deficiência aquela que tem impedimentos de longo prazo de natureza física, mental, intelectual ou sensorial, os quais, em interação com diversas barreiras, podem obstruir sua participação plena e efetiva na sociedade em igualdade de condições com as demais pessoas.

O benefício fica sujeito a avaliações da deficiência, e sua manutenção deve ser revista a cada dois anos. Por isso é importante saber que o art. 21, § 3º, da mesma Lei diz:

"O desenvolvimento das capacidades cognitivas, motoras ou educacionais e a realização de atividades não remuneradas de habilitação e reabilitação, entre outras, não constituem motivo de suspensão ou cessação do benefício da pessoa com deficiência".

À evidência, a perícia médica do INSS tem neste tipo de exame o maior grau de dificuldades.

Primeiro, porque não se trata aqui necessariamente da incapacidade do art. 59 ou invalidez do art. 42 do PBPS nem dos dispositivos da LC n. 142/13 ou da Lei Complementar n. 150/15, embora o profissional deva deter em sua mente os elementos de tal exame e observá-los em particular.

Segundo, porque, se não tiver à mão os instrumentos de verificação social do *modus vivendi* do requerente do benefício, não terá sucesso em sua avaliação.

Possivelmente, o ideal é que disponha de uma espécie de "jurisprudência" doutrinária e judiciária de cada um dos casos e tentar adaptar ao seu examinado.

A esse respeito colha-se o que diz o juiz Joviano Carneiro Neto, da Comarca de Nova Crixás (GO). Ao determinar que o INSS concedesse um salário mínimo, a uma mulher epilética.

O INSS apontou um laudo médico atestando que a requerente poderia trabalhar mesmo com seu quadro de saúde. O juiz disse que o Estado brasileiro, ao dispor sobre a dignidade humana como fundamento, deve permitir que os cidadãos tenham o mínimo existencial.

Joviano Carneiro argumentou que um juiz não deve se basear apenas no exame pericial, devendo julgar conforme a prova conjugada aos autos: "O que não se à autoria, já que, pelas impossibilidades físicas e, ainda, sabendo da situação econômica nacional, a qual para quem é jovem já é por demais complexo encontrar um emprego, quanto mais para uma senhora de mais de 30 anos e com problemas de saúde intermitente".

Ele acresce: "Não basta a conclusão do laudo pericial, entendo que a situação pessoal da autora possa indica outra situação, qual seja, a autora não detém condições para, livre e vinculativamente, trabalhar para autossustentar-se, haja vista o quadro clínico posto nos autos".

Capítulo 79

DOENÇAS RARAS

A expressão "doenças raras" é de manejamento recente no Direito Previdenciário. Pouquíssimos jusprevidenciaristas cuidaram desse assunto, pelo mesmo até a realização do Congresso de Mobilidade, realizado na Faculdade de Medicina de São José do Rio Preto/SP em 20 de agosto de 2015.

Todavia, esse tema é relevante; o portador de uma dessas patologias, que chegam a ser de 8 mil em todo o planeta, poderá ser vítima de um agravamento incapacitante e, então, interessando à previdência social.

Importa, no contexto médico e epidemiológico, desde já pontuar claramente o que significam as doenças raras para que se possa avaliar os desdobramentos em termos de incapacidade para o trabalho.

Na União Europeia, consideram-se doenças raras as que surgem em cerca de 5 casos em 10.000 pessoas, considerando o total da população da UE. Note-se ser avaliação demográfica e epidemiológica. Em si esse conceito não considera a patologia propriamente dita, mas sua presença em face da população.

Afetam cerca de 6% da população, ou seja, 600 mil pessoas em Portugal.

Semanalmente são identificadas quatro novas doenças raras. Elas apresentam os seguintes exemplos:

– Doenças crônicas sérias, degenerativas e que normalmente colocam a vida em risco.

– Doenças incapacitantes– a qualidade de vida é comprometida devido à falta de autonomia.

– Doenças cuja dor e sofrimento do indivíduo ou da família é elevado.

– Doenças incuráveis, mas os sintomas podem ser tratados para melhorar a qualidade de vida e a esperança de vida.

Do ponto de vista da perícia médica o que interessa é saber identificá-la em face da possibilidade do seu agravamento e se ela produz incapacidade para os diversos fins (benefícios por incapacidade, deficiência, interdição dos filhos menores de 21 anos e da viúva ou companheira do segurado falecido, prestação da LOAS etc.).

No mais será tratada como é, uma doença, uma doença rara.

A perícia médica considerada cifra-se à inaptidão laboral ou social.

Presente, ela deflagra o auxílio–doença, aposentadoria por invalidez ou auxílio–acidente no RGPS. A aposentadoria por idade e aposentadoria por tempo de contribuição, se o segurado for pessoa com deficiência. E o benefício assistenciário da LOAS.

No seguro social é inadmissível a percepção de uma prestação do incapaz, caso ele tenha ingressado no regime de previdência portador da incapacidade. Todavia, havendo progressão ou agravamento da doença, ela se torna possível. Daí ser de relevância em cada caso a determinação da DII.

Devido a problemas de nomenclatura importa relevar o significado usual de alguns dos institutos protetivos.

a) doença

O termo "doença" designa um agravo pessoal, profissional ou social, de natureza fisiológica ou psicológica, parcial ou total, temporário ou permanente, que obste ou reduza o poder do ser humano existir, viver em sociedade ou trabalhar, com vistas aos meios dignos de subsistência.

Pode provir da atividade profissional, então chamada de acidentária ou não, nesta última hipótese assumindo o título de comum.

b) enfermidade

Sinônimo de doença, uma expressão utilizada no passado significa um doente internado em enfermaria.

c) deficiência

A deficiência é limitação pessoal leve, média ou grave que, embora permita o exercício de atividades, sobremaneira a dificulta justificando benefícios antecipados.

d) doença negligenciada

Doenças que não têm sido objeto de atenção das políticas de saúde do Estado.

e) doença tropical é própria de certas regiões do planeta (chagas, hanseníase, leshmaniose etc.).

f) síndrome

Síndrome é um sinal ou sintoma de uma doença, embora seja também empregado significado doença ou deficiência, caso da AIDS ou Down.

g) Incapacidade

A incapacidade consiste em a pessoa não deter condições de trabalhar, óbices de ordem física ou psicológica, e até social, que impeçam o exercício de uma atividade pessoal, profissional ou empresarial.

Quem define esse cenário técnico é a perícia médica do órgão gestor da Previdência Social. Quando de litígio, a perícia médica judicial.

h) Doença rara

É uma doença, epidemiologicamente considerada em função de sua presença na população, um agravo distinto que gera dificuldades para o trabalho varia conforme sua natureza. Seriam 7.000 delas em todo o mundo.

De modo geral, costuma ser definida como aquela que afeta de 0,5% a 7% por 10.000 habitantes. Vale dizer: 420 a 560 milhões no mundo e 13 milhões no Brasil, com 80% provindo da genética e 20% devido a infecções.

Tem origem semelhante da doença. Vale dizer, pode ser genética, da faixa etária, degenerativa, infortunística ou adquirida ao longo do tempo.

Os benefícios previdenciários são quatro: auxílio–doença, aposentadoria por invalidez, auxílio–acidente e a pensão por morte do filho ou irmão inválido e do cônjuge. Quando da deficiência são dois: aposentadoria por idade e aposentadoria por tempo de contribuição.

O sinistro protegido é evento determinante, a indisposição para o trabalho ou a deficiência. Neste último caso a pessoa tem aposentadoria por idade cinco anos antes e a aposentadoria por tempo de contribuição com redução de 2, 6 e 10 anos, conforme possua limitação leve, média e grave.

Com exceção do benefício da LOAS, na condição de beneficiário terá de atender três requisitos: qualidade de segurado, período de carência e evento determinante.

Capítulo 80

DIREITO DOS TRANSEXUAIS

Brevemente o legislador pátrio terá de enfrentar a situação institucional e jurídica do direito dos transexuais, importando agora as que dizem respeito à previdência social.

Os aspectos antropológicos, sociológicos e psicológicos, bastante complexos, são pouco estudados no Direito Previdenciário.

Os óbices dessas pessoas para serem reconhecidas são enormes, absurdos e discriminatórios, além de inconstitucionais, conforme se vê no *Universitários Transexuais*, de Mirela Souza e Wesllen Maicon (*in* Entre Linhas. São João da Boa Vista: UNIFAE, 2015, p. 3).

Ser transexual é viver injustiçado pela natureza. Depois da cirurgia, não é exatamente um homem ou uma mulher, mas pessoa com alguns reparos.

Questões vernaculares

Transexualismo designaria uma doença, transexualidade, uma condição humana. A primeira expressão é politicamente incorreta, como falar em homossexualismo.

Redesignação sexual é o título atribuído a quem fez a transgenitalização.

A transgenitalização é um processo psicológico, medicamentoso e cirúrgico mediante o qual a pessoa assume o sexo que deseja possuir.

Hermafrodita é quem nasceu com órgãos sexuais femininos e masculinos, enquanto assim se mantiver.

João Bosco Penna e Olga Juliana Aud, professores da UNESP, relatam outras figuras dos transexuais.

Intersexualismo será descrição do portador de sexo hesitante. Homossexualismo de quem optou por se aproximar de alguém com sexo igual ao seu.

Transexualismo, uma síndrome psiquiátrica profundamente dramática e desconcertante, na qual a pessoa se identifica com o sexo oposto (Consequências Jurídicas da Cirurgia de Transgenitalização).

Noção de transexualidade

É a condição fisiológica, psicológica e sociológica do indivíduo que, mediante e após cirurgia física e acompanhamento médico especializado em transexualidade, mudou de sexo.

Envolve todos os atos do transgênero e suas complicações e soluções médicas.

Características da transexualidade

a) Incompreensão do fenômeno pessoal.

b) Desconforto com a anatomia detida.

c) Disposição subjetiva de eliminar os genitais.

d) Distúrbios por pelo menos dois anos.

e) Ausência de transtornos mentais.

f) Convivência social após a cirurgia.

Definição de transexual

Pessoa de um sexo que após a cirurgia de transexualização adotou o sexo oposto ao de seu nascimento, gerando efeitos práticos e jurídicos de variada ordem.

Para Gerald Ransey são pessoas que:

1. Buscam tratamento hormonal permanente e/ou cirurgia de redesignação sexual;

2. Complementam algumas fases de tratamento hormonal e/ou cirúrgico de redesignação sexual, e estão satisfeitos com os resultados;

3. Aspiram a um tratamento hormonal e/ou com cirúrgica de redesignação sexual, mas que – por razões religiosas, políticas, financeiras ou outras – não podem participar ativa, plena ou publicamente neste processo (*Transexuais – Perguntas e Respostas*. São Paulo: Edições GLS, 1996. p. 32).

Maria Helena Diniz, citando Aldo Pereira (*Dicionário da Vida Sexual*. São Paulo: Abril, Cultural) diz que é a condição sexual da pessoa que repudia a sua identidade genética e a própria anatomia de seu gênero, identificando-se psicologicamente com o gênero oposto (*apud O Estado atual do Biodireito*. 9ª ed. São Paulo: Saraiva, 2014. p. 364).

Data da transformação

Um tema em aberto, aparentemente sem reclamar algum período de carência ou não, e a partir de qual data se deflagram os efeitos jurídicos, eitando-se que seja com a alta médica após a cirurgia e a recuperação.

Efeitos previdenciários

Os homens que se tornaram mulheres têm diminuído em cinco anos o tempo para a aposentadoria por tempo de contribuição e por idade.

Da mesma forma, os professores e as pessoas com deficiência.

O inverso se dá com as mulheres que alvitraram serem homens.

Revisão da transexualização

Embora ainda rara a hipótese, a ciência médica não exclui o arrependimento da pessoa e o retorno ao sexo anterior com as dificuldades médicas de toda ordem inerentes.

Exame fisiológico

O interessado terá de provar que se submeteu à cirurgia médica e alterou o seu sexo de nascimento.

Tratamento psicológico

Consumação da condição de transexual pressupõe perícia e acompanhamento médico antes e depois da transexualização.

Condição após cirurgia

Atualmente, não se pode afirmar que após a cirurgia a pessoa seja exatamente mulher ou homem devido às lembranças, traumas e discriminações que sofreu.

Questões polêmicas

A legislação terá de disciplinar pelo menos quatro situações reais:

I) Quem promoveu essa experiência transformadora bastante jovem e viveu a vida com o novo sexo.

II) O que a promoveu na maturidade, próximo da data da aposentação.

III) Quem promoveu a cirurgia quando desfrutava da meia-idade.

IV) Quem se sente com outro sexo, mas vive sem a cirurgia e poderia ser chamado de trans-hesitante.

A primeira hipótese considerará a eficácia do novo sexo, sobrevindo aumento ou diminuição de cinco anos, pois a pessoa viveu a maior parte de sua vida com ele.

Uma segunda rejeitará esse entendimento.

Na terceira obrigará ao cálculo de uma média aritmética levando em conta os cinco anos (a diferença entre os segurados do sexo feminino e masculino).

Na última, continuará sendo como nasceu.

Marido e mulher

Uma união civil ou estável em que um dos cônjuges ou companheiros mudou de sexo, se continuarem mantendo a vida em comum, se reduzirá a condição de união homoafetiva, sem prejuízo da situação previdenciária.

Exame no INSS

Para produzir os efeitos desejados, o requerente de um benefício que distingue o sexo terá de fazer a prova da mudança havida perante a perícia médica do INSS, com a apresentação de documentos comprobatórios.

Doutrina Nacional

Recomenda-se a leitura do livro de Gerald Ramsey *Transexuais – Perguntas e Respostas*. (São Paulo: Edições GLS, 1996).

Segundo Maria Helena Diniz: "O transexual é portador de desvio psicológico permanente de identidade sexual, com rejeição do fenótipo e tendência a auto-mutilação e autoextermínio" (*O Estado atual do Biodireito*. 3ª ed. São Paulo: Saraiva, 2006. p. 966).

Diz Rodrigo Chandohá da Cruz que "Cumpre ainda comentar que é opinião do autor deste trabalho, que o transexual feminino não se importará em trabalhar e contribuir por mais 5 (cinco) anos, pois isso serão comprovação de que o mesmo está sendo respeitado pela sociedade e pelo ordenamento jurídico" (*A concessão de aposentadoria ao transexual equivalente ao sexo adequado*. Curitiba: Editora CRV, 2014. p. 63).

Atendimento do SUS

O SUS tem de receber todo brasileiro em matéria de assistência à saúde. O interessado deve procurar um posto de atendimento para uma análise terapêutica. Depois do tratamento com hormônios, é encaminhado a um endocrinologista para acompanhamento médico.

Em 14.8.07, a 3ª Turma do TFR da 4ª Região, em um processo relatado por Roger Raupp Rios, deu prazo de 30 dias para o SUS incluir a transgenitalização no seu campo de atuação, notícia constante do "25 anos – Decisão histórica. O SUS deve custear cirurgia de mudança de sexo".

TOMO V

NUANÇAS JURÍDICAS

Capítulo 81

JUSTIÇA COMPETENTE

Quando de dissídio que envolva tão somente o beneficiário e o INSS, à luz do que dispõe o art. 109 da Carta Magna, o órgão judiciário competente é a Justiça Federal.

A petição inicial da ação correspondente será protocolada no Juizado Especial ou na Vara Previdenciária.

Presente o INSS como parte, pouco importará se a prestação pretendida (benefício ou serviço) se refere a uma prestação acidentária ou comum, ainda que se discuta a presença de um sinistro infortunístico.

É consabido que muitos juízes trabalhistas atribuem-se equivocadamente a competência para apreciar conflitos relativos à infortunística laboral (uma vetusta polêmica processual em aberto).

Nessa discussão, o que releva é o órgão gestor da previdência social ser uma autarquia federal submetida à União. Em se tratando dos conflitos gerados em matéria de perícia médica relativa às prestações securitárias, máxime as previdenciárias, essa é a instituição capaz, formal e juridicamente.

Controle profissional

Excepcionalmente, num conflito em que parte o órgão de controle do exercício profissional, se for um terceiro interessado, a justiça competente será a estadual.

Uma ação de dano moral contra a pessoa física do médico perito caberá composição nessa mesma justiça.

Questão laboral

Ausente um empregador na lide, a Justiça do Trabalho não se manifesta sobre a perícia médica do INSS, excetuado, se presente discordância quando se discuta a aptidão para o exercício de atividade apurada por médico de trabalho da empresa e no ambiente estritamente laboral e sem envolver a Previdência Social.

Servidor público

Por ocasião de conflitos, os servidores federais debaterão as pendências no âmbito da Justiça Federal, diante da participação da União.

Na hipótese dos servidores estaduais e municipais, o ente competente é a Justiça Estadual, para apreciar o feito.

Previdência privada

Caso um participante conteste a perícia médica promovida por um fundo de pensão, direta ou indiretamente, terá de se haver com uma ação arrolando as duas partes da relação jurídica de previdência fechada (participante e EFPC), circunstância em que o órgão judiciário competente é a Justiça Estadual, por não envolver questão trabalhista.

Exceto, evidentemente, nos antigos planos contábeis empresarias.

Se a questão sob análise envolver a PREVIC, a Justiça Federal é autorizada a compor o eventual debate.

O fundo de pensão que complementar prestação básica dos servidores tem natureza de entidade pública, o que atrai a competência da Justiça Federal (União) ou estadual (Estados e Municípios).

Capítulo 82

PRESUNÇÕES VIGENTES

No respeitante à eficácia inexiste presunção *jure et de jure* de validade da perícia médica; de que ela não se presume absolutamente válida. Evidentemente um laudo médico elaborado por profissional habilitado correspondente a certa conduta técnica legal ocorrida arma a concepção de que ele derivou de uma ação médica eficaz.

Divergir da conclusão contida nesse documento implica o ônus da prova em contrário.

As hipóteses em que o médico perito conclui pela aptidão presumida são poucas e em casos extremados. De regra, ele terá de verificá-la à exaustão.

Se o segurado faleceu posteriormente ao exame, não será estranhável deduzir que possa ter sido devido à doença que alegara possuir e que o incapacitava para o trabalho.

Há, aí sim, uma presunção relativa que os fatos apurados *a posteriori* confirmarão ou não.

Quando a *causa mortis* constante da certidão de óbito ou de alguma declaração escrita do profissional responsável menciona patologia sustentada pelo beneficiário, admitir-se-á que o beneficiário tenha falecido em razão dessa patologia e ela poderia ser incapacitante, fazendo jus a algum benefício.

Note-se que no instante do exame alguém pode estar apto para o trabalho e falecer incapaz algum tempo depois.

Embora raras, em algumas circunstâncias é bastante visível a incapacidade do ser humano, bastando observá-lo a certa distância, tornando desnecessária qualquer perquirição individual.

Capítulo 83

INTERPRETAÇÃO DA MATÉRIA

Interpretar os sintomas, os sinais e as declarações do examinado é tema da esfera técnica do médico perito. Ele saberá apreender essas informações, processá–las e daí extrair conclusões que induzirá seu laudo técnico.

Quase do mesmo modo interessa como o terceiro autorizado interpreta a ação do profissional e o conteúdo expresso no seu laudo técnico. Tem de haver identidade entre o seu encaminhamento científico e as conclusões; descabem discordâncias de raciocínio.

Até que se possa evidenciar o contrário, o oponente partirá da alegação de que o beneficiário é portador da patologia que expressou quando do exame, restando saber da intensidade da aptidão daí resultante, se é obstativa ao trabalho.

O médico perito, ainda que não compromissado com a oitiva dessa informação, deve partir das alegações do periciado. É ele quem sofre os agravos.

Como antecipado, subsiste certa presunção relativa da capacidade científica do *expert* e do seu acerto nas verificações, exceto se suas razões finais forem visivelmente conflitantes.

De todo modo, alegações contrárias terão de ser provadas por quem as fizer.

Importa muito que na ocasião o perito distinga as prestações previdenciárias das assistenciárias; são institucionalmente diferenciadas, entre as comuns e as da pessoa com deficiência e mesmo entre as apenas previdenciárias separar os beneficiários da classe média e da classe baixa, de quem exerce trabalho braçal e intelectual.

Rigorosamente, o que pode interpretar são as normas jurídicas que tratem da perícia médica em tese.

Tomemos um clássico da exegese jurídica: *in dubio pro misero*.

Se ao final de toda a perícia, examinados os laudos laboratoriais, realizada em plenas condições instrumentais, não for possível ao médico perito chegar a uma conclusão final sobre a alegação do examinado, na dúvida, ter–se–á que concluir a favor do alegado. Será preferível errar na avaliação do que deferir uma prestação indevida, do que negá–la neste caso.

Capítulo 84

RECONHECIMENTO DA VERACIDADE

A Administração Pública goza de inúmeras prerrogativas, atributos e presunções que tornam possível a previdência social exercer a função de gestora oficial estatal.

Até que se prove o contrário, ela pratica o ato jurídico perfeito e não pode ser acoimada de ilegitimidade, falsidade ou protecionismo em favor de ninguém.

O médico perito não é um auxiliar da administração como é perito judicial do Poder Judiciário, ele é o servidor integrante dessa administração. E, diferentemente do procurador, não é defensor do INSS, mas um técnico habilitado para decidir questões que interessam ao administrado ao administrador.

Uma perícia médica é ato administrativo indispensável para configurar ou não direito a um determinado estado jurídico; o mais comum deles é autorizar a concessão de uma prestação quando ela depende da inaptidão para o trabalho.

Isso é uma convenção histórica e técnica necessária que assinala a previdência social e o seguro privado desde o seu dealbar. O segurado que pretende um benefício por incapacidade carece provar essa condição submetendo-se a um exame médico. Poderia fazê-lo mediante declarações particulares, mas isso nunca foi tentado.

Por outro lado, quando decidir desfavoravelmente a pretensão, o INSS tem o ônus de provar o contrário.

Nesse sentido, entende-se que a perícia médica do INSS é legítima, totalmente isenta e capaz de apurar a mencionada incapacidade, gozando da presunção de veracidade da suas conclusões técnicas.

Não se trata de presunção absoluta, é *juris tantum*, comporta prova em contrário; quer dizer, pode ser desfeita mediante oposição convincente. O que, aliás, é bastante comum.

O significado dessa presunção quer dizer que oponente onera-se com o dever de demonstrar que a perícia se equivocou; isto é, ele assumiu o ônus da prova em contrário.

Capítulo 85

ADMISSÃO DE INVALIDEZ

De regra, a perícia médica é ato uno e independente, esgota-se em si, podendo se louvar em decisões emprestadas como subsídio técnico sem fixar compromisso institucional com outras conclusões anteriores.

No comum dos casos, a invalidez não se presume, ainda que os indicadores presentes sejam significativos; em cada exame, ela terá de ser constatada ou não.

De todo modo, poderá ser impugnada ou reexaminada *a posteriori*.

Evidentemente, em circunstâncias extremas existem cenários clínicos que abrigam uma presunção relativa. Alguém indiscutivelmente era portador de uma patologia e se dela tratava com um médico, vindo sua *causa mortis* decorrer dessa mesma patologia, restará evidente a invalidez antes do óbito.

Um servidor público aposentado por invalidez, ao mesmo tempo filiado ao RGPS, quando da perícia médica no INSS poderá trazer para o exame da autarquia a Carta de Concessão do Serviço Público, os laudos técnicos oficiais e atestados médicos, terá de se submeter ao exame da Previdência Social.

Igual raciocínio vale para o deferimento de complementação de um fundo de pensão fechado ou aberto ou do seguro privado, quando assim dispuser o Regulamento Básico da entidade. Pelo menos até a LC n. 109/01 presumia-se a validade da previdência básica e a simples exibição da Carta de Concessão do INSS era suficiente para a complementação.

Examinando questionamento distinto, que envolvia o seguro privado, o TRF da 2ª Região entendeu que a concessão da aposentadoria por invalidez pelo INSS não garantia estar presente o sinistro na cláusula contratual de um seguro por invalidez em ação relatada pela Desembargadora Vera Lúcia Lima, acolhendo apenas a presunção relativa de invalidez do segurado (AC n. 2008.50.01.000142-1, *in Revista Síntese Trabalhista a Previdenciária* n. 313/172).

Na AC n. 10701092828451001, uma decisão do Tribunal de Justiça de Minas Gerais de 19.7.13 diz: "2. A aposentadoria por invalidez perante órgão previdenciário oficial induz apenas presunção relativa para a pretensão ao recebimento da indenização securitária, não podendo ser utilizadas como fundamento único para embasar o pleito".

Na AC n. 2002.0110929946, do Tribunal de Justiça do Distrito Federal, de 7.1.11.08, é possível ver que "1 – os atos praticados pelo INSS gozam de presunção relativa de legitimidade, portanto, podem ser confrontados por prova em contrário".

Capítulo 86

SUSTENTAÇÃO ORAL

No âmbito do Direito Previdenciário Procedimental do RGPS há previsão administrativa de um Recurso Ordinário ou um Recurso Especial, acompanhados de defesa recursal com sustentação oral quando do julgamento (art. 32 da Portaria MPS n. 548/11).

Diz o referido dispositivo:

"Quando solicitado pelas partes, o órgão julgador deverá informar o local, data e horário do julgamento, para fins de sustentação oral das razões do seu recurso".

Significa que o beneficiário, acompanhado ou não de advogado ou de médico assistente, durante a sessão de julgamento do feito, poderá se manifestar verbalmente na tentativa de convencer os conselheiros da impropriedade da perícia médica havida pelo INSS.

Nada impede que ele se sirva de todos os meios persuasórios admitidos em Direito, entre os quais a apresentação de novas provas testemunhais, documentais ou materiais da sua situação, com a juntada prévia de memoriais.

Destarte, como *in casu* da perícia médica somente se discute matéria fática, o interessado pretende influir no pensamento dos julgadores da JRPS (e até da CAj do CRPS) de estar incapaz para o trabalho ou de que esteve quando do pedido de um benefício.

Pena que disponha de apenas 10 minutos para apresentar suas razões.

Uma parte interessada no dissídio, o INSS poderá se fazer representar por procurador federal ou assistente técnico durante o julgamento (art. 32, § 1º) e, da mesma forma, sustentar suas razões.

Acresce o § 2º que:

> Até o anúncio do início dos trabalhos de julgamento, a parte ou seu representante poderão (sic) formular pedido para realizar sustentação oral ou para apresentar alegações finais em forma de memoriais.

Esse é o prazo limite para tal pedido que, no caso, será verbal.

Mediante a aplicação do e–Recurso, as JRPS podem acolher a sustentação oral mediante videoconferência, como aconteceu em 9.8.12, em Belo Horizonte/MG (Lei n. 12.527/12).

Registre–se que o Juiz federal Nazareno César Morais Reis, da 1ª Região, em 16.1.15 acatou as conclusões de laudos médicos particulares em detrimento das apreciações oficiais e até mesmo dos exames periciais judiciais (Proc. n. 0027599–98.2005.4.02.4000, *in Rep. IOB de Jurisp.*, p. 141).

Durante a sustentação oral, o beneficiário é quem tem a palavra e não deve ser interrompido. Ele exporá suas razões e poderá observar a conduta da perícia médica, gestando nesse momento a possibilidade de uma acareação entre as partes. Os conselheiros julgarão quem tem razão.

Não há, aí, então, a ocorrência de uma perícia médica, mas ocorrerá um simulacro que permitirá aos julgadores tomarem conhecimento da matéria.

Capítulo 87

INDENIZAÇÃO CIVIL

Não necessariamente fora da esfera do Direito Previdenciário há muito tempo subsistem disposições legais que tratam da indenização devida à pessoa que sofreu a ação ilícita de alguém.

De modo bem geral, a esse respeito diz o art. 186 do Código Civil:

> Aquele que, por ação ou omissão voluntária, negligência ou imprudência, violar direito e causar dano a outrem, ainda que exclusivamente moral, comete ato ilícito.

Por conseguinte, nessas condições, o autor de um ato negligente ou imprudente pode causar danos a terceiros.

Por seu turno, reza o art. 926:

> Aquele que, por ato ilícito (arts. 186 e 187), causar dano a outrem, fica obrigado a repará-lo.

A Lei n. 10.406/02 vai além:

> Parágrafo único. Haverá obrigação e de reparar o dano independentemente de culpa, nos casos especificados em lei, ou quando atividade normalmente desenvolvida pelo autor do dano implicar, por sua natureza, risco para os direitos de outrem.

Sendo vítima de ato ilícito, quando se tratar de dano material ou psicológico o prejudicado deverá demonstrar a presença desse prejuízo pessoal. Entre outros aspectos, terá de fazê-lo mediante um exame médico pericial, que avaliará a intensidade da agressão.

O médico perito examinará um ofendido, física ou psicologicamente.

Nesse sentido, despreocupado com a autoria, responsabilidade ou ilegitimidade, seu esforço concentra-se no estado sanitário da pessoa, cabendo-lhe investigar o agravo e determinar-lhe a intensidade para que seja apurado por terceiro o volume da reparação.

Capítulo 88

RELEVÂNCIA DA PERSUASÃO

É bem provável que 85% dos questionamentos administrativos e judiciais da previdência social digam respeito a demonstração do direito subjetivo a uma prestação; boa parte deles é de persuadir o INSS da incapacidade laboral.

Estar ou não incapaz é o grande problema em termos de muitas pretensões previstas na legislação e, principalmente, do tipo, do nível de obstáculo ao trabalho ou vida social.

Os outros 15% não tratam de matéria fática, mas apenas formal, principalmente as jurídicas.

Institucional, histórica e convencionadamente os beneficiários têm o ônus de convencer o órgão gestor de que, além dos requisitos formais, preenchem o evento determinante que varia conforme cada prestação.

Provar a incapacidade para a tarefa habitual, impossibilidade de reabilitação, sequela, tempo de contribuição, idade, exposição a um agente nocivo, magistério, filhos menores de 14 anos, gestão, óbito, prisão, etc., consoante se trata de auxílio-doença, aposentadoria por invalidez, auxílio-acidente, aposentadoria por tempo de contribuição, aposentadoria por idade, aposentadoria especial, professor, salário-família, salários-maternidade, pensão por morte e auxílio-reclusão.

A principal atribuição intelectual e material do interessado ou do seu representante legal é deter os meios de prova, estar convencido de sua validade, e apresentá-los ao INSS pra apreciação.

Neste caso, é consabido que usualmente subsistem provas acolhidas pela autarquia federal e indeferidas, inaugurando-se um conflito de opiniões (*A Prova no Direito Previdenciário*. 4ª ed. São Paulo: LTr, 2015).

Isso ressalta a evidente importância da prova e como ela será produzida quando do requerimento de uma prestação ou por ocasião de um recurso de inconformidades, sabendo-se que o órgão julgador administrativo ou judicial, quando de dissídio, terá de apreciar essa prova e decidir.

À vista da perícia médica, é saber que elementos devem ser trazidos ao exame do *expert*.

Capítulo 89

PROVA EMPRESTADA

Diante de uma perícia emprestada que apresente as características essenciais desse instituto técnico, observados todos os parâmetros legais da hipótese, o médico perito pode aproveitá-la *in totum*, dispensando a realização da nova perícia solicitada (mas não deveria).

A hipótese não é singular em relação a quem esteja protegido por mais de um regime previdenciário ou securitário, caso do servidor público que também exerce uma atividade na iniciativa privada compatível com a filiação ao RRPS, ou de qualquer um trabalhador que, cumulativamente, faz parte da previdência privada e celebrou um contrato com o seguro privado.

Releva configurarem-se preenchidos os requisitos lógicos mínimos de uma verificação em condições ideais e incontestadas, tratando-se do mesmo sinistro, contemporaneidade e finalidade (idêntica pretensão do examinado).

Muitas vezes, devido à oportunidade, esse tipo de prova anterior realizou-se em melhores condições e cabe ao médico perito sopesar o seu laudo técnico para certificar-se de sua propriedade científica.

É assente que os critérios aceitos no serviço público não coincidem com os médicos particulares, médicos do trabalho, peritos judiciais e, principalmente com a perícia médica do INSS. Como são mais generosos, que os outros no que diz respeito às incapacidades, não há por que deixar de aproveitar essa perícia anteriormente executada e homologá-la, à evidência se o médico perito se convencer de sua idoneidade técnica. Terá de avaliar com muito cuidado o laudo técnico apresentado para que não pairem dúvidas sobre a dispensa do exame.

Evidentemente basta apenas o descumprimento de um dos seus pressupostos, como ser verificação antiga, o tempo ter afetado a higidez do examinado, cuidar-se de outra pretensão e subsistir desigualdade na norma legislativa, para que essa prova não possa ser utilizada.

Todavia, é bom ressaltar que, de todo modo, ainda que não possa ser usada diretamente, ela poderá informar a nova perícia, se contiver elementos aproveitáveis.

Antonio Carlos Vendrame assevera que a despeito de a perícia judicial ser personalíssima, ele defende a prova emprestada (*O uso da Prova Emprestada em Perícia Judicial*. Jornal do 1º *Congresso Brasileiro de Segurança e Saúde do Trabalho*. São Paulo: LTr, 2000. pp. 37/38).

Em suma, a prova emprestada tem de ser boa, quando o autor pretende substituir a própria. José Carlos Manhabusco retrata uma decisão judicial em que o autor foi prejudicado por isso, mas ele desprezava essa possibilidade sempre que trazida ponha dúvidas sobre a sua conclusão (ob. cit., p. 65).

Capítulo 90

DIREITO PROCEDIMENTAL

Pontua o art. 126 do PBPS:

"Das decisões do Instituto Nacional do Seguro Social – INSS nos processos de interesse dos beneficiários e dos contribuintes da Seguridade Social caberá recurso para o Conselho de Recursos da Previdência Social, conforme dispuser o regulamento".

Essa matéria está amplamente disciplinada na Lei n. 9.784/99 e na Portaria MPS n. 548/11.

O beneficiário, segurado ou dependente, inconformado com o resultado negativo de uma perícia médica, principalmente nos casos de benefícios por incapacidade, além do Poder Judiciário federal a sua disposição, tem o direito subjetivo administrativo de recorrer dessa decisão no âmbito do MPS.

E, obrigatoriamente, de tomar conhecimento de uma decisão final transitada em julgado, possivelmente no nível do Conselho de Recursos da Previdência Social – CRPS, à evidência cumprido o devido processo legal e disposições pertinentes do CPC.

Da decisão da autarquia federal (primeira instância) poderá recorrer à Junta de Recursos – JRPS (segunda instância) e, posteriormente, se for o caso, para a Câmara de Julgamento – CAj do CRPS (terceira instância).

Os prazos para o Recurso Ordinário e Recurso Especial, concebidos para essas inconformidades, são de 30 dias. Isso sem falar em alguns recursinhos admitidos em matéria de indeferimento de pedido de auxílio–doença (IN INSS n 77/15).

Interessa agora a inconformidade material do indeferimento da pretensão, ou seja, no comum dos casos, o segurado se julgar incapaz para trabalho e isso não ser reconhecido pela perícia médica do INSS.

Nestas condições, um recurso escrito trará provas documentais de sua inaptidão laboral a serem examinadas por um colegiado de quatro conselheiros que, *in casu*, apreciarão tão somente as condições de saúde do irresignado trabalhador recorrente.

Importa, pois, que ele arrole toda sorte de provas, em particular laudos médicos para tentar convencer os julgadores da Junta de Recursos.

Ao final de todo o procedimento recursal (e até ante antes disso), poderá buscar proteção na Justiça Federal, onde disporá de novas três instâncias processuais.

Alçada da JRPS

Em disposição inusitada para um verdadeiro código procedimental administrativo que objetiva a apuração da verdade, diz o art. 18 da Portaria n. 548/11:

> Constituem alçada exclusiva das Juntas de Recursos, não comportando recurso à instância superior, as seguintes decisões colegiadas:
>
> I – Fundamentada exclusivamente em matéria médica, quando os laudos ou pareceres emitidos pela Assessoria Técnico–Médica da Junta de Recursos e pelos médicos peritos do INSNS apresentam resultados convergentes.

Quer dizer, primeiro é preciso distinguir o médico perito do INSS, quem examinou o reclamante e Assessor Técnico da Junta de Recursos. Se ambos entenderem que não há incapacidade, não haverá possibilidade de a Junta de Recursos apreciar um recurso do interessado. Aparentemente essa disposição limitadora do direito de recurso baseou–se na presunção relativa de legitimidade do ato administrativo.

Perícia médica da JRPS

Encaminhados os autos por despacho, o Assessor Técnico–Médico da JRPS apreciará a decisão do médico perito do INSS e as razões do reclamante (art. 53, § 6º). Igual se passa quando do exame do direito à aposentadoria especial.

Suspensão do art. 53, § 6º

Ocorre que esse último dispositivo foi suspenso pela Portaria MTPS n. 591/12 "enquanto perdurar os efeitos da Portaria MPS/SE/n. 1.474, de 7 de dezembro de 2012".

Posição final

Sob pena de se desnaturar seu papel, o CRPS tem de deter a liberdade procedimental de julgar os feitos a despeito da opinião do INSS, do seu médico perito e do assessor da Junta ou Câmara de Julgamento. Essa a nossa conclusão e a de Luis Henrique Cunha Muhlmann (As perícias médicas previdenciárias vinculam o órgão administrativo recursal? *in Jus Navigandi*).

Capítulo 91

IMPUGNAÇÃO DO LAUDO

Perícia médica não é ato absoluto; ela compreende um reexame de sua realização por variados motivos objetivos e subjetivos, desenvolvimento, além de outros elementos desconstituintes das conclusões.

Pode ser impugnada e frequentemente é, especialmente quando operada por perito judicial.

São comuns os recursos de inconformidades pessoais, administrativas e judiciais da perícia em si e do resultado do exame quando esses elementos não satisfazem o periciado.

Após a negativa da APS, a apelação será encaminhada à Junta de recursos, devendo contemplar substancialmente as informações formais e mérito das divergências presenciadas.

Da mesma forma esses itens mínimos deverão fazer parte da petição inicial ao Poder Judiciário ou, quando cabível, dos recursos subsequentes.

Num processo judicial esse documento deverá apresentar a contestação, pelo menos sob dois aspectos estruturais: a) formais e b) materiais.

À evidência, alguns dos aspectos formais:

I) dirão respeito à conduta pessoal do médico perito, indisposto *ab initio* com o periciando;

II) pouco ou nada examinou, limitando-se a conversar e sem sequer indagar algo do interessado;

III) não quis ouvir as queixas apresentadas pelo beneficiário; e

IV) ficou sem apreciar provas complementares trazidas exibidas para o exame.

No pertinente aos aspectos materiais dirão respeito ao mérito da incapacidade alegada.

I) o examinador não levou em conta o CID;

II) apreciou genericamente o examinado;

III) a consulta foi muito rápida;

IV) despreocupou-se com a doença profissional;

V) teve quase nenhum interesse na matéria envolvida com a incapacidade;

VI) revelou pouco conhecimento técnico sobre a patologia considerada;

VII) não desenvolveu sua análise de forma lógica, sistematizada e científica; e

VIII) faltou fundamento lógico para a conclusão.

Na Apelação Cível n. 0050444-06.2012.8.07.0015, do TJ do DF, de 19.11.04, concluiu-se: Direito Previdenciário e Processual Civil. Ação acidentária. Agravo Retido. Impugnação à Perícia Médica Judicial. Auxílio-Acidente. Requisitos. Nexo Causal. Inexistência. Laudo Pericial. Prevalência. Benefício Previdenciário Indevido. 1. Desnecessária a produção de nova perícia médica quando esclarecidas por profissionais qualificados todas as questões pertinentes à lide. Agravo retido não provido. 2. Os requisitos para a concessão do auxílio-acidente são a ocorrência de acidente de trabalho, a existência de moléstia incapacitante, nexo de causalidade que enlace o sinistro ou a enfermidade às atividades profissionais desempenhadas, bem como a perda ou redução da capacidade laborativa (artigos 19, 21-A e 86 da Lei n. 8.213/91). 3. Restando comprovada, por laudo pericial, a inexistência de nexo de causalidade entre a patologia apresentada e a atividade laboral exercida, não há que se falar em direito à percepção de auxílio-acidente, porquanto ausente requisito necessário à sua concessão. 4. Agravo retido conhecido e não provido. Apelação conhecida e não provida.

Como se vê, o relator não anteviu correspectividade entre a patologia do segurado e sua atividade ocupacional, todavia registrando-se que possivelmente o pedido se deveu a um auxílio-doença acidentário. Se isso não ocorreu, em todo o caso, durante de um auxílio-doença comum seguido de sequela, o magistrado não enxergou provas da acidentalidade.

A presença de advogados durante a perícia não é motivo para que ela seja invalidada, conforme se vê no Recurso Ordinário do TST n. 39100-46.2012.5.17.0000, de 14.11.13. Recurso Ordinário. Mandado de Segurança. Impugnação à proibição da presença dos advogados na perícia médica. Perícia realizada. Prolação de sentença. Perda de objeto. Conhecimento de ofício. A pretensão deduzida pelo impetrante, reclamante na ação matriz, é a de cassar ato judicial que determinou a realização da perícia médica sem a presença de advogados. Verificada a superveniência da realização da perícia, com encerramento da instrução processual e prolação da sentença, há perda de objeto da ação mandamental, a evidenciar a ausência de interesse jurídico a ser tutelado. Ainda que assim não fosse, a pretensão mandamental genérica de que seja deferido o acompanhamento dos advogados do reclamante em todas as diligências, encontraria óbice na Orientação Jurisprudencial n. 144/SBDI-2 desta Corte, bem como na possibilidade de recurso próprio para atacar eventual nulidade processual superveniente, nos termos da Orientação

Jurisprudencial n. 92/SBDI–II desta Corte. De ofício, denega–se o mandado de segurança, nos termos do art. 6º, § 5º, da Lei n. 12.016/09.

A impugnação do examinador tem momento para acontecer.

Agravo de Instrumento AI n. 10188100112203001/MG, de 17.3.14. Ação de Concessão de Auxílio–Acidente – Perícia Médica – Ausência de Impugnação à nomeação da Perita Médica no momento adequado – Preclusão – Perita especialista em Medicina do Trabalho – Desnecessidade de se realizar nova perícia – Não tendo o agravante se insurgido no momento oportuno contra a nomeação da perita, a questão restou alcançada pela preclusão. A perita especialista em medicina do trabalho se encontra plenamente capacitada para emitir laudo sobre doença respiratória comum entre trabalhadores da mineração, sendo desnecessário que o *expert* nomeado seja pneumologista. A repetição da perícia, consoante o art. 438 do CPC visa corrigir omissões ou inexatidões, sendo, portanto, cabível apenas quando o julgador da causa repute existirem tais vícios no laudo do primeiro *expert*. Agravo a que se nega provimento.

Apelação APL n. 0024729–31.2003.8.26.0602 (TJ–SP), de 26.3.15. Recurso de apelação. Direito Previdenciário. Auxílio–Acidente. Alegação de cerceamento de defesa. Rejeição. Perito médico que se mostrou apto à realização da perícia. Ausência de impugnação. Laudo pericial negativo. Mérito não impugnado. Ao estabelecer o princípio da proteção judiciária, dispondo que "a lei não excluirá da apreciação do Poder Judiciário lesão ou ameaça a direito" (art. 5º, XXXV, da CRFB), a Constituição eleva a nível constitucional os direitos de ação e defesa, face e verso da mesma medalha, dando a esses direitos conteúdos, assegurados durante todo o procedimento e indispensáveis ao correto exercício da jurisdição. A Constituição assegura aos litigantes o contraditório e a ampla defesa, com os meios e recursos a ela inerentes (art. 5º, LV, da CF). Defesa e contraditório estão indissoluvelmente ligados, porquanto é do contraditório (visto em seu primeiro momento, da informação) que brota o exercício da defesa; mas é essa – como poder correlato ao de ação – que garante o contraditório. A defesa, assim, garante o contraditório, mas também por este se manifesta e é garantida. Eis a íntima relação e interação da defesa e do contraditório. Como é cediço, o juiz é o destinatário da prova, cabendo–lhe a verificação quanto à necessidade e oportunidade para a sua produção, aferindo a utilidade da prova para formação de seu convencimento, nos termos do artigo 130, do CPC. O juiz detém o poder instrutório, podendo determinar *ex officio* a produção das provas que considere necessárias ao julgamento da lide, sendo a melhor exegese dos arts. 130 e 333, do CPC, momento em que decidirá fundamentadamente sobre as provas que entender indispensáveis. Na hipótese dos autos, o juízo *a quo* nomeou o perito em 17.08.12, não tendo a autora apresentado qualquer tipo de impugnação acerca da sua especialização. Apenas após a prolação da sentença de improcedência, a parte autora busca desqualificar o trabalho do *expert*. Ocorre, porém, que além de a autora não ter impugnado a nomeação do perito em momento oportuno, certo é que o profissional é clínico geral e declarou-se hábil a realizar a perícia médica. No mais, certo é que o laudo pericial é elucidativo e conclusivo, tendo o perito analisado a documentação carreada aos autos, bem como realizado exame na autora, respondendo, ainda que de forma objetiva, a quesitação formulada pelas partes. Por fim, o enunciado n. 155 deste Tribunal dispõe que "o mero inconformismo com as conclusões da prova pericial, desacompanhado de fundamentação técnica, não autoriza sua repetição." Nesse diapasão, não há que se falar em cerceamento de defesa ou nulidade da sentença recorrida. Quanto ao mérito, considerando que o apelante não impugnou especificamente os fundamentos da improcedência, limitando-se a requerer a nulidade do *decisum* por receio de defesa, inviável a análise da correção recorrida. Inteligência do art. 515, *caput*, do CPC. Recurso a que se nega seguimento.

Recurso Ordinário RO n. 9378201150100048/RJ (TRT-1), de 8.5.12. Doença Profissional. Perícia Médica. Comprovação do Nexo Causal. Impugnação de uma das partes ao resultado do Laudo Pericial. Direito à realização de uma Segunda Perícia. Previsão Legal. Garantia à ampla defesa atingida pelo indeferimento da produção de determinado meio de prova. Estando o deferimento da indenização por danos morais vinculado à comprovação do nexo de causalidade da enfermidade em razão do labor prestado e considerado a necessidade de exame pericial para a apuração de tal ocorrência, concluímos que deve ser assegurada a uma das partes a realização de uma segunda perícia, à luz da disciplina contida no art. 437, do CPC, quando o requerimento for fundado em impugnação fundamentada à conclusão contida no laudo pericial existente nos autos. O indeferimento da segunda perícia afronta a garantia constitucional de ampla defesa assegurada no art. 5º, inciso LV, da Constituição Federal.

Capítulo 92

REVISÃO DO EXAME

Nas circunstâncias em que cabível a providência ora cogitada, impor-se-á o reexame de uma perícia consumada.

As hipóteses são variadas e por ora a preocupação centra-se na regularidade técnica da execução daquele estudo técnico ocorrido.

Consultando o laudo médico emitido, uma autoridade capaz poderá determinar que a perícia seja refeita sem prévia determinação do resultado. Simplesmente uma reconsideração, pelo próprio perito ou por terceiros.

Essa tese foi acolhida pelo juiz relator Antonio Moliterno na AP n. 12063-94.2008.8.26.0482, do Tribunal de Justiça de São Paulo, em 12.12.13, *in Revista Síntese de Direito Previdenciário* n. 58/186, para apurar com exatidão o nexo de causalidade.

Como antecipado, isso pode sobrevir por inúmeros motivos, como, por exemplo, a falta de observação dos exames laboratoriais, erro técnico crasso, inexperiência do examinador ou impropriedades genéricas.

Tal análise posterior, operada por quem de direito, apontará as falhas, insuficiências e falta de tecnicidade do trabalho apreciado, que justifiquem sua revisão. À evidência, depois de verificado à exaustão o pressuposto de um pedido de revisão, que é a existência de fatos comprovados para isso.

Um laudo médico goza da presunção relativa de autenticidade e, portanto, carece que a revisão do seu ato médico seja calcada em fundamentos reais, pouco valendo simples suposições ou insatisfações genéricas do reclamante.

Capítulo 93

ISENÇÃO DO IR

Em seu art. 6º, inciso XIV, diz a Lei n. 7.713/88:

> Os proventos de *aposentadoria ou reforma* motivada por acidente em serviço e os percebidos pelos portadores de moléstia profissional, tuberculose ativa, alienação mental, esclerose múltipla, neoplasia maligna, cegueira, hanseníase, paralisia irreversível e incapacitante, cardiopatia grave, doença de Parkinson, espondiloartrose anquilosante, nefropatia grave, hepatopatia grave, estados avançados da doença de Paget (osteíte deformante), contaminação por radiação, síndrome da imunodeficiência adquirida, com base em conclusão da medicina especializada, mesmo que a doença tenha sido contraída depois da *aposentadoria ou reforma* (grifos nossos).

Quer dizer que as pessoas, trabalhadores e, assinaladamente, os aposentados, vítimas de uma dessas patologias, estão dispensados da exigência do Imposto de Renda.

Em cada caso, depois de caracterizado esse direito, possivelmente por um médico particular, da União ou do próprio INSS, o segurado terá de se submeter a uma perícia médica distinta daquela que verifica a inaptidão para o trabalho, para verificar a presença dessa patologia.

Solicitado, com vistas à mencionada "medicina especializada", o examinador terá de possuir amplos conhecimentos e adequados a uma nessa enorme lista de doenças ou pelo menos daquela que foi alegada pelo interessado, o que, seguramente, não será fácil diante da singeleza do texto legal, de pouco valendo consultar o art. 39, XXXIII, do Decreto n. 3.000/99 (Regulamento do IR) que repete praticamente o mesmo texto o art. 151 do PBPS.

Do mesmo modo, no caso de contestação de um indeferimento em grau de recurso, o laudo técnico do médico particular terá de apreciar esse cenário médico com profundidade.

A esclerose múltipla e a contaminação por radiação foram incluídas no rol das doenças que podem determinar a isenção do IR pela Lei n. 8.541/92.

Importa ressaltar que, a partir de 1º 1.96, o reconhecimento dessa pretensão se fará mediante o laudo pericial emitido pelo serviço médico dos entes da União (Lei n. 9.250/95).

Essa última lei inclui a fibrose cística e hepatopatia grave, incluídas pela n. Lei 11.052/04.

A perícia médica terá de fixar a duração da validade do seu laudo técnico.

Líllian Maial Tavares e Sonia Maria Rodrigues de Andrade consignam: "A apresentação de laudo pericial emitido por serviço pericial da União, dos Estados e dos municípios, reconhecendo ser portador de uma das moléstias relacionadas, poderá dispensar o servidor do exame pericial (Parecer Consulta n. 16. de 16.5.02, da Secretaria da Receita Federal)".

Capítulo 94

RELAÇÃO JURÍDICA

Por ocasião de um exame pericial consuma-se uma relação fática entre o examinando e quem procede a verificação, neste caso, conhecida como Perícia Médica do RGPS (ou de um RPPS).

Ao lado dessa relação subsiste outra, com nuança jurídica, na medida em que ela produz efeitos jurídicos significativos.

São duas pessoas interagindo, muitas vezes se opondo em termos de conclusões, interligadas para a consecução de um resultado técnico.

Embora o liame factual suceda entre dois indivíduos (periciando e um medido perito), o elo formal ocorre no âmbito e por exigência de uma entidade, geralmente Administração Pública previdenciária.

Esta última entidade desfruta de algumas prerrogativas próprias conforme sua natureza e assume as responsabilidades inerentes.

Portanto, no mínimo, são três pessoas envolvidas: duas físicas e uma jurídica de direito público:

I) beneficiário (com ou sem acompanhantes);

II) médico perito oficial; e

III) INSS.

A impugnação formal dessa perícia se dá contra uma autarquia federal, pessoa jurídica de direito público, sem prejuízo de sua ação regressiva em face do examinador, sempre um servidor.

Não se pode ignorar nessa relação jurídica a presença do periciador: ele empreende o exame, pode ser suspeito ou impedido e responde perante aquele que comandou o seu trabalho.

Se cometer ato ilícito pessoal em detrimento do periciado, poderá ser responsabilizado funcional, civil e penalmente.

O periciado deve ser pessoalmente identificado, com a apresentação de documentos oficiais e sem ser substituído por ninguém.

Da mesma forma, quando admitido no local do exame, prevalecerá a presunção de que operador é o médico perito oficial.

Por vezes interessa à pesquisa do perito que ele ouça outras pessoas, acompanhantes do periciado, a serem identificadas.

Capítulo 95

DIREITO COMPARADO

Chrystian Sobania Wowk e Antonio Assad Mansur Neto (*A prova pericial no processo do trabalho*,colhido na internet), dedicaram um capítulo para referirem-se a alguns aspectos da perícia no direito comparado (pp. 13/15), de onde foram extraídas as informações seguintes e reproduzidas as suas observações.

O CPC italiano prevê que as partes podem indicar seus próprios assistentes técnicos, chamados de "consulentes técnicos", os quais participam da audiência de esclarecimentos da perícia e podem, inclusive, indagar do perito do juízo sobre as questões técnicas objeto da prova (art. 201.18).

Há uma audiência de instalação da perícia, nela o consulente presta juramento de bem cumprir seu encargo e às partes é facultado acompanhar a prova, formular perguntas ao consulente técnico e de lhe pedir esclarecimentos.

No direito português, o CPC é mais explícito quanto à participação das partes na prova pericial. De acordo com o seu art. 568:

> As partes são ouvidas sobre a nomeação do perito, podendo sugerir quem deve realizar a diligência; havendo acordo das partes sobre a identidade do perito a designar, deve o juiz nomeá-lo, salvo se fundamentadamente tiver razões para por em causa a sua idoneidade ou competência.

Ele prevê uma perícia colegiada, aqui chamada de junta médica, realizada por três peritos, desde que o caso assim o exija.

O CPC italiano dispõe, no seu art. 201, sobre o consulente técnico da parte:

> Il giudice instruttore, com l'ordinanza di nomina del consulente (191) assegna alle parti um termine dentro Il qual possono nominare, com dichiarazione ricevuta dal cancelliere, um loro consulente tecnico (97), art. 145). consulente della parte, oltre ad assistere a norma dell'artico10 194 alle operazioni del consulente del giudice, partecipa al1'udienza e alla camera di consiglio ogni Volta che vi interviene il consulente del giudice, per chiarire e svolgere, com l'autorizzione del presidente, le sue osservazioni sui risultati delle indagini techiche (art. 91).

Alguns dispositivos do CPC português merecem destaque, como o do art. 580.

Art. 580

> 1. No próprio despacho em que ordene a realização da perícia e nomeie os peritos, o juiz designa a data e local para o começoo da diligência, notificando as partes.

Art. 582

> 3. As partes podem assistir a diligência e fazer-se assistir por assessor técnico, nos

termos previstos no art. 42, salvo se a pericia for suscetível de ofender o pudor ou implicar quebra de qualquer sigilo que o tribunal entenda merecer proteção.

4 – As partes podem fazer ao perito as observações que entendam e devem prestar os esclarecimentos que o perito julgue necessários; se o juiz estiver presente, podem também requerer o que entendam conveniente em relação ao objeto da diligência.

Art. 585

1 – Quando a perícia não possa logo encerrar-se com a imediata apresentação do relatório pericial, o juiz fixa o prazo dentro do qual a diligência há de ficar concluída, que não excederá 30 dias.

2 – Os peritos indicam as partes, o dia e hora em que prosseguirão com os atos de inspeção, sempre que lhes seja licito assistir a continuidade da diligência.

Art. 587 reza:

1 – A apresentação do relatório pericial é notificada as partes.

2 – Se as partes entenderem que há qualquer deficiência, obscuridade ou contradição no relatório pericial, ou que as conclusões se mostram devidamente fundamentadas, podem formular suas reclamações.

3 – Se as reclamações forem atendidas, o juiz ordena que o perito complete, esclareça ou fundamente, por escrito, o relatório apresentado.

O art. 42 do CPC português estabelece que:

Quando no processo se suscitem questões de natureza técnica para as quais não tenha a necessária preparação, poderá o advogado fazer-se assistir, durante a produção da prova e a discussão da causa, de pessoa dotada de competência especial para se ocupar das questões suscitadas.

Art. 588

Quando alguma das partes o requeira ou o juiz o ordene, os peritos comparecerão na audiência final, afim de prestarem, sob juramento, os esclarecimentos que lhe sejam pedidos.

Os dois autores concluem:

> O processo civil português preocupa-se em preservar o interesse das partes. Garantindo sua participação desde a nomeação do perito. Podem acompanhar sua produção, uma vez que são notificadas no início da perícia e, até mesmo, do seu prosseguimento, caso o perito não conclua o seu trabalho no prazo previamente estabelecido.
>
> O estudo do direito português, em especial, e as diferenças que

> apresenta em relação ao nosso sistema processual, nos pontos aqui destacados, faz com que tendamos a criticar o nosso modelo por ser ele ofensivo de uma das garantias básicas das partes: a ampla defesa.

E ressaltam: "Diante do exposto, a prova pericial médica é de suma importância, devendo ser realizada por profissional credenciado no órgão de classe, bem como, de acordo com a especialização requerida no ato pericial e ainda, com especialização em medicina do trabalho, visto a profusão de temas e funções que são levantadas no laudo pericial, bem como nas patologias que podem ser desencadeadas".

O magnífico livro espanhol *Tratado Médico-Legal sobre Incapacidades Laborales* (da Thonson/Aranzadi, 2006, Editorial Aranzadi SA, Navarra, com 30 autores e 1927 páginas), traz um belíssimo estudo sobre as principais patologias que geram dúvidas no direito trabalhista e previdenciário espanhol.

Distúrbios mentais – p. 495

Sistema nervoso – p. 698

Endocrinologia – p. 780

Doenças músculo-esqueléticas – p. 847

Fibromialgia – p. 968

Broncopulmonares – p. 990

Cardiovasculares – p. 1129

Aparelho digestivo – p. 1243

Oftamologia – p. 1300

Aparelho auditivo – p. 1366

Aparelho genito-urinário – p. 1407

Dermatologia – p. 1461

Infectologia e parasitária – p. 1546

Câncer – p. 1580

Doenças ocupacionais – p. 1636

Capítulo 96

NULIDADE DA EXECUÇÃO

Para poder produzir efeitos jurídicos, uma perícia médica tem de conter validade intrínseca e extrínseca. Um exame operado com eficiência técnica, elaborado por quem não é médico, não detém eficácia jurídica; o mesmo exame operado por um profissional inabilitado, sem o atendimento dos postulados da ciência médica, de pouco servirá.

Nessas condições uma perícia pode ser nula ou inexistente, sem confusão com as equivocadas.

A perícia nula não observa os pressupostos técnicos de validação, ainda que possa prevalecer até ser declarada sua nulidade.

Avulta evidenciar quais seriam os principais requisitos a atribuir validade a esse instituto técnico.

I) Titularidade do examinador – Aspecto formal, exigência que se refere à pessoa do médico perito: somente ele pode empreender o estudo técnico.

II) Capacidade profissional – Domínio do ofício: comprovar que detém os conhecimentos científicos necessários para cada espécie de exame.

III) Especialização técnica – Exigência de ser um profissional que conheça a patologia alegada.

IV) Conectividade – Inexistência de não ter ocorrido um desenvolvimento inadequado à espécie. Os encaminhamentos não estarem relacionados tecnicamente.

V) Momento da realização – Ter ocorrido dentro da época desejável.

VI) Conclusividade – Existência de um *decisium* final imperativo e não hesitante.

A perícia médica inexistente pode ser aquela que juridicamente não aconteceu, correspondendo a:

I) Emissão de laudo sem o exame físico do interessado.

II) Exame de outra pessoa.

III) Realização por profissional não integrante do médico do corpo clínico da repartição pública, por melhor que seja, apenas se prestará como contribuição doutrinária.

A nulidade da perícia médica pode ser arguida pelos interessados, sendo certo que, em sua essência material, somente outro médico perito poderá desconfigurá–la.

Veja-se a decisão do TRT da 18ª Região na GO n. 01521-2009-010-18-00-0,de 10.05.10.

Acidente do Trabalho – Inexistência de prova do Nexo Causal. Negativa de realização de Perícia Médica. Improcedência de arguição de nulidade da sentença. Não vindo a ser demonstrado nexo causal das pretensas más condições físicas alegadas pelo reclamante com as atividades laborais por este exercida, há de ser rejeitada arguição de nulidade da sentença pela não determinação de perícia médica.

TJ-DF – APELAÇÃO CÍVEL E REMESSA EX OFFICIO REO 20020150000115, de 01/04/2004.

Administrativo. Ação Cautelar e Declaratória. Concurso público. Soldado da PMDF. Candidato eliminado em Exame Médico. Inaptidão para o Serviço Militar. Arguição de Nulidade de Perícia Médica. Custas Processuais. 1. Não se verifica no laudo a presença de indícios de pré-julgamento por parte do perito, porquanto os dois últimos parágrafos do item "4" não se afiguram suficientes para eivar o laudo pericial da nulidade aventada. A suspeição do perito deveria ter sido alegada no momento oportuno e em petição fundamentada e instruída. 2. Não há dúvida quanto à discricionariedade da administração em estabelecer os critérios de seleção de candidatos para provimento de cargo público. Entretanto não pode a administração fazê-lo sem observância aos critérios da razoabilidade e da moralidade.

TJ-SC – Apelação Cível AC 715012 SC 2009.071501, de 16/04/2010.

Apelação Cível. Previdenciário. Pleito de concessão de Aposentadoria por Invalidez. Arguição de nulidade por falta de intimação pessoal do procurador do INSS da realização da Perícia Médico-Judicial. Intimação, no entanto, realizada a contento. Inocorrência da suscitada nulidade. Segurado com incapacidade total e definitiva. Concessão de aposentadoria por invalidez. Juros de mora de 1%. Correção monetária. Fixação. Honorários advocatícios. 10% sobre as parcelas vencidas até a prolação da sentença. Recurso desprovido. Sentença parcialmente reformada, em sede de reexame necessário. O art. 17 da Lei n. 10.910/04 dispõe que "nos processos em que atuem em razão das atribuições de seus cargos, os ocupantes dos cargos das carreiras de Procurador Federal e de Procurador do Banco Central do Brasil serão intimados e notificados pessoalmente". Todavia, nos casos em que as autarquias federais constituírem advogados para atuar em sua defesa, tal prerrogativa não será estendida, por ser exclusiva dos Procurados Federais e do Banco Central do Brasil. Nesse sentido: TJSC Agravo Regimental em Apelação Cível, Rel. Des. Vanderlei Romer. Lesão de caráter irreversível e incapacitante, que impeça o desempenho de atividade profissional habitual do segurado, além de limitar eventual seu retorno ao campo de trabalho, ainda que em readaptação, garante-lhe a concessão de benefício de aposentadoria por invalidez.

Capítulo 97

EMBARGOS DECLARATÓRIOS

Embargos declaratórios é um instrumento jurídico procedimental mediante o qual uma das partes de um processo pede que se revejam ou esclareçam determinados aspectos de uma decisão quando presente a dúvida, omissão, contradição, ambiguidade, impertinência ou obscuridade.

Trata-se de um instituto técnico de longa tradição e bastante utilizado no Poder Judiciário.

Rigorosamente, sem ser um recurso (ainda que às vezes assim seja utilizado), é um simples pedido de esclarecimentos.

Não é ignorado do Direito Previdenciário Procedimental quando acolhido pela Portaria MPS n. 548/11.

Ainda que trate do julgamento no âmbito do CRPS, o art. 58 da Portaria MPS n. 548/11 esclarece a hipótese:

> Caberão Embargos Declaratórios quando houver no acórdão dos órgãos julgadores do CRPS, obscuridade, ambiguidade ou contradição entre a decisão e os os seus fundmento ou quando for omitido ponto sobre o qual deveria pronunciar-se.

Quando escrita e divulgada a conclusão de uma perícia médica, máxime no que diz respeito ao laudo técnico correspondente ao exame, ela pode propiciar incertezas para sua execução.

Os motivos são inúmeros:

I) ausência de conexação entre os encaminhamentos e o resultado;

II) contradição nos raciocínios perfilhados;

III) falta de clareza da decisão;

IV) dúvida quanto ao que foi decidido;

V) não se referir aos fatos do exame; e

VI) subsistir ambiguidade na decisão.

Dão-se exemplos:

I – o médico perito diz que há incapacidade por parte do segurado, mas não diz se parcial ou total nem estipula a sua duração.

II – não há esclarecimento se a incapacidade é para o trabalho habitual do segurado, caso do auxílio–doença ou para toda atividade.

III – ausência de pedido de reabilitação profissional.

IV – conflito entre o exame operacionalizado e o seu resultado.

V– decisão *infra petita* e *extra petita*.

VI – indefinição sobre a patologia, se é acidentária ou não.

Pressuposto lógico

Para que possa opor–se a uma decisão confusa, carece preciso que o interessado tenha conhecimento do texto da decisão.

Embargo declaratório

Diante de uma obscuridade, ambiguidade, omissão, contradição, impertinência ou dúvida, a parte que se sentir prejudicada, e pode ser o próprio INSS (que agirá administrativamente), o segurado ou o dependente, cabe um pedido de declaração a ser protocolado na APS.

Obscuridade no texto

Uma decisão ou texto do laudo técnico é obscuro quando não esclarece os fatos constatados com a objetividade e a clareza necessários e conclui diferentemente do esperado em razão do raciocínio encaminhado.

Ambiguidade da afirmação

Constata–se a ambiguidade se a decisão não é favorável nem contraria a pretensão do examinado. Comete esse tipo de desinformação quando está presente a hesitação do tipo, o segurado está doente, mas pode trabalhar.

Impertinência da matéria

Quando cuida de CID sem envolvimento com os fatos e o exame real. Muitas vezes isso sucede porque o examinado traz exageradas informações sobre outros aspectos que não dizem respeito à incapacidade. De pouco servirá uma conclusão verdadeira mas fora da órbita laboral.

Dúvida de ordem lógica

A hipótese é de uma conclusão que não deixa claro se optou por uma ou outra solução, no caso da disposição para o trabalho, se há ou não incapacidade.

Omissão deliberada

A decisão omite aspectos relevantes do exame, entre os quais o CID alegado, o que diz a legislação sobre a matéria etc.

Contradição textual

Trata-se de um conflito de ideias entre o exame e a conclusão, diz que aquela patologia não existe, os impedidos laborais não estão presentes, mas a decisão assevera que o segurado está incapaz para o trabalho.

Ação do interessado

Diante desse cenário cabe ao beneficiário requerer um pedido de esclarecimentos à APS.

Capítulo 98

RESPONSABILIDADE PENAL

Na condição de médico, em especial de médico perito, em razão da relevância de sua atividade laboral, o profissional da medicina corre o risco de praticar alguma contravenção penal ou crime.

Tais delitos são de ordem profissional, funcional e penal, sobrevindo as correspondentes penalizações estabelecidas no Código Penal.

Na maioria dos casos carece o dolo, a vontade livre e consciente de praticar a ilicitude, descabendo a figura jurídica da culpa.

Divulgação indevida de documento

Diz o art. 153 do Código Penal:

> Divulgar alguém, sem justa causa, conteúdo de documento particular ou de correspondência confidencial, de que é destinatário ou detentor, e cuja divulgação possa produzir danos a outrem. Pena – Detenção, de 1 (um) a 6 (seis) meses, ou multa.

A consumação da hipótese desrespeita o Código de Ética Profissional e diz respeito a qualquer pessoa, não sendo específica do médico perito, mas ele pode vir a praticá–la na medida em que recebe muitos documentos do examinado que pertencem a sua privacidade e não devem ser divulgados.

A consumação não existe o dano, basta o risco.

Violação do segredo profissional

Com alguma semelhança com a ilicitude anterior diz o art. 154:

> Revelar alguém, em justa causa, segredo, de que tem ciência em razão de função, ministério, ofício ou profissão, e cuja revelação possa produzir dano a outrem. Pena – Detenção, de 3 (três) meses a 1 (um) ano.

Note–se que neste tipo o ato delituoso é dar conhecimento de segredo profissional, por exemplo, noticiar que um examinado é portador de doença incurável.

Entre outros, daí os cuidados de que se deve cercar o médico quando de beneficiário soropositivo. Mas existem outras hipóteses contidas na palavra "segredo".

Exercício indevido de atividade

O art. 205 do Código Penal cuida do exercício profissional:

> Exercer atividade, de que está impedido, por decisão administrativa. Pena – Detenção, de 3 (três) meses a 4 (quatro) anos ou multa.

Se um médico perito não pode exercer sua profissão em razão de determinação do seu órgão de controle profissional ou decisão administrativa e o faz, comete este crime.

Essa decisão tanto pode ser a do CFM quanto do INSS.

Omissão de notificação de doença

Tratando do profissional em geral, o art. 269 reza que o perito não pode:

> Deixar o *médico* de denunciar à autoridade pública doença cuja notificação é compulsória. Pena – Detenção, de 6 (seis) meses a 2 (dois) anos ou multa (grifo nosso).

Somente o médico pode cometer esse delito. *In casu*, o médico perito que deverá ter à mão, o tempo todo quando do exame, a enorme lista de patologias de notificação obrigatória de que trata o art. 7º da Lei n. 6.259/73 e suas atualizações.

Destarte, ele não pode alegar desconhecer esse dever de modo geral nem que aquela patologia esteja relacionada na lista legal.

Exercício ilegal de medicina

Pontua o art. 282:

> Exercer, ainda que a título gratuito, a profissão de *médico*, dentista ou farmacêutico, sem autorização legal ou excedendo-lhe os limites. Pena – Detenção, de 6 (seis) meses a 2 (dois) anos (grifo nosso).

Aqui está quem não nunca foi médico ou de quem foi e teve cassada sua condição profissional. O tema é vasto e bastante disciplinado pelo CFM, particularmente no que diz respeito aos limites (a ser consulado).

Entendendo-se que o fisioterapeuta está impedido de promover a perícia médica (exercício privativo dos médicos, um debate ainda em discussão), a jurisprudência é hesitante com certa propensão para que um eventual praticante cometa esse crime.

Falsidade ideológica

Disciplina o art. 299:

> Omitir, em documento público ou particular, declaração de que dele devia constar, ou nele inserir ou fazer inserir declaração falsa ou diversa da que deve ser escrita, com o fim de prejudicar direito, criar obrigação ou alterar a verdade sobre fato juridicamente relevante. Pena. Reclusão, de 1 (um) a 5 (cinco) anos, e multa, se o documento é público e reclusão de 1 (um) a 3 (três) anos, e multa, se o documento é particular.

Uma primeira observação: o laudo técnico da perícia médica é um documento oficial e público, a despeito de ser cercado de várias posturas defensivas de sua privacidade.

Segunda: é preciso a presença do dolo: prejudicar terceiros, o que não é fácil de ser provado.

Inserir no laudo conclusão médica, ainda que fundada, posteriormente revista, não significa a prática do delito.

Este tipo penal é bastante genérico e muito conhecido no Direito Penal.

Falsidade de atestado médico

Diz o art. 302 do CP:

> Dar o *médico*, no exercício da sua profissão, atestado falso. Pena – Detenção, de 1 (um) mês a 2 (dois) anos (grifo nosso).

Por ocasião da realização do exame, o médico perito não está obrigado a emitir um atestado. Se o fizer, tal conduta não se insere na perícia médica.

A conclusão escrita de incapacidade para o trabalho apurada na perícia médica, declarada no laudo técnico, não é o atestado de que cuida esse art. 302.

Violação de sigilo funcional

Reza o art. 315:

> Revelar fato de que tem ciência em razão do cargo e que deva permanecer em segredo, ou facilitar-lhe a revelação. Pena – Detenção de 6 (seis) meses a 3 (três) anos, ou multa, se o fato não constituir crime mais grave.

Novamente comparece o segredo no Código Penal e ele é protegido pela lei. O sigilo profissional, bastante disciplinado pelo CFM, tem de ser preservado a todo custo.

Falsa perícia

Dita o art. 342:

> Fazer afirmação falsa, ou negar ou calar a verdade, como testemunha, *perito*, tradutor ou intérprete em processo judicial, policial ou administrativo, ou em juízo arbitral. Pena – Reclusão, de l (um) a 3 (três) anos e multa (grifo nosso).

Este é o único tipo penal no Código Penal em que comparece a palavra "perito", e isso chama a atenção. Este delito, mal tipificado no texto legal, diz respeito a falsear a verdade quando do exame médico.

Exemplificativamente afirmar que está apto quem não está ou garantir a inaptidão de pessoa que pode trabalhar.

À evidência, a demonstração da consumação deste delito não será fácil diante de alguma subjetividade de que se reveste a perícia médica.

Capítulo 99

FALSA PERÍCIA

Falsa perícia é a ocorrência em que, por algum motivo, causado pelo examinador ou pelo examinado, adultera-se a verdade; o resultado não corresponde à realidade dos fatos apreciados.

O médico perito não é o único que comete esse ato; poderá ser induzido pelo interessado.

Abrange os dados informados junto ao distrito policial, ao fórum, no serviço público para a apuração da sindicância administrativa e até no juízo arbitral (justiça privada).

Diz o art. 342 do Código Penal:

> Fazer afirmação falsa, ou negar ou calar a verdade como testemunha, perito, tradutor, contador ou intérprete em processo judicial, ou administrativo, inquérito policial ou em juízo arbitral. Pena – Reclusão, de 2 a 4 anos, e multa (Pena com a redação dada peça Lei n. 12.850/13).

Eduardo de Souza Coelho, no artigo "Da falsidade na Perícia Médica e o Crime do art. 342 do Código Penal" (*in* Universo Jurídico), estudou a falsa perícia com profundidade, em particular a considerando como um crime.

Inicialmente ele garante "O perito que, em processo civil, penal, administrativo, inquérito policial ou juízo arbitral, fizer "*afirmação falsa, ou negar ou calar a verdade*", incide no art. 342 do Código Penal.

O procedimento do perito pode ser por ação (fazer) ou omissão (não fazer).

Esse mesmo autor acresce: "Verdade no seu sentido ideológico e relativo, não em sentido real e absoluto, significando isto que a configuração do delito exige que as afirmações do *experto* sejam tomadas tendo como referencial o quantum de sabedoria do perito, não a verdade objetiva e real. Nesta acepção, primeiro é preciso descobrir o quantum um perito realmente sabe, para comparar-se este cabedal teórico de conhecimentos técnicos com o que foi atestado no laudo pericial que elaborou".

Antonio Buono Neto e Elaine Arbex Buono lecionam: "Compreende na elaboração de documentos periciais (laudos técnicos, relatórios, pareceres etc.) em que encontramos a inclusão de dados que não correspondem à verdade ou também por omissão de dados verdadeiros. É considerar com documento no qual se tem a negação da verdade" (*Guia Prático para elaboração de Laudos Periciais em Medicina do Trabalho*. 3ª ed. São Paulo: LTr, 2014. p. 15).

Esta figura delituosa reclama o dolo, a vontade consciente de falsear a verdade.

Consuma-se quando da entrega do laudo sem importar que tenha influído na decisão dele decorrente.

Não é fácil comprovar a falsidade sem razão de exigir basicamente o que seja verdadeiro e principalmente em face da existência do dolo.

José Antonio Savaris, prolatando sentença na 5ª Turma do TRF da 4ª Região, diz que: "Quando a perícia judicial não cumpre os pressupostos mínimos de idoneidade da prova técnica, ela é produzida, na verdade, de maneira a furtar do Magistrado o poder de decisão, porque respostas categóricas, porém sem qualquer fundamentação, revestem um elemento autoritário que contribui para o que se chama de decisionismo processual. Hipótese em que foi anulada a sentença a realização de prova pericial por médico psiquiatra" (Proc. 0007151-19.2015.404.9999/RS).

Consulte-se o acórdão na Apelação APL 4785374200882600050/SP, de 8.1.13.

Falso testemunho ou falsa perícia - Recurso do Ministério Público - Insuficiência de prova produzida para embasamento de decreto condenatório - Absolvição - Recurso não provido.

Apelação Criminal ACR n. 55833/MG - Proc. n. 2004.38.00.055833-8, do TRF-1, de 21.2.13. Penal. Estelionato. Tentativa. Falsa perícia. Provas insuficientes para a condenação. Princípio in dubio pro reo. 1. Não contendo os autos prova suficiente para configurar o crime de estelionato tentado e de falsa perícia, acima da dúvida fundada, nem de que os apelados tenham participado efetivamente da execução do delito que lhes imputa a denúncia - tentativa de estelionato e falsa perícia (art. 171 , 3º c/c art. 14 , II , e art. 342 - CP), é de aplicar o princípio in dubio pro reo, com a confirmação da sentença absolutória. 2. Desprovimento da apelação.

TJMS recebe denúncia contra prefeito por falsa perícia do delito de falsa perícia, e não existe nenhuma situação legalmente prevista para a rejeição... do que foi relatado pelos policiais e com o nítido propósito de fazer afirmação falsa a respeito

Apelação APL n. 4153471200082600050/SP, de 28.6.11

Corrupção ativa, corrupção passiva e crime de falsa perícia - fragilidade do conjunto probatório dos autos - Absolvição - Necessidade: existindo tão somente frágeis provas com relação ao cometimento dos delitos, não são simples conjecturas que poderão embasar a sentença condenatória, sendo necessária a edição do *non liquet*. Projeto que torna crime falso testemunho ou falsa perícia em inquérito civil é aprovado na CCJC.

Penal. De acordo com o texto aprovado, o crime de falso testemunho ou de falsa perícia poderá ser... ou uma falsa perícia podem conduzir ao ajuizamento equivocado de uma ação civil pública... turístico, paisagístico, ...

Habeas corpus HC n. 86875/PE – Proc. n. 2007/0162487-9 (STJ) Habeas corpus. Falsa perícia. Art. 342 do código penal. Trancamento da ação penal. Falta de justa causa. Negativa de materialidade. Dilação probatória. Impropriedade da via eleita. Atipicidade não configurada. Ordem denegada. 1. O trancamento de ação penal, pela via estreita do habeas corpus, conforme pacífico magistério jurisprudencial, somente é possível quando, pela mera exposição dos fatos narrados na peça acusatória, verifica-se que há imputação de fato penalmente atípico ou que não existe nenhum elemento indiciário demonstrativo da autoria do delito imputado ao paciente ou, ainda, quando extinta encontra-se a punibilidade. 2. Aquele que, na condição de perito judicial, munido de informações suficientes para exercer seu mister, faz afirmação falsa, nega ou cala a verdade, responde, em tese, pelo crime formal previsto no art. 342 do Código Penal. Atipicidade afastada. 3. A existência, ou não, de dolo na conduta do paciente constitui matéria de prova, que deverá ser produzida no decorrer na instrução criminal. 4. Analisar a tese de falta de justa causa da ação penal, sob a alegação de que inexistiam nos autos subsídios suficientes para o oferecimento da denúncia e que as conclusões do paciente encontram justificativa na prova dos autos, questões estas relativas à negativa de materialidade do delito, demanda aprofundado exame do conjunto fático-probatório dos autos, peculiar ao processo de conhecimento, o que é inviável em sede de habeas corpus, remédio jurídico-processual, de índole constitucional, que tem como escopo resguardar a liberdade de locomoção contra ilegalidade ou abuso de poder, marcado por cognição sumária e rito célere. 5. Ordem denegada.

Recurso Especial REsp n. 629076/RS – Proc. n. 2004/0012328-9 (STJ) Recursos especiais. Processual penal. Uso de documento falso. Perícia. Prescrição da pretensão punitiva superveniente. Perda de objeto. 1. Entre o trânsito da sentença condenatória para a acusação, e a presente data, não houve qualquer causa interruptiva da prescrição, impondo-se o reconhecimento da extinção da punibilidade estatal pela ocorrência da causa extintiva superveniente. 2. Declaração, de ofício, da extinção da punibilidade estatal, julgando prejudicado o recurso especial.

"Falsa perícia – O juiz de primeiro grau condenou o denunciado pela prática do crime do artigo 342, § 1º, do Código Penal – Recurso contra-arrazoado alegando preliminares e, no mérito, buscando a absolvição – A Procuradoria de Justiça opinou pelo seu improvimento – O Tribunal *ad quem* negou provimento ao apelo defensivo, visto que provadas tanto a autoria como a materialidade do delito, bem como o dolo com que se houve o agente

(TJSP – AC. n. 233.604-3 – Birigui- 2ª Câmara Criminal Extraordinária – Rel. Des. Marcondes D'Angelo – 9.2.00".

Atendo-se ao caso de um médico especialista que não domina (mas se omite quanto a este desconhecimento) a subárea em que se resolve a questão, mais fácil ficará detectar sua falsidade, pois seus erros mais grosseiros serão e, portanto, mais visíveis e inescusáveis.

Uma coisa é um paciente com um problema procurar vários especialistas em busca de um diagnóstico acurado de seu mal; outra coisa é um perito nomeado pelo juízo cometer gafes imperdoáveis, com afronta gritante à ciência médica, por contradição direta daquelas com a verdade científica, identificável em laborioso, mas possível, procedimento.

O dolo de falsear a verdade, exigido para configuração do crime em tela deverá ser aferido de acordo com as circunstâncias do caso concreto, em geral, o forte corporativismo que impregna a atividade médica já é um ponto de partida significativo.

Outro parâmetro a ser sopesado é a escancarada afronta à ciência médica, pois uma vez detectado só encontra explicação no propósito de falsear a verdade, dado que é inescusável ao *expert* o nomeado cometer erros grosseiros de avaliação.

Não se confundam aqui tais erros com a diferença de opiniões (v.g., a do perito e a do assistente técnico) sobre ponto em que haja fundada razão para a controvérsia, mas sim uma afirmação tendenciosa (isto é, prenhe de falsidade) do experto, quando pode ser facilmente refutada pela apresentação da literatura médica mais abalizada sobre a questão, ou também quando pode ser facilmente refutada pelos dados constantes no prontuário médico constante dos autos (a verdade fática trazida ao processo).

Para a configuração da falsa perícia faz-se necessária a presença do animus em torcer a verdade por parte do perito.

Embora não existam fórmulas preestabelecidas que levem retilineamente a esta constatação, deve-se lançar mão da força *probandi* dos indícios, valendo-se, ainda, das presunções *hominis* regentes, a primeira quanto ao corporativismo médico, e a segunda quanto à notória especialização do perito compromissado a afastar a ocasionalidade de erros grosseiros, assim demonstrados pela frontal agressão a conceitos médicos comprovados ou, ainda, pela acintosa distorção dos fatores intrínsecos à patologia da vítima do erro médico, comprovados pelas informações constantes no prontuário médico ou mesmo em exames complementares que constituem o acervo probatório da lide civil.

Capítulo 100

AÇÃO REGRESSIVA

A partir de 2010 e relendo vetusta disposição do PBPS, a Procuradoria Geral da União passou a ingressar com ações judiciais contra as empresas responsáveis por acidentes de trabalho na tentativa de receber despesas que o INSS desembolsou com a concessão e a manutenção de benefícios acidentários.

A autarquia federal vem auferindo sucesso nas primeiras instâncias da Justiça Federal e são reais os movimentos que caminham no sentido da reparação empresarial, o tema pende ainda de julgamento do STJ.

Norma legal

Diz o art. 120 do PBPS:

> Nos casos de negligência quanto às normas-padrão de segurança e higiene do trabalho indicados para proteção individual e coletiva, a Previdência Social proporá ação regressiva contra os responsáveis.

Acresce o art. 121 que:

> O pagamento pela Previdência Social, das prestações por acidente do trabalho não exclui a responsabilidade civil da empresa ou de outrem.

Ipso facto, sempre que perfeitamente caracterizada a negligência do empregador, e deferida e mantida uma prestação acidentária e apurado o custo total, observado o prazo decadencial, o INSS tentará reparar-se com o custeio desse benefício.

Benefícios envolvidos

Os benefícios acidentários fixados pelo NTEP a que se refere a ação regressiva são os seguintes:

I) Auxílio-doença;

II) Aposentadoria por invalidez;

III) Auxílio-acidente; e

IV) Pensão por morte.

Não há menção a despesas com reabilitação profissional nem as do exame fora do domicílio.

Prejuízo ao INSS

Não parece claro que o pagamento das mensalidades de uma prestação acidentária devida em razão do nexo causal acidentária possa ser considerado um prejuízo do INSS.

Quitar benefícios, inclusive os acidentários (para isso financiado especificamente), é obrigação primacial da Previdência Social, sua principal razão de ser.

Sujeitos da relação

São, pelo menos, três polos envolvidos nesse instituto técnico.

Polo ativo – Inicialmente, o prejudicado pela negligência da empresa: o trabalhador.

A ele caberia ação reparatória prevista há muito tempo na Súmula STF n. 229 e no art. 937 do Código Civil.

Polo ativo

O art. 120 do PBPS, entretanto, fixou novo agente com capacidade para essa ação administrativa ou judicial: o INSS.

Polo passivo – O sujeito dessa obrigação é o empregador que, por negligência, causou prejuízo ao empregado.

Bis in idem

Em decorrência de um acidente do trabalho sobrevêm vários ônus para o empregador que, ao longo do tempo, vêm sendo acrescidos.

I) Garantia do emprego do art. 118 do PBPS;

II) Recolher mensalmente o FGTS do trabalhador;

III) Verter a contribuição específica para o SAT;

IV) Indenização da Súmula STF n. 229;

V) FAP da Lei n. 10.666/03; e

VI) Multa trabalhista do MTE.

A ação regressiva seria a última delas.

Uma das modalidades de resolução dessa obrigação é a constituição de capitais assecuratórios das mensalidades até o fim do mencionado dever (art. 475-Q da Lei n. 11.232/05).

Desconstituição patronal

Com os instrumentos já considerados, caso o empregador detenha provas insofismáveis contrárias à exigência da AGU, ele poderá tentar desconstituir a regressividade no curso da ação.

Dispõe de todos os meios de prova admitidos em Direito para tanto.

Ônus da prova

O INSS absorve o ônus da prova da caracterização da negligência, fato intimamente ligado ao momento do infortúnio laboral.

Nesse sentido, ainda que não possa ser incorporado pelo ato médico da perícia, esse é o momento em que se poderia caracterizar esse cenário.

Ou seja, além de outros aspectos, o médico perito deveria se manifestar sobre a ocorrência desse fato gerador do pedido do auxílio–doença.

TOMO VI

QUESTÕES DIVERSAS

Capítulo 101

TERCEIRIZAÇÃO DA PERÍCIA

A Lei n. 13.135/15, quando trata do auxílio-doença, alterou o § 5º do art. 60 do PBPS dispondo que:

> Nos casos de impossibilidade de realização de perícia médica pelo órgão ou setor próprio competente, assim como de efetiva incapacidade física ou técnica de implementação das atividades e de atendimento adequado à clientela da previdência social, o INSS poderá, sem ônus para os segurados, celebrar, nos termos do regulamento, convênios, termos de execução descentralizada, termos de fomento ou de colaboração, contratos não onerosos ou acordos de cooperação técnica para realização de perícia médica, por delegação ou simples cooperação técnica, sob sua coordenação e supervisão, com:
>
> I - órgãos e entidades públicos ou que integrem o Sistema Único de Saúde (SUS);
>
> II - entidades privadas de serviço social e de formação profissional, vinculadas ao sistema sindical (vetado);
>
> III - entidades privadas de comprovada idoneidade financeira e técnica, desde que não empreguem o segurado (vetado).

Os dois vetos deveram-se: "Em decorrência da natureza das perícias médicas tratadas, não caberia atribuí-las a entidades privadas sem as devidas restrições, sendo mais adequado permanecerem no âmbito de órgãos e entidades públicos ou que integrem o Sistema Único de Saúde - SUS".

Coordenação do INSS

A partir dessa disposição o INSS poderá terceirizar a perícia médica do auxílio-doença. Terá de fazê-lo sem onerar o examinado, inclusive no que diz respeito a possíveis translados de sua residência.

Motivações básicas

Em três circunstâncias isso será possível:

a) quando o próprio INSS não puder realizar a perícia, principalmente em regiões distantes e sem órgãos ou setores que possam empreendê-la.

b) No caso de impossibilidade de dispor de condições necessárias. Uma locução vasta que vai permitir maior amplitude nas decisões administrativas e judiciais, por exemplo, a verificação do ambiente grupal ou social em que vive o solicitante.

c) Se o serviço próprio disponível não for o ideal, com tais dizeres o legislador abriu a possibilidade de interpretação da qualidade do exame.

Quem terá de tomar essa decisão será a APS que protocolou o pedido do benefício.

Contratantes dos serviços

As propostas do Projeto de Lei aprovadas no CN previam terceiros do serviço público (inciso I), entidade do serviço social (inciso II) e clínicas privadas (inciso III).

Os incisos II e III foram vetados pela Presidente da República, sob a alegação de não serem adequados. Resultou que somente órgãos públicos e o SUS poderão prestar esses serviços.

Tais contratantes dessa união de esforços serão as APS e os prestadores de serviços do SUS.

Prestações possíveis

Tendo em vista referir-se ao art. 60, somente a perícia médica do auxílio-doença poderá ser terceirizada. Não incluiu a aposentadoria por invalidez ou o auxílio-acidente. Os exames relativos a condição de dependente inválido continuam com o INSS. Da mesma forma a apreciação dos documentos da aposentadoria especial e da pessoa com deficiência.

Facultatividade da adoção

Possivelmente sob debate político, o CN não logrou impor a terceirização, o que revela a desconfiança detida em relação a essa providência. Ou seja, em cada caso, o INSS adotará essa providência ou não.

Ônus dos beneficiários

É difícil avaliar o que acontecerá com os beneficiários com essa solução. Pressupõe-se que ocorrerá uma melhora dos serviços, mas a certeza é duvidosa. Só o tempo dirá.

Os segurados não têm ônus com esses procedimentos, no caso de terem de se deslocar serão reembolsados pelo INSS.

Regulamentação da lei

A Lei n. 13.135/15 somente terá eficácia após sua regulamentação.

O regulamento explicitará em melhores condições como se operará a terceirização, imaginando-se que com sua liberdade institucional possa encontrar o caminho adequado a melhora dos serviços.

Meios de contratação

A lei menciona uma variedade de meios (convênios, termos, contatos não onerosos, acordos de cooperação), mas possivelmente o regulamento optará por um mecanismo padronizado.

A Presidência da República não quis terceirizar para a iniciativa privada nem mesmo com respeito às instituições paraestatais, como as entidades filantrópicas oficiais, particulares, grupo dos “S” ou sindicatos.

A iniciativa privada, propriamente dita, também foi excluída. A motivação só pode ser desconfiança nas clínicas existentes.

Capítulo 102

EXAME PRETÉRITO

De regra, usualmente nos casos de prestações por incapacidade ou apuração da invalidez de dependente, a perícia médica sucedera em data o mais próximo possível da solicitação, para que a avaliação detenha adequação perfeita.

Este é um dos grandes problemas das APS da Previdência Social, a atual demora entre os dois fatos dificulta a perícia médica.

Consultas tardias podem não refletir a situação do examinado quando da verificação, geralmente passados 15 dias após a DAT.

À evidência, quem esteve incapaz e já não está, ficaria sem fazer jus ao benefício. Caberia à perícia médica estimar uma DIB e DCB pretéritas.

Essas ideias valem também para o benefício da LOAS.

Todavia, em alguns casos, felizmente raros, carece uma perícia médica a ser feita em relação ao passado, ou seja, o que se poderia chamar de exame pretérito. Reportar-se ao passado mediante apreciação do estado exame físico e psíquico atual do interessado, histórico da sua doença e análise de documentos da época.

Isso também pode ocorrer quando sobrevier alguma dúvida relativamente a DID ou DII. Mas, por ora, cogita-se de um pedido extemporâneo de um benefício por incapacidade.

Então, a perícia médica centralizar-se-á no fato de que a inaptidão para o trabalho não será a do momento do exame (embora ela seja relevante) e, sim, de alguma data situada em tempo remoto a ser apurada com base no declarado e demonstrado pelo interessado.

Serão duas avaliações básicas:

I) do interessado pessoalmente examinado, atual, quando da verificação; e

II) de documentos que indiquem o início e presença da doença ou da incapacidade.

Quem pretender fazer uma prova desse tipo, deverá dispor de um prontuário histórico, em que juntará laudos, aquisição de medicamentos, internações, benefícios, declarações etc.

Faz parte desse tipo de investigação técnica um amplo conhecimento científico do que significa a progressão de um agravo ao longo do tempo de cada patologia em especial.

A visita *in loco* do ambiente em que o trabalhador operou, se ele se manteve sem grandes alterações, ou outro assemelhado, deverá observar as várias recomendações da IN INSS n. 485/15 (in RPS n. 417/768).

Capítulo 103

LAUDO TÉCNICO

De modo bem geral, laudo técnico é uma declaração oficial ou particular emitida por pessoa habilitada que retrata determinado cenário para cumprir alguma finalidade científica, pessoal, prática ou jurídica.

Seus tipos são múltiplos: os principais dizem respeito a avaliações civis, penais, judiciais, administrativas, procedimentais, policiais, laborais, acidentárias, previdenciárias e outros mais.

Por ora, interessam apenas o que diz respeito à perícia médica do INSS em relação aos seus beneficiários.

Em particular o LTCAT, com vistas à aposentadoria especial. Entretanto, mais comumente os emitidos após a perícia médica quando do pedido de benefícios por incapacidade.

O seu papel funcional é prestar informações técnicas a respeito de um fato constatado por quem se incumbiu da verificação, dirimindo algumas dúvidas e fazendo constatações relevantes para os esclarecimentos impostos.

São autorizados e determinados para esses atos: engenheiros de segurança, médicos do trabalho, técnicos forenses, grafotécnicos e enfaticamente médicos peritos.

É o ato médico técnico final da perícia médica em que, depois do exame físico e psíquico do beneficiário, o médico perito relata a presença ou ausência de inaptidão laboral à vista de prestações por incapacidade.

Para Fernandes José Pereira e Orlando Castello Filho, centrados na insalubridade e na periculosidade laboral, "o laudo pericial é um documento que contém todas as informações, conclusões e principalmente o embasamento técnico legal fundamentais para verificação da existência ou não da insalubridade ou periculosidade, constituído, após protocolado, em uma peça processual" ("Manual Prático", São Paulo: LTr, 1998, p. 22).

Segundo Alberi Spindula: "O laudo pericial é uma peça técnica formal que apresenta o resultado de uma perícia. Nele deve ser relatado tudo o que fora objeto dos exames levado a efeito pelos peritos. Ou seja, é um documento técnico–formal que exprime o resultado do trabalho do perito. O laudo pericial é, portanto, o resultado final de um completo e detalhado trabalho técnico–científico, levado a efeito por peritos, cujo objetivo é o de subsidiar a Justiça em assuntos que ensejaram dúvidas no processo" (Laudo Pericial e outros documentos técnicos, *in* Site *Conteúdo Jurídico* do SENAC de 10.12.08).

Distinções necessárias

Grassam algumas imprecisões relativas a esse tipo de documento, confundindo-se o laudo com parecer, parecer técnico, relatório comum e relatório médico, além de outras manifestações escritas.

Laudo – Opinião do conhecedor, sem ser técnico ou especializado no tema que lhe foi atribuído.

Laudo técnico – Estudo científico emitido por profissional especializado e habilitado.

Parecer comum – Expressão formalizada por pessoa não habilitada.

Parecer técnico – Estudo, dicção e conclusão de alguém preparado, com amplos conhecimentos da matéria.

Relatório comum – Descrição de um fato, com ou sem conclusão.

Relatório médico – Descrição fundamentada e emitida por pessoa autorizada pela medicina.

Opinião médica – Ponto de vista médico contido em depoimento ou artigo publicado em revista.

Principais Características

Determinação para a realização – Informação sobre a origem da requisição do exame, com menção ao ato de designação.

Exposição de motivos – Explanação do objetivo da perícia e do laudo técnico, vale dizer, da sua razão de ser.

Descrição do objeto da perícia – Relato sobre o ser humano ou o ambiente de trabalho.

Fontes de informações – Dicção das notícias relativas aos fatos apurados.

Identificação do examinado – Procedimento formal de verificação da pessoa que será examinada.

Objetividade do desenvolvimento – Limitação da investigação ao necessário.

Encaminhamento da exposição – Estudo concreto e racional do objeto sem divagações impertinentes.

Tecnologia de proteção – Menção ao EPI, EPC e EPR ou outras tecnologias de proteção utilizadas.

Fundamentação científica – Explicação técnica do apurado, sob o aspecto médico legal.

Clareza expositiva – Linguagem simples que torne possível a terceiros compreender o significado do conteúdo do documento.

Poder de convicção – Narrativa sem hesitações e com capacidade de convencimento de terceiros.

Fontes formais – Menções à legislação pertinente quando cabível e à doutrina nacional.

Diagnóstico da patologia – Definição clara e objetiva da patologia considerada no exame.

Fixação da DII e DID – Item a ser verificado com o escopo procedimental de averiguação do direito e com vistas ao desenvolvimento da patologia.

Validade dos argumentos – Eleição das razões ponderáveis a favor ou contra a incapacidade.

Resposta aos quesitos – Resposta clara a cada um dos quesitos com acréscimos de observações se necessárias.

Conclusões finais – Por último, as conclusões objetivas, sumariando o trabalho realizado e afirmando o necessário que a Administração Pública decida pela incapacidade ou não.

Identificação do emissor –Nome e número do órgão de controle do exercício profissional.

Data, local e hora da perícia e assinatura

Quesitos mínimos

Jacques Sherique historia vários itens que devem fazer parte de um laudo técnico pericial (*Aprenda como fazer*. 2ª ed. São Paulo: LTr, 2001. pp. 56/57).

No Capítulo IX – Conclusão da perícia médica do *Manual do Médico Perito da Previdência Social* (Brasília, MPS, pp. 70/79), podem ser colhidos itens de possíveis quesitos.

1. O examinado está incapaz para o seu trabalho habitual?

2. Ele é suscetível de recuperação para esse exercício?

3. E para outra atividade ou serviço?

4. A recuperação da aptidão seria parcial ou total?

5. Está apto para o trabalho distinto que exercia?

6. Qual seria a data estimável da cessação dessa incapacidade?

7. Há necessidade de nova perícia médica?

8. A incapacidade é previdenciária (comum) ou acidentária (ocupacional)?

9. Constata–se invalidez temporária ou permanente?

10. Qual a DID e a DII?

11. Qual é o CID do diagnóstico?

12. Existem sequelas a serem consideradas?

13. Precisa ser encaminhado à reabilitação profissional?

14. No caso de invalidez, há necessidade de assistência de terceira pessoa?

15. Há nexo causal entre a patologia alegada e constatada e o trabalho?

16. Houve tentativa de simulação?

17. É a primeira vez que requer o benefício?

18. As provas trazidas foram úteis ao exame?

Capítulo 104

RELATÓRIO MÉDICO

Dentre os vários documentos, formulários e declarações que o médico ou o médico perito tem de elaborar está um relatório médico.

Não se reporta agora ao laudo técnico nem de avaliação da perícia médica, mas descrição pura e simples, respeitado o sigilo profissional, do que sucedeu com o consultado, no atendimento ou na perícia.

Quando se trata de informação destinada a outro colega, releva serem prestados os elementos compatíveis com as necessidades do prosseguimento do atendimento.

Nesse documento declaratório o profissional narrará informações úteis direcionadas a alguma finalidade técnica procedimental solicitada pelo interessado ou exigida pela autoridade, com os esclarecimentos necessários.

Inexiste padrão oficial para esse tipo de narrativa, mas um modelo que reúna as informações fundamentais imprescindíveis para que cumpra o seu papel funcional.

Abaixo, listam-se os principais itens de uma descrição dessa natureza.

Objetivo do relatório

Menção à solicitação e a sua razão de ser.

Atendimento pessoal

Data do evento. Local. Instrumental disponível. Técnica da avaliação adotada. Presença de acompanhantes.

Dados pessoais

Nome do examinado, endereço atual, estado civil, altura, peso, sexo, cor, etnia.

Dados profissionais

Profissão, função ou ocupação na empresa. Remuneração. Formação profissional. Nível escolar. Regime jurídico laboral.

Tipo de segurado

Empregado. Temporário, avulso, doméstico, empresário, autônomo, eclesiástico, segurado especial, facultativo ou outros.

Meios de locomoção

Trem, barco, metrô, automóvel, motocicleta, bicicleta, ônibus ou táxi ou a pé.

Alegações do relatado

Classificação da inaptidão alegada. Doença Comum. Doença ocupacional. Doença degenerativa. Faixa etária, Endêmica. Pregressa.

Aspectos médicos

CID alegado. CID constatado, tratamento. Ocupacionalidade. Diagnóstico. Prognóstico. Resultado dos exames. Análise da anamnese.

Histórico da incapacidade

Benefícios auferidos. Conduta terapêutica Medicamentação. Cirurgias. Internações.

Ambiente de trabalho

Atividade empresarial. Mapeamento de sinistros. Gerenciamento de riscos. Grau de risco, experiência acidentária (RAF/FAP).

Documentos examinados

Laudos técnicos. PPP. LTCAT, ASO. Declarações. Depoimentos. Medições procedidas. Prontuário médico da empresa.

Tecnologia de proteção

Uso de EPI, EPR ou EPC. Audiometrias. Registro dos exames admissional, sequencial ou demissional.

Exame propriamente dito

Aparência. Conduta. Reações do examinado. Incidentes. Duração da licença. Presença de simulação. Participação do acompanhante.

Anamnese social

Relato de eventuais fatos biopsicossociais relevantes para a perícia.

Disposições legais

Menção às normas pertinentes a matéria.

Conclusões finais

Presença ou não de incapacidade com visas ao auxílio–doença, aposentadoria por invalidez, auxílio–acidente e outros benefícios. Exames laboratoriais. Necessidade de reabilitação. Alta programada.

Dados do relator

Nome, número do CRM, cargo, data, carimbo e assinatura.

Capítulo 105

ART. 93 DO PBPS

De longa data, desde 24.7.91, diz o art. 93 do PBPS:

> A empresa com 100 (cem) ou mais empregados está obrigada a preencher de 2% (dois por cento) a 5% (cinco por cento) dos seus cargos com beneficiários reabilitados ou pessoas com deficiência, habilitadas, na seguinte proporção:
>
> I – até 200 empregados......... 2%
>
> II – de 201 a 500.................... 3%
>
> III – de 501 a 1000................. 4%
>
> IV – de 1001 em diante........... 5%.

Clientela protegida

Os beneficiários desse preceito técnico legal são os segurados ou seus dependentes, pessoas com deficiência habilitadas ou não deficientes, submetidas ao processo ou reabilitação profissional (PBPS, art. 89).

Não estariam incluídos os contribuintes individuais (empresário, autônomo ou eclesiástico), estagiários, cooperados nem os componentes de pessoas jurídicas prestadores de serviço.

Critério de admissão

Dentro dos percentuais legais, para a admissão ocorrer é preciso fazer a prova da reabilitação de quem sofreu um acidente do trabalho ou é portador de deficiência mediante perícia médica a cargo da empresa.

O setor patronal incumbido dessa atividade é o médico do trabalho ou terceirizado.

Contratação do trabalhador

Apurado que se trata de alguém contemplado no dispositivo legal, a admissão seguirá a rotina dos demais empregados, inclusive com a elaboração do ASO.

Jornada especial

Como previsto no Decreto n. 3.298/99, algumas dessas pessoas têm direito a jornada especial.

Estabilidade do contratado

Não há previsão particular de estabilidade para esse empregado, exceto se ele cumprir os requisitos próprios dessa condição legal estabilizadora.

Perícia médica

Não será fácil ao médico do trabalho determinar com precisão se está diante da pessoa habilitada ou reabilitada, mas o ônus maior é saber se se trata da pessoa com deficiência.

Terá de ter experiência profissional a esse respeito, bastante acuidade e capacidade de observação. Rigorosamente, quase nada o ajudará consultar as descrições legais ou doutrinárias, porque se trata de uma verificação direta.

Já "entendemos ser a inaptidão parcial ou total, provisória ou permanente, do ser humano de prover as necessidades pessoais ou sociais, em virtude de insuficiência de ordem de ordem mental, intelectual, congênita ou adquirida no curso de sua vida" (*Comentários a Lei Básica da Previdência Social*, 8ª ed. São Paulo: LTr, 2009. p. 526).

De acordo com a Declaração dos Direitos dos Deficientes, de 1975: "designa toda pessoa em estado de incapacidade de prover por si mesma, no todo ou em parte, as necessidades de uma vida ou social normal, em consequência de uma deficiência congênita ou não e de suas faculdades físicas e mentais" (art. 10 da Resolução ONU n. 3.447/75).

Para o art. 3º, I, do Decreto n. 3.298/99 (regulamentador da Lei n. 7.853/99), é: "toda perda ou anormalidade de uma estrutura ou função psicológica, fisiológica anatômica que gere incapacidade para o desempenho de atividade, dentro do padrão considerado normal para o ser humano".

Capítulo 106

SEGURO HABITACIONAL

Os participantes das Entidades Financiadores do Sistema Financeiro da Habitação – SFH, para efeitos do Seguro Compreensivo Habitacional, por vezes têm de provar a invalidez e se socorrem da perícia médica do INSS.

Essa declaração será elaborada e firmada por médico perito do INSS que atenderá os seguintes requisitos:

a) Identificação do benefício (número);

b) Nome do aposentado;

c) Data do início aposentadoria;

d) CID;

e) Explicitação da causa do deferimento definitivo do benefício;

f) Confirmação da manutenção (sem DCB); e

g) Data, carimbo e assinatura.

Do documento constará a seguinte observação:

> A aposentadoria por invalidez poderá vir a ser cancelada, se o aposentado retornar à atividade ou recuperar capacidade laborativa, conforme os arts. 46 e 47 da Lei n. 8.212, de 24 de julho de 1991.

Sobrevindo a cessação do benefício, por qualquer que seja o motivo, a Chefia da APS mantenedora deverá comunicar o fato à Entidade Financiadora/Estipulante.

A SUSEP, mediante a Circular n. 11, de 3.12.99, disciplinou a matéria.

II – Condições particulares para os riscos de morte e de invalidez permanente.

Cláusula 1ª – segurados.

Os segurados são as pessoas físicas: a) financiadas em operações previstas nos programas do Sistema Financeiro da Habitação para aquisição ou construção de casa própria, de lote urbanizado ou de imóveis destinados a abrigar serviços comunitários; b) promitentes compradores de lotes urbanizados, de imóveis residenciais ou destinados a abrigar serviços comunitários, desde que no instrumento de promessa intervenha o Estipulante garantindo financiamento previsto nos programas do Sistema Financeiro da Habitação; c) locatárias ou ocupantes com opção de compra de imóveis residenciais ou destinados a abrigar serviços comunitários, de propriedade do Estipulante; d) cessionárias ou sub-rogatárias de financiamento de lotes urbanizados, para aquisição de imóveis residenciais ou destinados a abrigar serviços comunitários, desde que, do instrumento de cessão ou de sub-rogação, conste a anuência expressa do Estipulante.

Não são admitidos como segurados: a) as pessoas físicas, vinculadas ao Estipulante em operações que tenham por objeto imóveis destinados à comercialização; b) os componentes da renda familiar, não financiados; c) as pessoas físicas, vinculadas ao Estipulante, na qualidade de fiadores ou garantidores, ainda que solidários, das obrigações assumidas por terceiros; d) os cessionários de direitos sem anuência expressa do Estipulante, formalizada em instrumento de sub-rogação de dívida.

Cláusula 2ª

Objeto do seguro: a cobertura concedida pelas presentes Condições aplica-se à morte e à invalidez permanente dos segurados definidos na Cláusula anterior, ressalvadas as exclusões indicadas nesta Apólice.

Cláusula 3ª

Riscos cobertos 3.1 – Estão cobertos por estas Condições os riscos a seguir discriminados: a) morte, qualquer que seja a causa; b) invalidez permanente das pessoas físicas indicadas no item 1.1 da Cláusula 1ª destas Condições, que ocorrer posteriormente à data em que se caracterizarem as operações respectivas, causada por acidente ou doença, que será comprovada com a apresentação, à Seguradora, de declaração do Instituto de Previdência Social para o qual contribua o Segurado, ou do laudo emitido por perícia médica custeada pela Seguradora, no caso de não existir vinculação a órgão previdenciário oficial. b.1) no caso de vinculação ao FUNRURAL, a invalidez permanente será comprovada com a apresentação à Seguradora da declaração do Instituto de Previdência Social para o qual contribua o Segurado e do laudo emitido pela perícia médica custeada pela Seguradora. 3.2 – Poderá a Seguradora, a seu exclusivo critério, contratar junta médica para elaborar laudo, visando à apuração de possível fraude, comunicando ao Estipulante a adoção de tal medida. Decorrido o período de indefinição de cobertura, que não poderá ultrapassar doze meses contados da data da complementação dos documentos previstos nas NORMAS e ROTINAS, deverá a Seguradora: Circular SUSEP nº 111, de 3 de dezembro de 1999 18 a) pagar a indenização, capitalizada a juros contratuais na forma prevista no subitem 10.2.1 – se concordar com o parecer do órgão previdenciário; ou, b) suspender o reconhecimento de cobertura, no caso de o laudo por ela realizado conduzir a resultado distinto do obtido pelo órgão previdenciário, dando a este o devido conhecimento, ficando, portanto, isenta de qualquer pagamento até que haja, ou não, o reconhecimento de equívoco na concessão da aposentadoria por invalidez, ou mesmo fraude. b.1) No caso de reconhecimento de equívoco pelo órgão previdenciário, será paga, de uma única vez, somente a quantia equivalente aos encargos mensais, atualizados monetariamente, correspondentes ao período desde a data do exame do órgão previdenciário, que gerou a declaração de invalidez, até o mês de reconhecimento do equívoco. A correção monetária será feita na forma *pro rata die*, utilizando-se os índices aplicáveis aos depósitos de poupança com aniversário no dia de vencimento da prestação, até o dia do efetivo pagamento. b.2) No caso do órgão previdenciário reconhecer ter havido fraude, nenhuma quantia será paga, sequer a relativa aos encargos mensais. b.3) Na hipótese de o órgão previdenciário confirmar a aposentadoria por invalidez, configurando-se engano da Seguradora, esta pagará indenização capitalizada a juros contratuais na forma prevista no subitem 10.2.1. b.4) Na hipótese de o órgão previdenciário não se pronunciar após o decurso de 6 (seis) meses, a Seguradora encaminhará o processo para exame do CRSFH de que trata a Cláusula 23 das Condições Especiais.

Cláusula 4ª

Riscos excluídos: estão excluídos do presente seguro:

4.1 – A invalidez temporária do Segurado; as despesas médicas em geral; as diárias hospitalares em geral; os gastos com medicamentos; os honorários para intervenções cirúrgicas; as despesas de remoção e correlatos.

– Os casos de invalidez permanente resultante de invalidez temporária comprovadamente existente à data da caracterização das operações definidas no item 1.1 da Cláusula 1ª destas Condições.

Nos casos em que o Segurado se encontrar em gozo de benefício previdenciário correspondente a invalidez temporária, quando da contratação da operação com o Estipulante, considerar-se-á coberto apenas o risco de morte, sendo, então, mantida a taxa original, em virtude da agravação do risco.

TJ-RS – Apelação Cível AC n. 591017405/RS, de 4.6.91

Repetição de indébito. Financiamento para aquisição de moradia pelo sistema financeiro da habitação – SFH. Seguro compreensivo. Cobertura do financiamento em face da invalidez do mutuário. A comunicação equivocada, de parte do agente do SFH, de que a apólice de seguro inserida, obrigatoriamente, no contrato de mútuo compreende o estado de invalidez permanente, obriga o agente do SFH a saldar o resto do financiamento em face da invalidez pericialmente constatada, independentemente de o financiador haver ou não celebrado com seguradora um contrato de seguro. Aplicação do art. n. 159 do CC. cobrança de prestações após a comunicação da invalidez e indevida e, cobradas, devem ser devolvidas. Apelo improvido. (Primeira Câmara Cível, Tribunal de Justiça do RS, Relator: Celeste Vicente Rovani, Julgado em 04/06/1991).

Capítulo 107

CONDUTOR DE VEÍCULOS

Por intermédio do Decreto n. 62.127/68, o Conselho Nacional Trânsito dispôs sobre a figura do condutor de veículos terrestres.

O Departamento Estadual de Trânsito (DETRAN) mantém intercâmbio com o INSS visando a habilitação profissional desses segurados obrigatórios.

No item 4 do MPMPS cuida-se do auxílio-doença dos motoristas quando de dificuldades para dirigir os veículos da categorias A a E (subitem 4.2.1).

O subitem 4.2.2 estabelece as exigências médicas para habilitação do condutor de veículos.

Nota contemplada no final desse subitem 4.2.2 diz:

> Para o médico perito do INSS o importante é saber que um segurado com visão monocular poderá ser habilitado na Categoria B e trabalhar como profissional em táxis, ambulâncias e camionetas.

Por isso dispensa o auxílio-doença.

Capítulo 108

INAPTIDÃO DO AERONAUTA

Em razão de sua especificidade especial a atividade profissional da navegação aérea reclama atenção especial das autoridades federais.

A par de outras doenças (comuns aos aeroviários e demais segurados), uma das incapacidades que acometem os pilotos é a que torna difícil, embaraçoso ou impossibilita o voo e, por isso, merece redobrado atendimento particular.

Um exemplo bastante trágico disso é o que sucedeu com o copiloto Andreas Lubitz do voo 4U–9525, da *Germanwings*, que padecia de terríveis distúrbios mentais e levou à morte 150 pessoas nos Alpes franceses.

Distinções necessárias

Ab initio convém deixar claro que de modo geral aeronauta é quem trabalha dentro da aeronave, e aeroviário, o auxiliar da aviação, operando no solo nos aeroportos e principalmente fora da aeronave.

A esse respeito consulte–se o relatório da juíza Celene Ferreira Amaro Santos, da 1ª Turma do DF no RO n. 0012202006.017.10.00–7, de 22.9.06: "Distinção entre aeronauta e aeroviário. Categoria diferenciada. Convenção Coletiva. Aplicabilidade. As empresas de navegação aérea e de administração de aeroportos têm funções principais e auxiliares. Os componentes das tripulações são os aeronautas e as demais atividades são executadas pelos auxiliares. As funções auxiliares, por estarem inseridas na atividade–meio das empresas aéreas e de administração dos aeroportos, podem ser terceirizadas, na forma da Súmula 331, do TST, portanto, aqueles que prestam serviços auxiliares de transporte aéreo, sejam empregados de empresa aérea, sejam empregados de empresa prestadora de serviços, são considerados aeroviários, que compõem categoria diferenciada. O empregado pertencente à categoria profissional diferenciada está jungido às normas coletivas firmadas por seu sindicato profissional com a categoria econômica do empregador. Verificado que o sindicato patronal que detém a representação da empregadora não subscreveu as convenções coletivas que embasa os pedidos, correto o indeferimento dos pleitos na forma da Súmula 374, do TST. Recurso conhecido e parcialmente provido".

Diferentemente dos demais segurados, os aeronautas não se submetem à tradicional perícia médica do INSS quando do pedido de benefícios por incapacidade (auxílio–doença, aposentadoria pro invalidez ou auxílio–acidente).

Responsável pelo exame

O responsável pela perícia e a Diretoria de Saúde da Aeronáutica, que, então, conta com dois examinadores:

I) um médico da aeronauta; e

II) um perito o INSS.

Tal solução é identificada como Junta Mista Especial de Saúde da Aeronáutica (JMESA).

À evidência, sobrevém uma soma de conhecimentos técnicos: a do especialista em navegação aérea e o generalista do INSS. Por outro lado, eles podem discordar, devendo prevalecer o médico da aeronáutica.

Norma válida

> A verificação a cessação da incapacidade para o voo serão declaradas pela Diretoria de Saúde da Aeronáutica, após exame médico do segurado feito por junta médica, da qual fará parte, obrigatoriamente, um médico da previdência Social (Decreto–lei n. 158/67).

Conceito de incapacidade

É a que decorre da presença de lesão de órgão ou perturbação da função que impossibilita ao aeronauta o exercício de sua atividade habitual em voo.

Aposentadoria por invalidez

Quando a Junta Médica considerar o trabalhador incapaz definitivamente para o voo, o segurado passará a fazer exames nas APS do INSS, sem necessidade de participação da Aeronáutica.

A concessão e a manutenção do benefício caberão à APS, incumbida do processamento desse exame, próxima das bases aéreas em que serão realizados os trabalhos.

Exames suplementares

Se a Junta Médica considerar indispensáveis exames complementares e/ou especializados, poderá ser realizados sem serviços próprios da Aeronáutica ou pelo INSS, a critério da JMESA.

Após a realização do exame, o Serviço ou Seção de Gerenciamento de Benefícios por incapacidade encaminhar relatório medido em envelope lacrado ao Serviço/Saúde de Gerenciamento de Benefícios por incapacidade, mais próximo em que haja JMESA para que seja efetuada a análise da conclusão.

Outras patologias

Não fica claro se a inaptidão não for para voar mas se deve entender que nesse caso é ainda a Junta Médica que o examinará.

Exame domiciliar

Se o aeronauta estiver impossibilitado de se locomover, o setor local de benefício em que foi feita a requisição comunicará o fato à perícia médica competente para a realização da perícia médica domiciliar.

Reabilitação profissional

Sobrevindo conclusão de incapacidade para o voo, caberá o exame da suscetibilidade para o programa de reabilitação profissional.

Capítulo 109

AGENTE RUÍDO

Dentre os agentes nocivos presentes no ambiente de trabalho, o que mais provoca solicitações de auxílio–doença tem sido o ruído. No que se refere à aposentadoria especial, tem gerado uma infinidade de processos administrativos e judiciais. Mas não são menos os pedidos de benefícios por incapacidade invocando a perda auditiva parcial ou total.

Daí art. 86, § 4º, do PBPS dispor especificamente sobre uma patologia ocupacional:

> A perda da audição, em qualquer grau, somente proporcionará a concessão do auxílio–acidente, quando, além do reconhecimento de causalidade entre o trabalho e a doença, resultar, comprovadamente, na redução ou perda da capacidade para o trabalho que habitualmente exercia.

O tema, em particular a utilização do EPI apropriado, chama a atenção dos estudiosos, dos magistrados e até mesmo do STF, e vem provocando inúmeras polêmicas. Aqui, agora, interessando apenas a perícia médica correspondente quando de um pedido de auxílio–doença, aposentadoria por invalidez ou auxílio–acidente.

Há muito tempo Tuffi Messias Saliba se preocupou com esse assunto, tornando–se um verdadeiro *expert* no que diz respeito à exposição do segurado ao ruído, avaliação audiométrica, utilização de tecnologia protetiva e outros aspectos (*Curso Básico de Segurança e Higiene Ocupacional*. 6ª ed. São Paulo: LTr, 2015. pp. 179/198).

Ele define o som como "qualquer vibração ou conjunto de vibração ou ondas mecânicas que podem ser ouvidas. Na higiene ocupacional, costuma–se denominar barulho como todo som indesejável" (ob. cit., p. 179).

Explicita os diversos efeitos do ruído no organismo, pensando nos desdobramentos ocupacionais.

Seriam auditivos, levando o trabalhador à perda de audição. E também extra–auditivos, afetando o sistema cardiovascular, provocando distúrbios gastrointestinais, irritabilidade, nervosismo, vertigens e alterações endócrinas.

Esses manifestações e sintomas interessam ao médico perito quando do exame do segurado. Sua primeira preocupação será, examinando o PPP apresentado pelo examinado, saber se o trabalhador se expôs a níveis de ruídos superiores aos limites de tolerância nos diferentes períodos de vigência desses parâmetros regulamentares. O exame das audiometrias admissionais, sequenciais e demissionais é muito relevante para as conclusões sobre a incapacidade.

Capítulo 110

DOENÇA INTERMITENTE

Existem patologias, obstativas ou não do trabalho, que momentaneamente afetam a higidez da pessoa humana em determinados momentos de sua vida e da vida profissional.

Exemplificativamente, podem ser citadas a epilepsia, claudicação intermitente, transtorno explosivo, porfiria intermitente, bipolaridade, pânico, febre e muitos outros mais.

São múltiplas, leves ou graves, verdadeiros transtornos físicos e psicológicas para a vítima, envolvendo os circunstantes e principalmente no trabalho. Muitas delas não têm cura e são pouco compreendidas por quem aprecia as suas crises ou surtos.

Este capítulo apenas as consigna, sem qualquer pretensão ou preocupação de esmiuçá-las ou defini-las, restando ser um simples relatório de sua existência e das dificuldades operacionais técnicas de apreensão por todos e em particular, pela perícia médica.

No curso da crise em que se vê atingida, a pessoa não dispõe de condições de exercer sua atividade profissional (sem risco de acidentes).

À evidência com vistas à incapacidade laboral, cada um desses obstáculos laborativo tem de ser apreciado com muito cuidado e conhecimento médico, e depois de caracterizada a inaptidão, ao setor administrativo caberá avaliar juridicamente o direito securitário do portador dessas limitações.

Note-se que na legislação previdenciária não há disciplina legal para as licenças médicas quando o trabalhador fica intermitente ou ocasionalmente incapaz para o trabalho.

Poderia se pensar numa licença médica igualmente intermitente, com valores proporcionais dos benefícios até que o tema seja regulado em lei.

Direito do Trabalho

O problema tem sido solucionado no âmbito do Direito do Trabalho; o empregador abona as faltas a partir de atestados médicos convincentes.

A questão só interessa à previdência social quando o afastamento superar os primeiros 15 dias. Acosta-se a problemática daquelas situações em que o trabalhador incapaz para o trabalho por menos de 15 dias, sem direito ao auxílio-doença, volta ao trabalho novamente.

No *site* Consultor Jurídico de 16.5.15 ("Exposição intermitente superar os primeiros 15 dias". Acosta-se a problemática daquelas situações em que o trabalhador incapaz para o trabalho por menos de 15 dias, sem direito ao auxílio-doença e volta ao trabalho novamente.

A Súmula TST n. 47 diz:

> O trabalho executado em caráter intermitente, em condições insalubres não afasta, só por essa circunstância, o direito à percepção do respectivo adicional.

Capítulo 111

AVALIAÇÃO DO RESULTADO

Em algumas circunstâncias, principalmente quando de contestação, o laudo de uma perícia tem de ser apreciado por pessoa competente, usualmente quando de ações administrativas ou judiciais.

Nesse estudo inexiste perícia ou subsequente emissão de laudo pericial; tão somente um exame seguido de um parecer sobre o conteúdo da perícia considerada.

Diante da contestação do oponente, serão suscitadas as razões que levaram à tentativa de impugnação juntamente com as próprias do avaliador, e todas elas têm de ser sopesadas. Uma a uma para final conclusão.

Rigorosamente, por se tratar de um trabalho intelectual, tal tarefa poderia ser realizada por outra pessoa que não um médico, mas isso não se recomendaria na medida em que um perito tem melhores condições de fazê–lo.

Um advogado assistente poderia opinar tão somente sobre aspectos jurídicos sem ingressar nas nuanças técnicas.

Em algumas circunstâncias, principalmente quando de contestação, o laudo de uma perícia tem de ser apreciado por pessoa competente, usualmente por ocasião de ações administrativas ou judiciais.

Crê–se que o primeiro a fazê–lo é o advogado quando recebe o cliente em consulta. Aliás, é o primeiro a ouvir o futuro periciado e tomar conhecimento da patologia e dos seus desdobramentos laborais.

Voltando à autoridade, nesse estudo técnico inexiste perícia ou subsequente emissão de laudo pericial; tão somente uma análise seguida de um parecer sobre o conteúdo da perícia observada.

Diante da inconformidade do oponente, serão suscitadas as razões que valem na tentativa de impugnação juntamente com as próprias do avaliador, e todas elas têm de ser sopesadas. Uma a uma para final conclusão.

Rigorosamente, por se tratar de um trabalho intelectual, talvez pudesse ser realizada por outra pessoa que não um médico, mas não se recomendaria na medida que um perito tem melhores condições de fazê–lo.

Um advogado assistente poderia opinar tão somente sobre os aspectos jurídicos dessa análise sem ingressar nas nuanças técnicas.

A premissa dessa análise é tomar conhecimento de tudo o que ocorreu durante a perícia, em que condições ela foi realizada, qual o instrumental auxiliar, enfim, o que disser respeito ao ato médico acontecido.

Capítulo 112

ESTÁGIO PROFISSIONAL

Desde 2008 a presença do obreiro ao mesmo tempo estudante nas empresas é regulamentada na Lei n. 11.788/08. Enquanto cumprir as determinações dessa norma jurídica, ele não será um celetista. Sua atividade laboral visará complementar o estudo em desenvolvimento.

Sem ser empregado, não se sujeita obrigatoriamente ao exame admissional, sequencial ou demissional, tradicional ou sequencial; tais exames são recomendados por parte da empresa com vistas a eventuais responsabilidades trabalhistas, previdenciárias ou civis.

Recomenda-se que tenha um prontuário médico igual aos dos demais trabalhadores.

Não submetido às normas infortunísticas da previdência social, a empresa é obrigada a celebrar um seguro contra acidentes pessoais com as companhias seguradoras (art. 9º, IV, da Lei n. 11.788/08).

Portanto, além dos exames trabalhistas sugeridos, o estagiário deverá se submeter a uma perícia médica da companhia seguradora em face de suas condições de trabalho como estudante (*Estágio Profissional – 1420 Perguntas e Respostas*. São Paulo: LTr, 2009. p. 89).

Esse exame é exatamente igual ao admissional, de vez que é a instituição securitária que avaliará as condições de saúde desse segurado, de sorte que ele não possua alegar um CID de que era portador antes da contratação.

Capítulo 113

MÉDICO DO TRABALHO

No âmbito da perícia médica ora enfocada, o papel do médico do trabalho é significativo. Talvez o profissional com maior ciência das condições laborais do trabalhador.

No que diz respeito ao empregado e ao avulso, ele é um dos primeiros profissionais da medicina a tomar conhecimento das condições de saúde do candidato ao vínculo jurídico laboral e quem dá início aos registros no prontuário médico individual.

Praticamente, devido à contiguidade pessoal e às obrigações legais celetistas, propicia consultas, faz pequenos atendimentos, justifica ou não faltas ao serviço emitindo atestados médicos, promove os primeiros socorros em caso de acidente do trabalho, emite a CAT, encaminha o segurado ao INSS etc.

Mais do que isso, ele acompanha os exames admissionais, sequenciais de demissionais, principalmente a avaliação quando de retorno ao trabalho após a alta médica do INSS.

De fato, consegue ser consultor, orientador, examinador e colega de serviço; alguém que domina plenamente a atividade–fim das empresas, os diversos setores de trabalho (e a presença dos agentes nocivos), as profissões, ocupações e ofícios ali realizados. O verdadeiro *modus operandi* de cada estabelecimento manufatureiro.

Ciente da legislação trabalhista, que é complexa, em particular as Normas Regulamentadoras, portanto, repete–se, domina mais do que ninguém o que acontece com trabalhador. A despeito de ser empregado da empresa, todavia, no tocante às doenças ocupacionais ele sempre deve ser ouvido.

Determinações da CLT

O tema pertence mais propriamente ao Direito do Trabalho, com reflexos no Direito Previdenciário. As principais regras a serem observadas estão no Decreto–lei n. 5.242/43.

Diz 162 da CLT:

> As empresas, de acordo com normas a serem expedidas pelo Ministério do Trabalho, estarão obrigadas a manter serviços especializados em segurança e em medicina do trabalho.

Essas referidas normas estão contidas na Lei n. 6.514/77 e Portaria MTPS n. 3.214/78. Lei que alterou parcialmente a própria CLT.

As empresas são obrigadas a manter setor de medicina do trabalho e engenharia de segurança o trabalho em seus quadros de pessoal.

Pontua o parágrafo único:

> Parágrafo único – As normas a que se refere este artigo estabelecerão:
>
> a) classificação das empresas segundo o número de empregados e a natureza do risco de suas atividades;
>
> b) o número mínimo de profissionais especializados exigido de cada empresa, segundo o grupo em que se classifique, na forma da alínea anterior;
>
> c) a qualificação exigida para os profissionais em questão e o seu regime de trabalho;
>
> d) as demais características e atribuições dos serviços especializados em segurança e em medicina do trabalho, nas empresas.

Como visto, o parágrafo único fixa o quantitativo do número de empregados e de profissionais voltados para a medicina, higiene e segurança do trabalho.

Controle profissional

Enfocando a preocupação de que o médico do trabalho não exerça a função de médico perito quando de ações de promovidas por empregados da empresa, Rubens Cenci Motta discorre amplamente sobre as diversas resoluções do CFM e do CREMESP (ob. cit., pp. 72/77).

À luz das determinações legais e da prática diuturna – não se olvidando do desejo das empresas de se socorrerem do INSS quando de incapacidades laborais – a perícia médica da autarquia federal, sem prejuízo de sua total autonomia e prevalência, deve tomar conhecimento de informações prestadas pelos médicos do trabalho e engenheiros de segurança. Especialmente quando tiverem acesso ao PPP e LTCAT.

É bom recordar que infelizmente, de modo particular, algumas empresas não assumem o dever jurídico e moral de proteger a saúde e a integridade física do trabalhador, restringindo-se, o que é pouco, a dar cumprimento às NR.

Insalubridade e periculosidade

O art. 195 da CLT diz:

> A caracterização e classificação da insalubridade e da periculosidade, segundo as

normas do Ministério do Trabalho, far-se-ão através de perícia a cargo do Médico do Trabalho ou Engenheiro de Segurança do Trabalho, registrados no Ministério do Trabalho (redação da Lei n. 6.514/77).

Fontes formais

São várias as determinações dos órgãos de controle profissional a serem consultadas:

Art. 12 da Resolução CFM n. 1.488/98.

Art. 1º, § 2º, da Resolução CREMSP n. 126/05.

Resolução CREMESP n. 167/05.

Arts. 7º/8º da Resolução CREMESP n. 76/96.

TOMO VII

GENERALIDADES

Capítulo 114

PREVIDÊNCIA COMPLEMENTAR

O INSS é a autarquia federal gestora da previdência social pública (RGPS). Suas prestações básicas são implementadas, suplementadas ou complementadas pela previdência privada objeto da LC n. 109/01.

A proteção supletiva se desdobra em aberta e fechada; esta última em propriamente dita (inicialmente disciplinada na Lei n. 6.435/77), associativa ou do servidor público (CF, art. 40, §§ 14/16).

Todas as modalidades de proteção supletiva preveem prestações condicionadas à existência de prévio exame médico, quando da adesão ou durante a relação jurídica do participante com a entidade mantenedora do plano de benefícios.

Neste caso, operando diretamente ou mediante a terceirização dos serviços, essas organizações operam as perícias médicas e, em princípio, atuam como o INSS.

Nos termos da LC n. 109/01, diante da liberdade de contratação, cada um dos planos de benefícios poderá ajustar cláusulas relativas a esses exames sob critérios próprios.

Não estão impedidas de observar outros parâmetros médicos, inclusive de sopesar o laudo técnico da perícia da previdência social ou de examinadores particulares.

Observado o que dispõe o Regulamento Básico, o médico perito fará o seu trabalho e ofertará um laudo técnico conclusivo nos moldes tradicionais.

Capítulo 115

SEGURO PRIVADO

Nosso seguro privado é disciplinado no Decreto-lei n. 66/73 sem dispor sistemática e expressamente sobre o exame médico de admissão.

O Centro Brasileiro de Estudos em Medicina de Evidências divulgou matéria desenvolvida por Fernando P. Castro e Edson R. Ferro, com os principais elementos abaixo descritos, e dos quais foi extraída a maioria das observações seguintes.

O exame médico seguirá as regras preconizadas pelo CFM para apreciação clínica e, fundamentalmente, reunir subsídios às necessidades de esclarecimento apresentadas.

Quando a solicitação não se fizer acompanhada de um objetivo específico (fato médico a ser dirimido), o perito se limitará às descrições clínicas e do exame físico.

O segurado será devidamente informado da finalidade do exame (indicado para atualizar as questões médicas notificadas pelo médico assistente no aviso de sinistro).

As conclusões devem ser exclusivamente médicas em seu teor clínico.

Nenhuma conclusão deve ser adiantada ao segurado, até mesmo pelo fato de que o tempo de exame (avaliação médica contratada) não é decisório.

É imperativo inexistir na documentação a ser emitida pelo examinador qualquer conclusão de ordem securitária – tal seja não deverão ser mencionados comentários que possam representar alguma correlação aplicada ao seguro – sendo este contexto uma responsabilidade exclusiva da Cia. seguradora.

Não deverão ser mencionados comentários em relação à capacidade profissional, por ser esta uma competência exclusiva da Previdência Social, que não representa relevância determinante nas análises voltadas ao seguro privado.

Caso o segurado solicite cópia do laudo, este deve ser orientado a solicitá-la no âmbito da seguradora que se pronunciará a respeito.

O examinador não deverá firmar qualquer prazo à conclusão da análise do caso, sempre informando que a decisão do mesmo é competência exclusiva da seguradora.

O perito não deverá solicitar / indicar / orientar pela realização de qualquer exame complementar, sendo-lhe vedado condicionar as suas conclusões a qualquer demanda complementar na dependência de exames subsidiários.

As avaliações em continuidade serão consideradas possíveis em um total adicional de um evento, porém somente para casos psiquiátricos, devidamente justificados e pré-aprovados pela seguradora.

Nestas hipóteses o examinador sempre justificará a avaliação sequencial.

Casos excepcionais poderão ser avaliados sempre mediante apresentação de justificativa.

A condução de exames coadjuvantes ao exame físico estará passível de realização, desde que estes sejam inócuos e realizados no mesmo tempo da avaliação. Isso se aplica aos exames de eletrocardiograma de repouso, exames oftalmológicos e outros similares considerados simples e isentos de intercorrências, que resultem em registros de interesse clínico imprescindível à conclusão do exame inicial.

Tais exames estão liberados apenas às especialidades que dependam de sua realização, sendo autorizados, sempre previamente, no ato da contratação do serviço. Argumentos em favor da necessidade de registros provenientes de outros exames complementares, entendidos como de importância fundamental ao deslinde de dúvidas médicas especificamente relacionadas ao objeto principal desta norma, deverão ser notificados, sempre em documentação específica e independente, para que se possa então viabilizá-los através do médico assistente.

O laudo de exame médico deverá sempre atender a algumas regras em especial: (1) Não ser intitulado de laudo médico pericial ou qualquer outra denominação que refira termo relacionado a ato pericial, devendo ser intitulado de laudo de exame médico; (2) Atender às regras preconizadas pelo CFM em especial as previstas no código de ética; (3) Se limitar a: - descrever o exame físico; descrever a evolução clínica; firmar um estadiamento com descrição detalhada, documentando os indicadores que traduzam o estágio atual do quadro clínico; reunir dados complementares, inclusive através de resultados de exames complementares subsidiários que tenham sido facultados à análise; reunir subsídios a promover o inventário clínico sistêmico e, quando necessário responder aos quesitos quando forem apresentados. A conclusão do exame deve seguir base exclusivamente clínica.

O examinador deverá assiná-lo e carimbá-lo além de remeter o original.

Tais laudos de exame deverão buscar documentar o curso da doença básica e suas interações de modo a esclarecer as condições que teriam agido de modo determinante ao concurso de uma incapacidade ou mesmo do êxito letal, quando em casos de avaliação indireta.

Os laudos de exame deverão retratar os elementos / evidências que possam certificar a fisiopatologia do quadro mórbido de modo a legitimar a sua etiologia e as suas repercussões.

Nos casos em que haja concurso de incapacidade, o inventário de danos deve ser apurado de modo a qualificar e quantificar as perdas funcionais que possam ser diagnosticadas como definitivas (assim entendidas como "permanentes" por serem intratáveis) graduando–as em relação ao patrimônio físico do examinado, sempre com base suportada na descrição das limitações físicas e psíquicas verificadas ao exame.

Enquadramentos indenizatórios não deverão ser promovidos, sob qualquer que seja a justificativa.

A propósito dos casos em que haja algum dano anatômico e/ou funcional, o laudo médico, além dos dados já elencados, deverá contribuir com informações que permitam identificar os principais indicadores, a saber: – as datas inerentes aos fatos que estão sendo firmados; a melhor correlação etiológica; os planos terapêuticos e seus resultados e as limitações que possam trazer prejuízos definitivos à autonomia de vida do examinado assim como, toda e qualquer informação médica fidedigna que possa estar relacionada a indicadores médicos constantes aos principais protocolos médicos oficiais vigentes.

Nenhuma depreensão médica, incluídas as predições prognósticas evolutivas ou terapêuticas, deverá constar dos laudos de exame médico contratados.

Capítulo 116

DANO MORAL

Com duas pessoas físicas envolvidas na perícia médica, durante a sua execução poderá sobrevir algum prejuízo material ou moral indevido. Numa hipótese extrema, ser praticado algum ato contra a honra, a dignidade ou a moral do interlocutor, na hipótese de dano mensurável e demonstrável.

O tema é vasto e interessa tão somente os aspectos negativos da atuação pessoal que possam advir durante a perícia propriamente dita. É preciso tomar cuidado para não serem tentadas ações tidas como aventuras judiciais e assim erodir esse instituto técnico.

Aparentemente, devido ao número de reclamações constatadas consta que, em alguns casos, estariam presentes condutas inapropriadas próximas dos indicadores decantadores de danos à pessoa humana.

Abstraindo as ações individuais pertinentes aos relacionamentos (não os particulares dos exames), resta verificar se o indeferimento da aptidão para quem a deseja seria motivo para um processo de dano moral. A princípio, crê-se que não. É consabido e assente que não há culpa, se um médico não foi capaz de curar um paciente.

Quem se submete à perícia - excluídos os casos consumados de inépcia, má vontade, desconhecimento técnico ou falta de experiência - corre o risco de não se conformar com o resultado, devendo ouvir uma segunda opinião. É o que lhe resta.

A Resolução CFM n. 1.931/09 relata procedimentos do médico perito que, examinados e provados à exaustão, podem se constituir em fundamentos para análise sobre a ação judicial de dano moral.

Seu art. 1º diz:

> Causar dano ao paciente, por ação ou omissão, caracterizável como imperícia, imprudência ou negligência.

Subsiste farta doutrina sobre cada um desses elementos de culpa a serem consultados.

O art. 4º acresce:

> Deixar de assumir a responsabilidade de qualquer ato profissional que tenha praticado ou indicado, ainda que solicitado ou consentido pelo paciente ou por seu representante legal.

Todo médico perito precisa tomar cuidado quando atua ou quando indica quem o faça (terceiros), pouco importando que agiu a pedido do periciando ou esse tenha concordado com a hipótese.

Para o art. 6º:

> Atribuir seus insucessos a terceiros e a circunstâncias ocasionais, exceto nos casos em que isso possa ser devidamente comprovado.

Essa é uma recomendação de caráter moralista, sabendo-se que terceiros possam efetivamente ser culpados e que as circunstâncias materiais da perícia de fato sejam um dos maiores fatores de conclusões equivocadas.

Reza o art. 11:

> Receitar, atestar ou emitir laudos de forma secreta ou ilegível, sem a devida identificação de seu número de registro no Conselho Regional de Medicina código.indd 42 12.04.10 11:57:01 Código de Ética Médica 43 da sua jurisdição, bem como assinar em branco folhas de receituários, atestados, laudos ou quaisquer outros documentos médicos.

Os laudos médicos têm de ser claros, abertos a quem está autorizado a consultá-los, não conter rasuras.

O art. 12 afirma:

> Deixar de esclarecer o trabalhador sobre as condições de trabalho que ponham em risco sua saúde, devendo comunicar o fato aos empregadores responsáveis. Parágrafo único. Se o fato persistir, é dever do médico comunicar o ocorrido às autoridades competentes e ao Conselho Regional de Medicina.

Os aspectos dos direitos humanos não foram olvidados, vedado ao médico:

> Tratar o ser humano sem civilidade ou consideração, desrespeitar sua dignidade ou discriminá-lo de qualquer forma ou sob qualquer pretexto (art. 23).

Bem como:

> Desrespeitar a integridade física e mental do paciente ou utilizar-se de meio que possa alterar sua personalidade ou sua consciência em investigação policial ou de qualquer outra natureza (art. 27).

A relação com pacientes e familiares foi objeto de capítulo próprio, vedando ao médico:

> Deixar de usar todos os meios disponíveis de diagnóstico e tratamento, cientificamente reconhecidos e a seu alcance, em favor do paciente (art. 32).

Ou:

> Deixar de informar ao paciente o diagnóstico, o prognóstico, os riscos e os objetivos do

tratamento, salvo quando a comunicação direta possa lhe provocar dano, devendo, nesse caso, fazer a comunicação a seu representante legal (art. 34).

E, ainda:

Desrespeitar o pudor de qualquer pessoa sob seus cuidados profissionais. código. indd 50 12.04.10 11:57:02 Código de Ética Médica 51 (art. 38).

Opor-se à realização de junta médica ou segunda opinião solicitada pelo paciente ou por seu representante legal (art. 39).

Aproveitar-se de situações decorrentes da relação médico-paciente para obter vantagem física, emocional, financeira ou de qualquer outra natureza (art. 40).

Um segurado requereu o auxílio-doença em 2006 e ele somente foi pago em 2009, causando-lhe visíveis prejuízos materiais e debate-se saber se essa demora era justificada ou não. O desembargador Carlos Mota entendeu que sim e manteve a indenização, aliás, muito pequena, de R$ 5.000,00 (TRF 3ª Região - Ag. na AC n.00002884-70-2011.4.03.6119/SP de 14.4.15, in Rep. IOB de Jurisp. da 2ª quinz. de maio de 2015, pp. 399/300).

Na AC n. 2009.51.01.022341-2, da 2ª Turma Especial, Relatora Simone Schreiber em 14.1.5 no Rep. IOB de Jurisp. da 1ª quinz. de maio de 2015, p. 262 em caso semelhante ao acima, entretanto: “VIII. Não há que se falar em indenização por dano moral, eis que não foi demonstrado, *in concreto*, qualquer vexame, constrangimento ou intenção de sofrimento provocado por conduta lesiva pelo INSS capaz de ensejar o dano moral alegado”.

Érica Paula Barcha Correia escreveu sobre “O Dano Moral no Direito Previdenciário” (1ª quinz. do *Rep, IOB de Jurisp.* de novembro de 2014, p. 683).

Wânia Alice Ferreira Campos escreveu: “O Dano Moral no Direito Previdenciário” (in *Rep. IOB de Jurisp.* da 1ª quinz. de março de 2015, p. 193).

Adriana Bramante de Castro Ladenthin estudou “Dano Moral e Direito Previdenciário” no *Jornal do 19º CBPS*, São Paulo: LTr, pp. 26/31.

Ruy Coppola sustenta que a fixação da reparação do dano moral é privativa do juiz e que somente ele pode fixá-la, não autorizando o médico perito a estipulá-la (“Dano Moral e Dano Estético. Impossibilidade de quantificação pelo perito judicial” (in *Jornal do IV Congresso Brasileiro de Segurança e Saúde do Trabalho*. São Paulo: LTr, 2003. pp. 40/41).

Por falta de prova material e testemunhal - a autoria alegou “ter sido humilhada pelo perito do INSS durante a realização da perícia médica no INSS” - o desembargador Mairan Maia, em 11.6.15, negou o direito ao dano moral (TRF da 3ª Região - 6ª Turma (in *Revista Síntese de Direito Previdenciário* n. 67 de jul. ago. de 2015, p. 201, na AC n. 00013955-92-92-2012.4.03.6100/SP).

Capítulo 117

OBRIGAÇÕES DO SUS

O Serviço Único de Saúde – SUS da Lei n. 8.080/90 é o programa governamental que cuida da saúde dos brasileiros e, entre eles, a dos trabalhadores.

Trata-se de um esforço gigantesco do governo federal que promove muitos atendimentos (entre os quais os de emitir atestados médicos que justifiquem o abono de faltas laborais) e promoção da assistência à saúde.

A partir da Lei n. 13.135/15 podendo celebrar convênios com o INSS para ensejar perícia médica terceirizada.

Subsistem dificuldades originais da incapacidade nacional de oferecer os recursos médicos universais para toda a população no nível científico desejado que deflagram inconformidades e polêmicas.

Encimando juridicamente esse cenário, diz o art. 200 da Carta Magna:

> Ao sistema único de saúde (SUS) compete, além de outras atribuições, nos termos da lei: (...) II – executar as ações de vigilância sanitária e epidemiológica bem como *as de saúde do trabalhador* (grifos nossos).

Quer dizer, na medida do possível é dever do SUS cuidar da saúde do trabalhador.

Tal preceito é, por assim dizer, regulamentado pela letra "c" do inciso I, do art. 6º da Lei n. 8.080/90 (LOS), ao asseverar que lhe cabe "a execução de ações:" ... "de saúde do trabalhador.

De forma lapidar e verdadeira carta de intenções, reza o art. 2º da LOS:

> A saúde é um direito fundamental do ser humano, devendo o Estado prover as condições indispensáveis ao seu pleno exercício.

Tais dispositivos dizem respeito à promoção de um exame, para não falar em perícia médica, que é obrigação do serviço público (art. 6º, § 3º).

Por outro lado, como indaga Marcos Henrique Mendanha, ajuizando com o empregado: o ônus de promover os exames trabalhistas não seria do empregador? (*Medicina do Trabalho e Perícias Médicas* 3ª ed. São Paulo: LTr. p. 88).

A resposta, à luz do disposto no art. 168, I/III, da CLT, é positiva.

Presencia-se um conflito diante dessas normas, levantado pelo autor acima citado, uma vez que o médico perito do serviço público não dispõe de recursos próprios do médico do trabalho das empresas, para elaborar um ASO adequado, ele não tem conhecimento das condições ambientais das empresas.

O profissional mais indicado para isso é precisamente esse médico do trabalho por sua experiência particular junto do estabelecimento. Mas será oportuno recordar que às vezes, devido a litígio com o empregador, o empregado não tem acesso à medicina do trabalho ocupacional.

Em todo caso, de algum modo, quando isso for tecnicamente possível, e com as restrições enunciadas (e que deveriam fazer do ASO), ele pode examinar o trabalhador e expedir essa declaração de estar ou não apto para o trabalho.

Capítulo 118

NOTIFICAÇÃO OBRIGATÓRIA

Diante de um CID relacionado pelo Ministério da Saúde, constado quando do exame, o médico perito do INSS está obrigado a comunicá-lo às autoridades da saúde.

De modo geral, o art. 7º, a Lei n. 6.259/75 reza:

> São de notificação compulsória às autoridades sanitárias os casos suspeitos ou confirmados:
>
> I – de doenças que podem implicar medidas de isolamento ou quarentena, de acordo com o Regulamento Sanitário Internacional.
>
> II – de doenças constantes de relação elaborada pelo Ministério da Saúde, para cada Unidade da Federação, a ser atualizada periodicamente.

A Lista de Notificação Compulsória – LNC relaciona:

1. Acidentes por animais peçonhentos;
2. Atendimento antirrábico;
3. Botulismo;
4. Carbúnculo ou antraz;
5. Cólera;
6. Coqueluche;
7. Dengue;
8. Difteria;
9. Doença de Creutzfeldt-Jakob;
10. Doença Meningocócica e outras Meningites;
11. Doenças de Chagas Aguda;
12. Esquistossomose;
13. Eventos Adversos Pós-Vacinação;
14. Febre Amarela;
15. Febre do Nilo Ocidental;
16. Febre Maculosa;

17. Febre Tifoide;

18. Hanseníase;

19. Hantavirose;

20. Hepatites Virais;

21. Infecção pelo vírus da imunodeficiência humana–HIV em gestantes e crianças expostas ao risco de transmissão vertical;

22. Influenza humana por novo subtipo;

23. Intoxicações Exógenas (por substâncias químicas, incluindo agrotóxicos, gases tóxicos e metais pesados);

24. Leishmaniose Tegumentar Americana;

25. Leishmaniose Visceral;

26. Leptospirose;

27. Malária;

28. Paralisia Flácida Aguda;

29. Peste;

30. Poliomielite;

31. Raiva Humana;

32. Rubéola;

33. Sarampo;

34. Sífilis Adquirida;

35. Sífilis Congênita;

36. Sífilis em Gestante;

37. Síndrome da Imunodeficiência Adquirida–AIDS;

38. Síndrome da Rubéola Congênita;

39. Síndrome do Corrimento Uretral Masculino;

40. Síndrome Respiratória Aguda Grave associada ao Coronavírus (SARS–CoV);

41. Tétano;

42. Tuberculose;

43. Tularemia;

44. Varíola; e

45. Violência doméstica, sexual e/ou outras violências.

A Lista de Notificação Compulsória Imediata – LNC Indica:

I – Caso suspeito ou confirmado de:

1. Botulismo;

2. Carbúnculo ou Antraz;

3. Cólera;

4. Dengue nas seguintes situações:

– Dengue com complicações (DCC),

– Síndrome do Choque da Dengue (SCD),

– Febre Hemorrágica da Dengue (FHD),

– Óbito por Dengue,

– Dengue pelo sorotipo DENV 4 nos estados sem transmissão endêmica desse sorotipo;

5. Doença de Chagas Aguda;

6. Doença conhecida sem circulação ou com circulação esporádica no território nacional que não constam no Anexo I desta Portaria, como: Rocio, Mayaro, Oropouche, Saint Louis, Ilhéus, Mormo, Encefalites Equinas do Leste, Oeste e Venezuelana, Chikungunya, Encefalite Japonesa, entre outras;

7. Febre Amarela;

8. Febre do Nilo Ocidental;

9. Hantavirose;

10. Influenza humana por novo subtipo;

11. Peste;

12. Poliomielite;

13. Raiva Humana;

14. Sarampo;

15. Rubéola;

16. Síndrome Respiratória Aguda Grave associada ao Coronavírus (SARS–CoV);

17. Varíola;

18. Tularemia; e

19. Síndrome de Rubéola Congênita (SRC).

II – Surto ou agregação de casos ou óbitos por:

1. Difteria;

2. Doença Meningocócica;

3. Doença Transmitida por Alimentos (DTA) em embarcações ou aeronaves;

4. Influenza Humana;

5. Meningites Virais;

6. Outros eventos de potencial relevância em saúde pública, após a avaliação de risco de acordo com o Anexo II do RSI 2005, destacando-se:

a. Alteração no padrão epidemiológico de doença conhecida, independente de constar no Anexo I desta Portaria;

b. Doença de origem desconhecida;

c. Exposição a contaminantes químicos;

d. Exposição à água para consumo humano fora dos padrões preconizados pela SVS;

e. Exposição ao ar contaminado, fora dos padrões preconizados pela Resolução do CONAMA;

f. Acidentes envolvendo radiações ionizantes e não ionizantes por fontes não controladas, por fontes utilizadas nas atividades industriais ou médicas e acidentes de transporte com produtos radioativos da classe 7 da ONU.

g. Desastres de origem natural ou antropogênica quando houver desalojados ou desabrigados;

h. Desastres de origem natural ou antropogênica quando houver comprometimento da capacidade de funcionamento e infraestrutura das unidades de saúde locais em consequência evento.

III – Doença, morte ou evidência de animais com agente etiológico que podem acarretar a ocorrência de doenças em humanos, destaca-se entre outras classes de animais:

1. Primatas não humanos

2. Equinos

3. Aves

4. Morcegos

Raiva: Morcego morto sem causa definida ou encontrado em situação não usual, tais como: voos diurnos, atividade alimentar diurna, incoordenação de movimentos, agressividade, contrações musculares, paralisias, encontrado durante o dia no chão ou em paredes.

5. Canídeos

Raiva: canídeos domésticos ou silvestres que apresentaram doença com sintomatologia neurológica e evoluíram para morte num período de até 10 dias ou confirmado laboratorialmente para raiva. Leishmaniose visceral: primeiro registro de canídeo doméstico em área indene, confirmado por meio da identificação laboratorial da espécie Leishmania chagasi.

6. Roedores silvestres

Peste: Roedores silvestres mortos em áreas de focos naturais de peste.

Lista de Notificação Compulsória em Unidades Sentinelas–LNCS:

1. Acidente com exposição a material biológico relacionado ao trabalho;

2. Acidente de trabalho com mutilações;

3. Acidente de trabalho em crianças e adolescentes;

4. Acidente de trabalho fatal;

5. Câncer Relacionado ao Trabalho;

6. Dermatoses ocupacionais;

7. Distúrbios Ostemusculares Relacionados ao Trabalho (DORT);

8. Influenza humana;

9. Perda Auditiva Induzida por Ruído–PAIR relacionada ao trabalho;

10. Pneumoconioses relacionadas ao trabalho;

11. Pneumonias;

12. Rotavírus;

13. Oxoplasmose adquirida na gestação e congênita; e

14. Transtornos Mentais Relacionados ao Trabalho.

Capítulo 119

ASSISTENTE SOCIAL

Destaca-se o trabalho dos assistentes sociais; eles podem ser úteis a perícia médica como coajuvantes necessários, máxime quando da anamnese social. Devem ser invocados com mais frequência do que ocorre usualmente em razão de sua relevância social.

A profissão é regulamentada pelo Conselho Federal de Serviço Social - CFESS. Eles podem ser empregados, servidores ou autônomos.

Sua tarefa não deixa de ser uma "perícia" social, ou seja, uma investigação imprescindível a compreensão a compreensão de certas incapacidades, com ênfase para as psicológicas.

Na Resolução CFESS n. 273/93 no Capítulo I do Titulo III – Das relações Profissionais, destaca-se o art. 5º, em que são fixadas as regras das relações com os usuários.

a) contribuir para a viabilização da participação efetiva da população usuária nas decisões institucionais;

b) garantir a plena informação discussão sobre as possibilidades e consequências das situações apresentadas, respeitando democraticamente as decisões dos usuários, mesmo que sejam contrárias aos valores e às crenças individuais dos profissionais, resguardados os princípios deste Código;

c) democratizar as informações e o acesso aos programas disponíveis mno espaço institucional, como um dos mecanismos indispensáveis à participação dos usuários;

d) devolver as informações colhidas nos estudos e pesquisas aos usuários, no sentido de que estes possam usá-los para o fortalecimento dos seus interesses;

e) informar à população usuária sobre a utilização de materiais e registro audiovisual e pesquisas a elas referentes e a forma de sitematização dos dados obtidos;

f) fornecer à população usária, quando solicitado, informações concernentes ao trabalho desenvolvido pelo serviço social e as suas conclusões, resguardando o sigilo profissional;

g) contribuir para a criação de mecanismos que venham desburocratizar a relação com os usuários, no sentido de agilizar e melhorar os serviços prestados;

h) esclarecer aos usuários, ao iniciar o trabalho, sobre os objetivos e a apmlitude de sua autação profissional.

Capítulo 120

CONVÊNIO DO INSS

Reza o art. 117 do PBPS:

> A empresa, o sindicato ou a entidade de aposentados devidamente legalizada poderá, mediante convênio com a Previdência Social, encarregar-se, relativamente a seu empregado ou associado e respectivo dependentes, de:
>
> I – processar requerimento de benefício, preparando-o e instruindo-o de maneira a ser despachado pela Previdência Social;
>
> II – submeter o requerente a exame médico, inclusive complementar, encaminhando a Previdência Social o respectivo laudo, para efeito de homologação e posterior concessão de benefício que depender de avaliação de incapacidade;
>
> III – pagar benefício.

Natureza do convênio

O dispositivo legal trata de uma terceirização parcial das atividades próprias das APS.

Pessoas convenentes

Podem celebrar esse convênio as empresas, sindicatos, entidade de aposentados e pensionistas e, possivelmente, as cooperativas.

Treinamento do pessoal

O pessoal dos conveniados terá de fazer treinamento junto do INSS.

Instrução do pedido

Promoverá a instrução do pedido em todos os seus termos e momentos.

Exame médico

O que tem de relevante nesta circunstâncias é que o médico do convenente é quem promoverá a perícia médica, substituindo o *expert* do INSS.

Encaminhamento do laudo

Concluído o exame pericial, o convenente encaminhará o laudo técnico para apreciação da perícia médica do INSS.

Homologação *a posteriori*

A perícia médica do INSS não examinará fisicamente o beneficário e, como sucede com a aposentadoria especial, apreciará documento: o laudo técnico.

Concessão da prestação

Em seguida, será deferida a prestação e, até, se for o caso, desembolsará as mensalidades com posterior ressarcimento.

Capítulo 121

ACORDO INTERNACIONAL

Acordo internacional é um tratado bilateral celebrado entre o Brasil e outro País, mediante o qual vários elementos pessoais dos beneficiários da previdência social, em especial o tempo de serviço, as cotizações mensais, períodos de carências relativas ao exterior e as prestações são considerados reciprocamente.

Uma espécie de contagem recíproca, porém sem compensação financeira.

Por vezes envolve um imigrante que trabalhou em mais de um país.

Ele se caracteriza pelo fato usual de que os sinistros consumados no território de uma nação acordante influenciam a concessão de benefícios no território da outra nação.

Nessas condições, exemplificativamente, um brasileiro que aqui tenha trabalhado por 20 anos e imigrou para um país com o qual seja mantido esse acordo internacional de previdência social, 10 anos operados no exterior, serão totalizados para completar os 30 anos necessários a eventual aposentadoria por tempo de contribuição (quando cabível).

Evidentemente, para essa reciprocidade ser efetivada na prática o segurado terá de fazer a prova junto do INSS de que se filiou e contribuiu por 10 anos no exterior e para isso portar documentos emitidos pelas autoridades competentes daquela nação.

Numa hipótese mais simples: 4 meses de trabalho na Espanha e 8 meses de trabalho no Brasil completam o período de carência para o auxílio–doença brasileiro.

Tal cenário não deve ser confundido com o brasileiro ou estrangeiro aqui domiciliado e contratado que vai trabalhar para empresa nacional no exterior.

Em se tratando de benefício por incapacidade que pressuponha avaliação médica do trabalhador, a procedimentalística (que envolve as embaixadas e ministério do exterior dos dois países) funciona diferente.

O segurado é submetido a exame médico no exterior e terá de trazer ou enviar o laudo médico ao INSS, para ser apreciado por um médico perito da previdência social brasileira. Sem operar perícia médica propriamente dita do interessado, ele avaliará apenas documentos.

Capítulo 122

PODER JUDICIÁRIO

Quando aprecia uma pretensão envolvendo um dissídio em que a opinião técnica dos médicos peritos é indispensável para sua solução, o magistrado se verá diante das conclusões de um ou mais laudos técnicos periciais juntados nos autos do processo.

O seu trabalho não é promover o exame de uma perícia (até porque não é presumidamente perito), mas analisar o que foi reportado no documento anexado ao processo. Com sua experiência jurisdicional tem condições de verificar se foram cumpridos os ditames próprios.

Por ora, abstraindo aspectos formais e detendo-se apenas nas nuanças técnicas, terá de sopesar se o estudo apresentado cumpriu os requisitos legais, verificar se o encaminhamento do raciocínio foi lógico, apropriado e científico e se a conclusão está amparada em fundamentos reais relatados no exame realizado.

Com ênfase para este último item, razões ou conclusões sem apoio na realidade observada pelo exame não têm valia e o resultado justificará reexame.

O magistrado com essa tarefa a sua frente lembrar-se-á de que tomar uma decisão é partir objetivamente dos seus conhecimentos técnicos e sofrear os próprios valores intelectuais e morais que interferirão em sua decisão. Para ele, todos os pleiteantes são iguais e assim devem ser considerados.

Apreciar um laudo técnico é mais oneroso do que elaborá-lo; trata-se de um procedimento que reclama conhecimentos profundos em matéria de prova que os usuais. Uma coisa é o exame em si mesmo, outra é o seu relato técnico e uma terceira, a interpretação do que foi relatado. Nem sempre se escreve o que se viu ou se relata o que não enxergou, levado por várias razões, entre as quais as subjetivas.

Sem se confundir com essa análise do magistrado, ato processual bastante pessoal, em face de dissídio contido em um processo, quando apresente laudos das duas partes (por exemplo, do INSS e do beneficiário) sem deter conhecimentos suficientes que o facultem decidir, o juiz poderá indicar um perito de sua confiança que desempatará ou não, sempre sem prejuízo do seu livre convencimento.

Ele simplesmente poderá acolher essa terceira conclusão em favor de uma delas, um raciocínio simplista ou então, à luz dos três estudos e pensamentos a mão sobre o mesmo tema, poderá formular a própria decisão.

Num caso em que se discuta a inaptidão laboral ou a incapacidade de outra ordem, dispondo de conclusões conflitantes, a terceira avaliação decidiria a pendência. Mas isso não é um jogo, o que vale é o pensamento do magistrado.

A necessidade da obrigação do juiz de decidir e fazê–lo com certa brevidade, obriga a tomar uma decisão para fins de sentenciar.

Sempre que possível, se não acolhe também a perícia desempatadora, por imprestável, é forçado a fundamentar as razões de ser de sua posição com mais afinco. Com certeza, com três laudos técnicos à mão estará habilitado para isso.

De todo modo, também não pode apenas decidir; o livre convencimento é um atributo seu que tem de ser apoiado em razões lógicas.

Capítulo 123

LEI DO ATO MÉDICO

Ato médico é um conjunto de atividades profissionais de atendimento, diagnóstico, tratamento, encaminhamento do paciente e prevenção de agravos, além de atividades como perícia e direção de equipes médicas praticadas por pessoa para isso habilitada.

A Lei n.12.842/13 rege o exercício da medicina no Brasil. Ela tem como objeto da atuação do médico a saúde do ser humano e das coletividades, em benefício da qual deverá agir com o máximo de zelo, com o melhor de sua capacidade profissional e sem discriminação de qualquer natureza.

No parágrafo único diz-se que o médico desenvolverá suas ações profissionais no campo da atenção à saúde para:

I - *omissis*;

II - a prevenção, o diagnóstico e o tratamento das doenças;

III - *omissis*;

O médico integrante da equipe de saúde que assiste o indivíduo ou a coletividade atuará em mútua colaboração com os demais profissionais de saúde que a compõem.

São atividades privativas do médico: a realização de perícia médica e exames médico-legais, excetuados os exames laboratoriais de análises clínicas, toxicológicas, genéticas e de biologia molecular.

Resguardam-se as competências próprias das profissões de assistente social, biólogo, biomédico, enfermeiro, farmacêutico, fisioterapeuta, fonoaudiólogo, nutricionista, profissional de educação física, psicólogo, terapeuta ocupacional e técnico e tecnólogo de radiologia.

São atos privativos de médico: a perícia e auditoria médicas; coordenação e supervisão vinculadas, de forma imediata e direta, às atividades privativas de médico.

A denominação "médico" é privativa dos graduados em cursos superiores de Medicina, e o exercício da profissão, dos inscritos no Conselho Regional de Medicina com jurisdição na respectiva unidade da Federação.

Capítulo 124

CÓDIGO DE ÉTICA PROFISSIONAL

O magnífico Juramento de Hipócrates diz:

> Prometo solenemente consagrar a minha vida ao serviço da humanidade. Darei aos meus mestres o respeito e o reconhecimento que lhes são devidos. Exercerei a minha arte com consciência e dignidade. A saúde do meu doente será a minha primeira preocupação. Mesmo após a morte do doente respeitarei os segredos que me tiver confiado. Manterei por todos os meios ao meu alcance, a honra e as nobres tradições da profissão médica. Os meus colegas serão meus irmãos. Não permitirei que considerações de religião, nacionalidade, raça, partido político, ou posição social se interponham entre o meu dever e o meu doente. Guardarei respeito absoluto pela vida humana desde o seu início, mesmo sob ameaça e não farei uso dos meus conhecimentos médicos contra as leis da humanidade. Faço estas promessas solenemente, livremente e sob a minha honra.

Uma das maiores preocupações dos médicos, dada a natureza personalíssima do seu trabalho e da relevância para a sociedade consiste, no comportamento profissional quando do trato com os pacientes.

Mesmo que seja administrativa, vale recordar que a perícia médica é uma atividade médica.

Daí um dos mais completos documentos deontológicos de todas as profissões regulamentadas é o Código de Ética Médica. Dele extraímos e reescrevemos postulados aplicáveis à perícia médica com nossa redação e a título meramente ilustrativo.

I – A perícia é uma atividade médica a serviço da saúde da pessoa humana e da coletividade e será exercida sem discriminação de nenhuma natureza.

II – O alvo da atenção do médico é a saúde do ser humano, em benefício da qual deverá agir com o máximo de zelo e o melhor de sua capacidade profissional.

III – Para exercer a perícia médica com honra e dignidade, o médico necessita ter boas condições de trabalho e ser remunerado de forma justa.

IV – Compete ao perito aprimorar continuamente seus conhecimentos e usar o melhor do progresso científico em benefício do paciente.

V – O médico guardará absoluto respeito pelo ser humano e atuará sempre em seu benefício.

VI – Ele exercerá sua profissão com autonomia, não estando obrigado a prestar serviços que contrariem os ditames de sua consciência ou a quem não deseje, excetuadas as situações de ausência de outro médico, em caso de urgência ou emergência ou quando sua recusa possa trazer danos ao paciente.

VII – O médico não pode, em nenhuma circunstância ou pretexto, renunciar à sua liberdade profissional, nem permitir quaisquer restrições ou imposições que prejudiquem a eficiência e a correção de seu trabalho.

VIII – O médico guardará sigilo a respeito das informações de que detenha conhecimento no desempenho de suas funções, com exceção dos casos previstos em lei.

IX – O médico empenhar-se-á em melhorar os padrões dos serviços médicos e em assumir sua responsabilidade em relação à saúde pública, à educação sanitária e à legislação referente à saúde.

X – O médico será solidário com os movimentos de defesa da dignidade profissional, seja por remuneração digna e justa, seja por condições de trabalho compatíveis com o exercício ético-profissional da medicina e seu aprimoramento técnico-científico.

XI – Nenhuma disposição limitará a sua escolha dos meios cientificamente reconhecidos a serem praticados para o estabelecimento do diagnóstico.

XII – O médico se responsabilizará, em caráter pessoal e nunca presumido, pelos seus atos profissionais, resultantes de relação particular de confiança e executados com diligência, competência e prudência.

O mesmo Código de Ética Médica prevê alguns direitos dos médicos.

I – Exercer a perícia sem ser discriminado por questões de religião, etnia, sexo, nacionalidade, cor, orientação sexual, idade, condição social, opinião política ou de qualquer outra natureza.

II – Apontar falhas em normas, contratos e práticas internas das instituições em que trabalhe quando as julgar indignas do exercício da profissão ou prejudiciais a si mesmo, ao paciente ou a terceiros, devendo dirigir-se, nesses casos, aos órgãos competentes e, obrigatoriamente, à comissão de ética e ao CRM de sua jurisdição.

III– Recusar-se a exercer sua profissão em instituição onde as condições de trabalho não sejam dignas ou possam prejudicar a própria saúde ou a do examinado, bem como a dos demais profissionais.

IV – Suspender suas atividades quando a instituição pública ou privada para a qual trabalhe não oferecer condições adequadas para o exercício profissional ou não o remunerar digna e justamente, ressalvadas as situações de urgência e emergência, devendo comunicar imediatamente sua decisão ao CRM.

V – Decidir levando em consideração sua experiência e capacidade profissional, o tempo a ser dedicado ao paciente, evitando que o acúmulo de encargos ou de consultas venha a prejudicar a perícia.

VI – Recusar-se a realizar atos médicos permitidos por lei que sejam contrários aos ditames de sua consciência.

No que diz respeito a relação com parentes e familiares é vedado ao médico perito desrespeitar o pudor do examinado.

Quando solicitada, opor-se à realização de junta médica ou segunda opinião.

Aproveitar-se de situações decorrentes da relação médico-examinado para obter vantagem física, emocional, financeira ou de qualquer outra natureza.

Capítulo 125

VALORIZAÇÃO DA PERÍCIA

Alhures afirma-se existirem cerca de 100 milhões de processos em andamento no Poder Judiciário Brasileiro (!). Mais da metade deles são securitários.

Um dos institutos procedimentais e processuais mais comuns, neles presentes é o instrumento de prova. Boa parte versando a incapacidade ou deficiência laboral dos segurados ou dependentes e assistidos.

Diuturnamente o INSS tem de executar a perícia médica em mais de 1600 APS.

Subsistindo dúvidas materiais sobre alguma pendência ou sua submissão processual, na maioria dos casos o juiz requerido é forçado a se socorrer da perícia médica. Não é dado ao magistrado nem a ninguém ser capaz de sopesar com precisão científica todos os conflitos fáticos, conflitos pessoais e dissídios gerais.

Em termos de determinação da capacidade laboral, o principal entrave e instrumento estatal para juridicamente solucionar eventual é o exame pericial. Ele reclama a presença de um especialista nesse segmento especial da medicina: o médico perito.

Devido às dificuldades socioeconômicas dos últimos 15 anos e em razão das variadas patologias ocupacionais, muitos segurados se viram obrigados a requerer o auxílio-doença ou a aposentadoria por invalidez. Pedir avaliação da higidez ajuizando com outras prestações securitárias.

Como se viu nos capítulos anteriores, na relação entre o beneficiário e a previdência social, a perícia médica tem presença significativa como o pressuposto do direito a uma prestação, imediata ou mediata.

Nesse cenário circunstancial, que vai se tornando estrutural, por conseguinte, em razão dessa pretensão depender da conclusão do *expert*, naturalmente as pessoas físicas envolvidas na relação acabam se opondo.

O tempo todo, justificadamente, os indivíduos querem demonstrar sua inaptidão para o trabalho em prol da concessão de benefícios. Não se conformando com os indeferimentos, batem as portas do Poder Judiciário, com uma enxurrada de ações nem sempre bem articuladas e com provas suficientes.

A autoridade que tem de decidir sobre isso e se livra da incumbência dessa difícil tarefa, transferindo-a para o médico perito, vítima de pressão psicológica e até de outros constrangimentos por parte dos dois lados. Além dos embaraços técnicos naturais dessa investigação inerentes a tais verificações, ele tem de arrostar a indisposição do examinado que, infelizmente, em muitos casos, vem ao exame com a deliberada intenção de confundir o examinador e levá-lo a favorecê-lo.

A perícia médica tenta sê-lo, mas não é uma ciência exata; é passível de equívocos por variados fatores, alguns imponderáveis. Somente uma enorme experiência de muitos anos e de alguém concentrado e especializado nesse mister pode evitar erros na avaliação.

São muitos os elementos materiais que interferem nos exames, boa parte deles agravados com a falta de condições instrumentais para o exercício do trabalho. A lei quer que o médico perito apure a incapacidade de um homem sem poder auscultá-lo convenientemente.

Essa cultura disseminada de que o INSS é o "dono" da Previdência Social e ele nega sistematicamente os pedidos choca-se com a intenção da perícia médica de realizar um trabalho minimamente técnico e, com isso, tem-se conflitos infindáveis, nem sempre compreendidos pelos governantes.

A ideia, aliás, verdadeira, de que existem pessoas aptas aposentadas por invalidez e incapazes sem obter o benefício contribui para a configuração de um conflito entre os interessados ainda sem solução.

Destarte, o tema tem de ser aprofundado por especialistas para se chegar a um resultado superior ao do atual e com certeza isso não será possível se o profissional da perícia médica não for pessoalmente valorizado.

A valorização da perícia e do medido perito imbuído da ideia do realce dessa instituição, mas vai além disso; tem reflexos nas decisões judiciárias, como é o caso da AC n. 576.709/PE, *in* Proc. n. 0004582-52.2014.4.05.9999, de 11.12.14, da 1ª Turma da 5ª região, relatada pelo desembargador Manuel Maia (RPS n. 428/860).

Capítulo 126

CONCLUSÕES DERRADEIRAS

Perícia médica é um ato médico uno praticado por pessoa habilitada. Excepcionalmente realizada por profissional não especializado no CID alegado pelo periciado.

Trata-se de atividade científica onerosa, sujeita a indefinições, sem deter absoluta certeza do resultado final, padecendo de injunções de variada ordem e que implica dificuldades operacionais durante sua execução.

Em essência é uma atividade médica técnica cujo escopo final é definir a existência ou não do fato alegado, a partir dos elementos dispostos no momento do exame e sempre com vistas a uma convicção laboral.

O interesse do médico perito centra-se nesse objetivo; ele não irá estudar a patologia, embora deva conhecê-la, atender ou tratar de um paciente; tão somente decidir se ele pode ou não trabalhar. Para isso precisa da ajuda do interlocutor e nem sempre a obtém.

Convocada para desfazer dúvidas, admitindo-se que a conclusão derradeira resultará em pretensões institucionais favoráveis ou desfavoráveis, conforme a pretensão das partes litigantes, a perícia médica é atividade geradora de desconforto quando consumada, merecendo a maior atenção da autoridade administrativa por se tratar de procedimento humano, passível de naturais equívocos técnicos.

Devido às limitações da ciência médica subsistem quadros clínicos que oferecem enorme entraves para se aportar a uma conclusão definitiva, particularmente em matéria de psiquiatria.

Esse cenário é agravado em razão do pouco tempo para a realização do exame e do instrumental a disposição do *expert*, máxime em se tratando de CID que importa deter informações sobre os antecedentes, comportamento atual pessoal e social, ser da própria perícia médica.

Diferentemente de um estudo científico e tanto quanto a sentença judicial, a sua conclusão produz efeitos de variada ordem em distintas esferas do conhecimento.

Nestas condições, no mundo real, além de ser apurada a presença de uma patologia ou deficiência, incapacitante ou não, o objetivo do exame precipuamente é conhecer as condições de saúde do periciado a partir de inspeção técnica da medicina.

Como se viu são muitos os desdobramentos que se seguem ao término da perícia médica e, por conseguinte, a divulgação de suas decisões. Tais desdobramentos se dão no campo pessoal, administrativo, civil, penal, trabalhista e previdenciário.

Um médico perito cercado dos cuidados mínimos da sua ciência, se mantém atualizado em relação às doenças, consciente do seu papel, é proativo e com o passar do tempo assumirá postura séria, técnica e objetiva e alcançará renome no seio da sua categoria.

Todavia, se isso não acontece e, no extremo, caso pratique uma perícia precária, não segue as resoluções do CFM, é descuidado, negligente, imprudente, acabará por sofrer sanções de ordem moral no ambiente do trabalho. Se for médico perito judicial, perde a confiança do magistrado, não é mais nomeado para essas tarefas. Seu prestígio próprio da categoria médica desaba e isso afetará sua carreira.

Administrativamente o médico perito descumpridor de suas obrigações poderá sofrer sanções como sindicância, inquérito, suspensão e até demissão por justa causa.

Isso sucede no seio do CFM, quando terá sua habilitação cassada e na Administração Pública.

Presente negligência da empresa, fato emergente durante a perícia médica, o empregador pode ser acionado com vistas à Súmula STF n. 229, obrigando–se a indenização devida ao trabalhador.

A possibilidade de dano moral pessoal ou por via de ação regressiva da Administração Pública é um sério risco e não pode ser descartada.

No Direito do Trabalho as consequências de uma perícia médica são múltiplas e, em muitos casos, cumulativas. O empregador sofre as consequências morais, formais e pecuniárias.

Em razão de sua própria natureza ela produz uma enorme variedade de consequências para os atores da relação prática e jurídica.

Pelo menos três prestações por incapacidade dependem do exame médico: auxílio–doença, aposentadoria por invalidez com o acréscimo de 25% e o auxílio–acidente. Mais duas, das pessoas com deficiência (aposentadoria por tempo de contribuição e por idade).

Fixado o NTEP, o INSS se obriga considerar a incapacidade como ocupacional com os seus consectários.

Sem perícia médica no local, a autarquia federal arca com as despesas de locomoção do examinado. Se o médico perito decidir que é o caso da reabilitação profissional, tal medida será custeada pelo RGPS.

Se o período de trabalho foi considerado especial, repercutirá na aposentadoria especial e, após a conversão, na aposentadoria por tempo de contribuição.

Até mesmo os dependentes do segurado são afetados, tidos como inválidos e com vistas à pensão por morte e auxílio-reclusão.

Em suma, nessas condições, ela reclama maior atenção, disciplina e cuidados da Administração Pública. O laudo técnico emitido tem muita semelhança, desenvolvimento e importância igual à da sentença judicial. Ambas produzem efeitos práticos e jurídicos de grande realce.

Algumas medidas administrativas se impõem.

1. Estatuto da Perícia Médica – Disciplina legal da matéria.

2. Instalações condignas – Condições materiais e instrumentais para o exame.

3. Término dos conflitos entre os médicos e os advogados.

4. Adequação do quadro de médicos peritos.

5. Papel do assistente social.

6. Definição clara da formação acadêmica exigida.

7. Cartilha para os beneficiários.

8. Ilustração do papel do examinado.

9. Fixação dos limites da amannese pessoal e social.

10. Institucionalização da acareação médico pericial.

11. Educação previdenciária.

12. Análise dos exames e laudos laboratoriais.

13. Deveres mútuos dos interlocutores.

14. Meios de comunicação do resultado.

15. Regra da suspeição e impedimento do perito.

16. Disciplina da inspeção *in loco*.

17. Patologias sob notificação obrigatória.

18. Observância do Sigilo profissional.

19. Orientação administrativa do examinado.

20. Utilidade da prova emprestada.

21. Definição da Lei do ato médico.

22. Código de Ética Profissional.

23. Institucionalização de uma especialização médica acadêmica da perícia médica.

24. Reexame da terceirização.

APÊNDICE

Lei n. 11.907/09 (excertos)

Carreira de Perito Médico Previdenciário e da Carreira de Supervisor Médico–Pericial

Art. 30. Fica estruturada a Carreira de Perito Médico Previdenciário, no âmbito do Quadro de Pessoal do Instituto Nacional do Seguro Social - INSS, composta pelos cargos de nível superior, de provimento efetivo, de Perito Médico Previdenciário.

§ 30 Compete privativamente aos ocupantes do cargo de Perito Médico Previdenciário ou de Perito Médico da Previdência Social e, supletivamente, aos ocupantes do cargo de Supervisor Médico–Pericial da Carreira de que trata a Lei n. 9.620, de 2 de abril de 1998, no âmbito do Instituto Nacional do Seguro Social - INSS e do Ministério da Previdência Social - MPS, o exercício das atividades Médico–Periciais inerentes ao Regime Geral da Previdência Social de que tratam as Leis nos 8.212, de 24 de julho de 1991, e 8.213, de 24 de julho de 1991, e à Lei no 8.742, de 7 de dezembro de 1993, e, em especial a:

I – emissão de parecer conclusivo quanto à capacidade laboral para fins previdenciários;

II – inspeção de ambientes de trabalho para fins previdenciários;

III - caracterização da invalidez para benefícios previdenciários e assistenciais; e

IV - execução das demais atividades definidas em regulamento.

§ 4° Os titulares de cargos de que trata o § 3° deste artigo poderão executar, ainda, nos termos do regulamento, o exercício das atividades Médico–Periciais relativas à aplicação da Lei nº 8.112, de 11 de dezembro de 1990.

§ 5° Os titulares de cargos referidos no § 3° deste artigo poderão requisitar exames complementares e pareceres especializados a serem realizados por terceiros contratados ou conveniados pelo INSS, quando necessários ao desempenho de suas atividades.

§ 6° A mudança na denominação dos cargos a que se refere o *caput* deste artigo e o enquadramento na Carreira de Perito Médico Previdenciário não representa, para qualquer efeito legal, inclusive para efeito de aposentadoria, descontinuidade em relação à Carreira, ao cargo e às atribuições atuais desenvolvidas pelos seus titulares.

§ 7° Os cargos vagos e os que vierem a vagar de Perito Médico da Previdência Social da Carreira de Perícia Médica da Previdência Social, de que trata a Lei n. 10.876, de 2 de junho de 2004, são transformados em cargos de Perito Médico Previdenciário da Carreira de Perito Médico Previdenciário.

§ 8° Fica vedada a redistribuição dos servidores integrantes da Carreira de Perito Médico Previdenciário, bem como a redistribuição de cargos de Médico dos quadros de pessoal de quaisquer órgãos ou entidades da Administração Pública Federal direta, autárquica e fundacional para o INSS.

§ 9° São transpostos para a carreira de que trata o caput os cargos de Perito Médico da Previdência Social da Carreira de Perícia Médica da Previdência Social, de que trata a Lei n. 10.876, de 2 de junho de 2004.

§ 10. Os cargos a que se refere o § 9° deste artigo, transpostos para a Carreira de Perito Médico Previdenciário, passam a denominar–se Perito Médico Previdenciário.

Art. 31. Os cargos da Carreira de Perito Médico Previdenciário e da Carreira de Supervisor Médico–Pericial são agrupados em classes e padrões, na forma do Anexo XII desta Lei, observada a correlação estabelecida na forma do Anexo XIII desta Lei.

Art. 32. A estrutura remuneratória dos cargos da Carreira de Perito Médico Previdenciário e da Carreira de Supervisor Médico–Pericial terá a seguinte composição:

I – Vencimento Básico; e

II – Gratificação de Desempenho de Atividade de Perícia Médica Previdenciária – GDAPMP.

Parágrafo único. Os integrantes da Carreira de Perito Médico Previdenciário e da Carreira de Supervisor Médico–Pericial não fazem jus à percepção da Gratificação de Desempenho de Atividade Médico–Pericial - GDAMP e da Gratificação Específica de Perícia Médica – GEPM, instituídas pela Lei n. 10.876, de 2 de junho de 2004.

Art. 32–A. O Vencimento Básico dos titulares dos cargos integrantes das Carreiras de Perito Médico

Previdenciário e de Supervisor Médico-Pericial é o constante do Anexo XV a esta Lei.

Art. 33. O regime jurídico dos titulares dos cargos da Carreira de Perito Médico Previdenciário é o instituído pela Lei n. 8.112, de 11 de dezembro de 1990, observadas as disposições desta Lei.

Art. 34. Os servidores titulares dos cargos de Perito Médico da Previdência Social serão automaticamente enquadrados na Carreira de Perito Médico Previdenciário, de acordo com as respectivas atribuições, os requisitos de formação profissional e a posição relativa na Tabela, nos termos do Anexo XIII desta Lei.

§ 1º O posicionamento dos aposentados e pensionistas na Tabela remuneratória será referenciado à situação em que o servidor se encontrava na data da aposentadoria ou em que se originou a pensão, com vigência a partir de 29 de agosto de 2008.

§ 2º O enquadramento de que trata o *caput* deste artigo dar-se-á automaticamente, salvo manifestação irretratável do servidor, a ser formalizada no prazo de 90 (noventa) dias, a contar de 29 de agosto de 2008, na forma do Termo de Opção constante do Anexo XIV desta Lei, com efeitos financeiros a partir das datas de implantação das Tabelas de Vencimento Básico referidas no Anexo XV desta Lei.

§ 3º O servidor que formalizar a opção pelo não enquadramento na Carreira de Perito Médico Previdenciário no prazo estabelecido no § 2º deste artigo permanecerá na situação em que se encontrava em 29 de agosto de 2008, não fazendo jus aos vencimentos e às vantagens por ela estabelecidas.

§ 4º O prazo para exercer a opção referida no § 2º deste artigo, no caso de servidores afastados nos termos dos arts. 81 e 102 da Lei n. 8.112, de 11 de dezembro de 1990, estender-se-á até 30 (trinta) dias contados a partir do término do afastamento, assegurado o direito à opção a partir de 29 de agosto de 2008.

§ 5º Para os servidores afastados que fizerem a opção após o prazo geral, os efeitos financeiros serão contados a partir das datas de implementação das Tabelas de vencimento básico constantes do Anexo XV desta Lei ou da data do retorno, conforme o caso.

§ 6º Ao servidor cedido para órgão ou entidade no âmbito do Poder Executivo Federal aplica-se, quanto ao prazo de opção, o disposto no § 2º deste artigo, podendo o servidor permanecer na condição de cedido.

§ 7º O disposto neste artigo aplica-se aos aposentados e pensionistas.

Art. 35. É de 40 (quarenta) horas semanais a jornada de trabalho dos servidores integrantes da Carreira de Perito Médico Previdenciário.

§ 3º Fica mantida para os ocupantes dos cargos de que trata o art. 30 desta Lei a jornada semanal de trabalho dos cargos originários, ressalvado o direito de opção pela jornada de trinta ou quarenta horas semanais, observadas as condições estabelecidas no § 6º deste artigo.

§ 3º Fica mantida para os ocupantes dos cargos de que trata o art. 30 desta Lei a jornada semanal de trabalho dos cargos originários, ressalvado o direito de opção pela jornada de 30 (trinta) ou 40 (quarenta) horas semanais, observadas as condições estabelecidas no § 6º deste artigo.

§ 4º É assegurado o regime de 40 (quarenta) horas para aqueles que, em 29 de agosto de 2008, se encontravam no exercício de jornada de 40 (quarenta) horas, aplicando-se-lhes as demais disposições deste artigo.

§ 5º Os ocupantes dos cargos referidos no *caput* deste artigo poderão, a qualquer tempo, na forma do Termo de Opção constante do Anexo XIV-A desta Lei, condicionada ao interesse da administração, atestado pelo INSS e ao quantitativo fixado pelo Ministro de Estado da Previdência Social, optar pela jornada semanal de trabalho de trinta ou quarenta horas, mediante opção a ser formalizada a qualquer tempo, na forma do Termo de Opção constante do Anexo XIV-A desta Lei.

§ 6º A jornada semanal de 30 horas deverá ser realizada em 6 (seis) horas diárias de forma ininterrupta.

§ 7º A remuneração relativa à jornada de trabalho de 30 (trinta) ou 40 (quarenta) horas observará o disposto nos Anexos IX e X nas respectivas datas de efeitos financeiros.

§ 8º Após formalizada a opção a que se refere o § 5º deste artigo o restabelecimento da jornada de quarenta horas semanais fica condicionada ao interesse da administração e à existência de disponibilidade orçamentária e financeira, devidamente atestada pelo INSS.

Art. 35-A. Os ocupantes dos cargos de Supervisor Médico-Pericial poderão, mediante opção a ser formalizada a qualquer tempo, na forma do Termo de Opção constante do Anexo XIV-A desta Lei, condicionada ao interesse da administração, atestado pelo INSS e ao quantitativo fixado pelo Ministro de Estado da Previdência Social, exercer suas atividades em jornada de trinta horas semanais de trabalho, com remuneração proporcional.

Parágrafo único. Após formalizada a opção a que se refere o *caput* deste artigo, o restabelecimento da jornada de quarenta horas semanais fica condicionada ao interesse da administração e à existência de disponibilidade orçamentária e financeira, devidamente atestada pelo INSS.

Art. 36. O ingresso nos cargos de Perito Médico Previdenciário dar-se-á sempre no primeiro padrão da classe inicial, mediante habilitação em concurso público, de provas ou de provas e títulos, conforme dispuser o regulamento, exigindo-se como pré-requisito a habilitação em Medicina.

Parágrafo único. O concurso referido no *caput* deste artigo poderá ser realizado em uma ou mais fases, incluindo curso de formação quando julgado pertinente, conforme dispuser o edital de abertura do certame.

Art. 37. O desenvolvimento dos servidores da Carreira de Perito Médico Previdenciário e da Carreira de Supervisor Médico-Pericial ocorrerá mediante progressão funcional e promoção.

§ 1º Para efeito do disposto no *caput* deste artigo, progressão funcional é a passagem do servidor para o padrão de vencimento imediatamente superior dentro de uma mesma classe, e promoção, a passagem do servidor do último padrão de uma classe para o primeiro da classe imediatamente superior.

§ 2º A progressão funcional e a promoção observarão os requisitos e as condições a serem fixados em regulamento, devendo levar em consideração os resultados da avaliação de desempenho do servidor.

§ 3º Sem prejuízo de outros requisitos e condições estabelecidos no regulamento de que trata o § 2º deste artigo, são pré-requisitos mínimos para promoção à Classe Especial da Carreira de Perito Médico Previdenciário e da Carreira de Supervisor Médico-Pericial:

I - possuir, no mínimo, dezoito anos e meio de efetivo exercício no cargo;

II - possuir habilitação em avaliação de desempenho individual com resultado médio superior a 80% (oitenta por cento) do limite máximo da pontuação das avaliações realizadas no interstício considerado para a progressão na Classe D; e

III - possuir certificado de curso de especialização específico, compatível com as atribuições do cargo, realizado após ingresso na classe D, promovido em parceria do INSS com instituição reconhecida pelo Ministério da Educação, na forma da legislação vigente.

§ 4º O INSS deverá incluir, em seu plano de capacitação, o curso de especialização de que trata o inciso III do § 3º deste artigo.

§ 5º Até que seja regulamentado o § 2º deste artigo, as progressões funcionais e as promoções serão concedidas observando-se, no que couber, as normas aplicáveis aos servidores do Plano de Classificação de Cargos da Lei n. 5.645, de 10 de dezembro de 1970.

Art. 38. Fica instituída a Gratificação de Desempenho de Atividade de Perícia Médica Previdenciária - GDAPMP, devida aos titulares dos cargos de provimento efetivo da Carreira de Perito Médico Previdenciário e da Carreira de Supervisor Médico-Pericial, quando em efetivo exercício nas atividades inerentes às atribuições do respectivo cargo no Ministério da Previdência Social ou no INSS, em função do desempenho individual do servidor e do alcance de metas de desempenho institucional.

§ 1º A GDAPMP será paga observado o limite máximo de 100 (cem) pontos e o mínimo de 30 (trinta) pontos por servidor, correspondendo cada ponto, em sua respectiva jornada de trabalho semanal, ao valor estabelecido no Anexo XVI desta Lei, produzindo efeitos financeiros a partir de 1º de julho de 2008.

§ 2º A pontuação referente à GDAPMP será assim distribuída:

I - até 80 (oitenta) pontos serão atribuídos em função dos resultados obtidos na avaliação de desempenho institucional; e

II - até 20 (vinte) pontos serão atribuídos em função dos resultados obtidos na avaliação de desempenho individual.

§ 3º A avaliação de desempenho individual visa a aferir o desempenho do servidor no exercício das atribuições do cargo ou função, com foco na contribuição individual para o alcance dos objetivos organizacionais.

§ 4º A parcela referente à avaliação de desempenho institucional será paga conforme parâmetros de alcance das metas organizacionais, a serem definidos em ato do Ministro de Estado da Previdência Social.

§ 5º Os critérios de avaliação de desempenho individual e o percentual a que se refere o inciso II do § 4º deste artigo poderão variar segundo as condições específicas de cada Gerência Executiva.

Art. 39. O servidor titular do cargo de Perito Médico Previdenciário ou do cargo de Supervisor Médico–Pericial em efetivo exercício nas atividades inerentes às atribuições do respectivo cargo no Ministério da Previdência Social ou no INSS perceberá a parcela da GDAPMP referente à avaliação de desempenho institucional no valor correspondente ao atribuído à Gerência Executiva ou à unidade de avaliação à qual estiver vinculado e a parcela da GDAPMP referente à avaliação de desempenho individual segundo critérios e procedimentos de avaliação estabelecidos nos atos de que trata o art. 46 desta Lei.

Art. 40. Os ocupantes de cargos efetivos da Carreira de Perito Médico Previdenciário ou da Carreira de Supervisor Médico–Pericial que se encontrarem na condição de dirigentes máximos de Gerência Regional, de Gerência Executiva, de Agência da Previdência Social e de Chefia de Gerenciamento de Benefícios por Incapacidade perceberão a GDAPMP conforme estabelecido no art. 39 desta Lei.

Art. 41. O titular de cargo efetivo de que trata o art. 31 desta Lei, em exercício no Ministério da Previdência Social ou do INSS, quando investido em cargo em comissão ou função de confiança fará jus à GDAPMP da seguinte forma:

I – os investidos em função de confiança ou cargos em comissão do Grupo–Direção e Assessoramento Superiores – DAS, níveis 3, 2, 1 ou equivalentes, perceberão a GDAPMP calculada conforme disposto no art. 39 desta Lei; e

II – os investidos em cargos em comissão do Grupo–Direção e Assessoramento Superiores – DAS, níveis 6, 5, 4 ou equivalentes, perceberão a GDAPMP em valor correspondente à pontuação máxima possível de ser atribuída a título de desempenho individual somada à pontuação correspondente à média nacional da pontuação atribuída a título de avaliação institucional às unidades do INSS.

Art. 42. O titular de cargo efetivo referido no art. 31 desta Lei que não se encontre em exercício no Instituto Nacional do Seguro Social ou no Ministério da Previdência Social somente fará jus à GDAPMP quando:

I – requisitado pela Presidência ou Vice–Presidência da República ou nas hipóteses de requisição previstas em lei e a perceberá integralmente quanto a sua parcela de desempenho individual e pela média nacional em relação a sua parcela de desempenho institucional; e

II – quando cedidos para órgãos ou entidades do Governo Federal distintos dos indicados no inciso I do *caput* deste artigo e investidos em cargos de Natureza Especial, de provimento em comissão do Grupo–Direção e Assessoramento Superiores, DAS–6, DAS–5, DAS–4, ou equivalentes, perceberão a GDAPMP calculada com base na pontuação correspondente à média nacional da pontuação atribuída a título de avaliação institucional às unidades do INSS.

Art. 43. Ocorrendo exoneração do cargo em comissão, com manutenção do cargo efetivo, o servidor que faça jus à GDAPMP continuará percebendo a respectiva gratificação de desempenho correspondente ao último valor obtido, até que seja processada a sua primeira avaliação após a exoneração.

Art. 44. Em caso de afastamentos e licenças considerados como de efetivo exercício, sem prejuízo da remuneração e com direito à percepção de gratificação de desempenho, o servidor continuará percebendo a GDAPMP correspondente à última pontuação obtida, até que seja processada a sua primeira avaliação após o retorno.

Parágrafo único. O disposto no *caput* deste artigo não se aplica aos casos de cessão.

Art. 45. Até que seja processada a primeira avaliação de desempenho individual que venha a surtir efeito financeiro, o servidor recém nomeado para cargo efetivo e aquele que tenha retornado de licença sem vencimento, de cessão ou de outros afastamentos sem direito à percepção de gratificação de desempenho no decurso do ciclo de avaliação receberão a GDAPMP no valor correspondente a 80 (oitenta) pontos.

Art. 46. Ato do Poder Executivo disporá sobre os critérios gerais a serem observados para a realização das avaliações de desempenho individual e institucional da GDAPMP.

§ 1º Os critérios e procedimentos específicos de avaliação individual e institucional e de atribuição da GDAPMP serão estabelecidos em ato do Ministro de Estado da Previdência Social.

§ 2º As metas referentes à avaliação de desempenho institucional serão fixadas semestralmente em ato do Presidente do INSS.

§ 3º Enquanto não forem publicados os atos a que se referem o *caput* deste artigo e o seu § 1º e até que sejam processados os resultados da avaliação de desempenho para fins de percepção da GDAPMP, os servidores integrantes da Carreira de Perito Médico Previdenciário e da Carreira de Supervisor Médico–Pericial perceberão a gratificação de desempenho calculada com base na última pontuação obtida na avaliação de desempenho para fins de percepção da GDAMP, de que trata a Lei n. 10.876, de 2 de junho de 2004.

§ 4º O disposto neste artigo aplica-se aos ocupantes de cargos em comissão e funções de confiança.

Art. 47. O resultado da primeira avaliação de desempenho para fins de percepção da GDAPMP gera efeitos financeiros a partir do início do período de avaliação, devendo ser compensadas eventuais diferenças pagas a maior ou a menor.

Art. 48. Os servidores ativos beneficiários da GDAPMP que obtiverem na avaliação de desempenho individual pontuação inferior a 50% (cinquenta por cento) da pontuação máxima estabelecida para essa parcela serão submetidos a processo de capacitação ou de análise da adequação funcional, conforme o caso, sob responsabilidade do INSS.

Parágrafo único. A análise de adequação funcional visa a identificar as causas dos resultados obtidos na avaliação de desempenho e a servir de subsídio para a adoção de medidas que possam propiciar a melhoria do desempenho do servidor.

Art. 49. A GDAPMP não poderá ser paga cumulativamente com qualquer outra gratificação de desempenho de atividade ou de produtividade, independentemente da sua denominação ou base de cálculo.

Art. 50. A GDAPMP integrará os proventos da aposentadoria e as pensões, de acordo com:

I – para as aposentadorias e pensões instituídas até 19 de fevereiro de 2004, a GDAPMP será:

a) a partir de 1º de julho de 2008, correspondente a quarenta pontos, observado o disposto nos §§ 1º e 2º deste artigo;

b) a partir de 1º de julho de 2009, correspondente a cinquenta pontos, observado o disposto nos §§ 1º e 2º deste artigo;

II – para as aposentadorias e pensões instituídas após 19 de fevereiro de 2004:

a) quando percebida por período igual ou superior a 60 (sessenta) meses e ao servidor que deu origem à aposentadoria ou à pensão se aplicar o disposto nos arts. 3º e 6º da Emenda Constitucional n. 41, de 19 de dezembro de 2003, e no art. 3º da Emenda Constitucional n. 47, de 5 de julho de 2005, aplicar-se-á a média dos valores recebidos nos últimos 60 (sessenta) meses;

b) quando percebida por período inferior a 60 (sessenta) meses, ao servidor de que trata a alínea *a* deste inciso aplicar-se-á o disposto nas alíneas *a* e *b* do inciso I do caput deste artigo; e III – aos demais aplicar-se-á, para fins de cálculo das aposentadorias e pensões, o disposto na Lei n. 10.887, de 18 de junho de 2004.

§ 1º Para fins do disposto neste artigo, o valor do ponto será calculado levando-se em conta o valor estabelecido para cada jornada a que o servidor tenha se submetido no exercício das atividades do cargo em que se deu a aposentadoria.

§ 2º O valor do ponto, no caso dos servidores que se submeteram a mais de uma jornada de trabalho, no exercício das atividades do cargo em que se deu a aposentadoria, será calculado proporcionalmente ao tempo que o servidor tiver permanecido em cada jornada.

Art. 51. A aplicação do disposto nesta Lei em relação à Carreira de Perito Médico Previdenciário e à Carreira de Supervisor Médico-Pericial aos servidores ativos, aos inativos e aos pensionistas não poderá implicar redução de remuneração, de proventos da aposentadoria e das pensões.

§ 10 Na hipótese de redução da remuneração, provento ou pensão decorrente da aplicação desta Lei, a diferença será paga a título de Vantagem Pessoal Nominalmente Identificada – VPNI, a ser absorvida por ocasião do desenvolvimento no cargo, da reorganização, ou reestruturação da Carreira, da reestruturação de Tabela remuneratória, concessão de reajustes, adicionais, gratificações ou vantagem de qualquer natureza, conforme o caso.

§ 20 A VPNI de que trata o § 10 deste artigo estará sujeita exclusivamente à atualização decorrente de revisão geral da remuneração dos servidores públicos federais.

SIGLAS UTILIZADAS

AC – Apelação Civil (CPC, art. 1009/1014)

ACP – Ação Civil Pública

ADNT – Associação Brasileira de Normas Técnicas

Ag/RE – Agravo em Recurso Especial (CPC, art. 1042)

AGU – Advocacia Geral da União (LC 73/93)

AI – Agravo de Instrumento (CPC, art. 1015/1020)

AIDS – Síndrome da Imunodeficiência Adquirida

AIRR – Agravo de Instrumento em Recurso de Revista

ANASP – Associação Nacional dos Servidores da Previdência e Seguridade Social

ANVISA – Agência Nacional de Vigilância Sanitária (Lei 9.782/99)

AP – Amapá

APL – Arranjo Produtivo Local

APS – Agência da Previdência Social (do INSS)

AREsp – Agravo em Recurso Especial

ASO – Atestado de Saúde Ocupacional

BA – Bahia

BO – Boletim de Ocorrência

CAj – Câmara de Julgamento (do CRPS)

CBO – Classificação Brasileira de Ocupações (Portaria MTE 397/02)

CBPS – Congresso Brasileiro de Previdência Social (da LTr)

CC – Código Civil (Lei 10.406/02)

CE – Ceará

CEM – Código de Ética Médica (Resolução CFM 1931/09)

CFESS – Conselho Federal de Serviço Social (Lei 8.662/93)

CFM – Conselho Federal de Medicina (Res. CFM 1.974/11)

CID – Código Internacional de Doenças

CIPA – Comissão Interna de Prevenção de Acidentes (CLT, art. 163)

CLPS – Consolidação das Leis da Previdência Social (Decreto 77.077/76)

CLT – Consolidação das Leis do Trabalho (Decreto-lei 5.452/43)

CN – Congresso Nacional

CNH – Carteira Nacional de Habilitação

CNI – Confederação Nacional da Indústria

CONAMA – Conselho Nacional do Meio Ambiente (Lei 6.938/81)

CP – Código Penal (Decreto-lei 2.848/40)

CPC – Código de Processo Civil (Lei n. 13.105/15)

CPF – Cadastro de Pessoas Físicas

CPP – Código de Processo Penal (Decreto-Lei 389/41)

CREFITO – Conselho Regional de Fisioterapia e Terapia Ocupacional

CREM – Comunicação de Resultado de Exame Médico

CREMESP – Conselho Regional de Medicina do Estado de São Paulo

CRER – Comunicação de Resultado de Exame e Requerimento

CRFB – Constituição da República Federativa do Brasil

CRM – Conselho Regional de Medicina

CRPS – Conselho de Recursos da Previdência Social

CRSFH – Conselho de Recursos do Sistema Financeiro da Habitação

CTPS – Carteira de Trabalho e Previdência Social (Decreto 21.175/32)

DAS – Direção e Assessoramento Superiores

DAT – Data do Afastamento do Trabalho

DCB – Data da Cessação de Benefício

DCC – Dengue com Complicações

DEI – Data Estimável da Incapacidade

DER – Data de Entrada do Requerimento

DETRAN – Departamento Estadual de Trânsito

DF – Distrito Federal

DIB – Data do Início do Benefício

DID – Data do Início da Doença

DII – Data do Início da Incapacidade

DIP – Data do Início do Pagamento

DIRBEN – Diretoria de Benefícios (do INSS)

DISES BE – Diretoria de Seguro Social Benefício

DJe – Diário da Justiça do Estado

DNA – Ácido Desoxirribonucleico

DO – Data do Óbito

DORT – Distúrbios Osteomusculares Relacionados ao Trabalho

DSS – Diretoria de Seguro Social (do INSS)

DTA – Doença Transmitida por Alimentos

EAPC – Entidade Aberta de Previdência Complementar (LC 109/01)

EC – Emenda Constitucional

EFPC – Entidade Fechada de Previdência Complementar (LC 109/01)

EPC – Equipamento de Proteção Coletiva

EPI – Equipamento de Proteção Individual

EPR – Equipamento Proteção Respiratória

ES – Espírito Santo

ESPCU – Estatuto dos Servidores Públicos Civis da União (Lei 8.112/90)

EU – União Europeia

FAP – Fator Acidentário de Prevenção (Lei 10.666/03)

FGTS – Fundo de Garantia do Tempo de Serviço (Lei 8.036/90)

FHD – Febre Hemorrágica da Dengue

FUNRURAL – Fundo de Assistência do Trabalhador Rural (LC 11/71)

GDAM – Gratificação de Desempenho de Atividade Médico Pericial

GDAPMP – Gratificação de Desempenho de Atividade da Perícia Médica Previdenciária

GEAP – Fundação de Seguridade Social

GFIP –– Guia de Recolhimento do FGTS e Informações à Previdência Social.

GM – Gabinete do Ministro

GO – Goiás

GPEM – Gratificação Especial da Perícia Médica

HC – *Habeas Corpus*

IAPE – Instituto dos Advogados Previdenciários

IBDP – Instituto Brasileiro de Direito Previdenciário

IN – Instrução Normativa (do INSS)

INSS – Instituto Nacional de Seguro Social (Lei 8.029/90)

IOB – Informações Objetivas Ltda.

IR – Imposto de Renda (Decreto n. 3.000/99)

IUJ – Incidente de Uniformização de Jurisprudencial (Lei n. 13.014/14)

JMESA – Junta Mista Especial de Saúde da Aeronáutica

JRPS – Junta de Recursos (do CRPS)

LC – Emenda Constitucional

LEP – Lei das Execuções Penais (Lei 7.210/84)

LER – Lesão por Esforço Repetitivo

LNC – Lista de Notificação Compulsória (Lei 6.259/75)

LNCS – Lista de Notificação Compulsória em Unidades Sentinelas

LOAS – Lei Orgânica da Assistência Social (Lei 8.742/93)

LOPS – Lei Orgânica da Previdência Social (Lei 3.807/60)

LOS – Lei Orgânica da Saúde (Lei 8.080/90)

LTCAT – Laudo Técnico de Condições Ambientais do Trabalho (Decreto n. 4.032/01)

LTr – Revista Legislação do Trabalho

MAPA – Monitoramento Ambulatorial de Pressão Arterial

MF – Ministério da Fazenda (Lei 11.457/07)

MG – Minas Gerais

MMPPS – Manual do Médico Perito da Previdência Social

MP – Medida Provisória

MP – Ministério do Planejamento

MPS – Ministério da Previdência Social

MTE – Ministério do Trabalho e Emprego

MTPS – Ministério do Trabalho e Previdência social

NB – Número do Benefício (do RGPS)

NR – Norma Regulamentadora do Trabalho (Lei 6.514/77)

NTEP – Nexo Técnico Epidemiológico Previdenciário

OAB – Ordem dos Advogados do Brasil (Lei 8.906/94)

OGMO – Órgão Gestor de Mão de Obra (Lei 8.630/93)

ONU – Organização das Nações Unidas

PAIR – Perda Auditiva Induzida por Ruído

PBPC – Plano Básico de Previdência Complementar (LC 109/01)

PBPS – Plano de Benefícios da Previdência Social (Lei 8.213/91)

PCdoB – Partido Comunista do Brasil

PCMSO – Programa de Controle de Saúde Ocupacional

PCSS – Plano de Custeio e Organização da Seguridade Social (Lei 8.212/91)

PE – Pernambuco

PEDILEF – Pedido de Uniformização de Interpretação de Lei Federal

PMDB – Partido do Movimento Democrático Brasileiro

PMDF – Polícia Militar do Distrito Federal

PP – Partido Progressista

PP – Pedido de Reconsideração (IN 77/15, art. 305, § 2º, II)

PPP – Perfil Profissiográfico Previdenciário (Decreto 4.032/01)

PPRA – Programa de Prevenção de Riscos Ambientais

PR – Paraná

PR – Pedido de Prorrogação (IN 77/15, art. 305, § 2º, I)

PRES – Presidência

PREVIC – Superintendência Nacional de Previdência Complementar

PUC – Pontifícia Universidade Católica (de SP)

RCL – Reclamação ou Receita Corrente Líquida (CPC, art. 988/93)

RDC – Resolução da Diretoria Colegiada

RE – Recurso Extraordinário (CPC, 1029/1041)

RESP – Recurso Especial (CPC, 1029/41)

RFB – Receita Federal do Brasil (Lei 11.457/07)

RGPS – Regime Geral de Previdência Social (Lei 8.213/91)

RMI – Renda Mensal Inicial

ROP – Prática Organizacional Exigida

RPPS – Regime Próprio de Previdência Social (Lei 9.717/98)

RPS – Regulamento da Previdência Social (Decreto n. 3.048/99)

RPS – Revista de Previdência Social

RS – Rio Grande do Sul

RSI – Rendimento Social de Inserção

SARS–CoV – Síndrome Respiratória Aguda Grave associada ao Coronavirus

SAT – Seguro de Acidente do Trabalho

SB – Salário de benefício (do INSS)

SC – Santa Catarina

SCD – Síndrome do choque da dengue

SEDH – Secretaria Especial dos Direitos Humanos

SEJUR/CFM – Setor Jurídico do CFM

SENAC – Serviço Nacional de Aprendizagem Comercial (Decreto–lei 8.621/46)

SESC – Serviço Social do Comércio (Decreto–lei 9.853/46)

SESI – Serviço Social da Indústria (Decreto–lei 9.403/46)

SFH – Sistema Financeiro da Habitação

SP – São Paulo

STF – Supremo Tribunal Federal

STJ – Superior Tribunal de Justiça

SUS – Serviço Único de Saúde (Lei 8.080/90)

SUSEP – Superintendência de Seguros Privados (Lei 73/66)

TJ – Tribunal de Justiça

TJ/SC – Tribunal de Justiça/Santa Catarina

TNU – Turma de Nacional de Uniformização

TRF – Tribunal Regional Federal

TST – Tribunal Superior do Trabalho

UFIR – Unidade Fiscal de Referência

UNIFAE – Centro Universitário das Faculdades Associadas de Ensino (de SJBV)

UPA – Unidade de Pronto Atendimento

USP – Universidade de São Paulo

VPNI – Vantagem Pessoal Nominalmente Identificada.